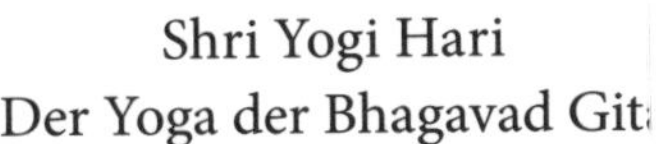

Shri Yogi Hari

Der Yoga der Bhagavad Git…

Verlag Via Nova

SHRI YOGI HARI

Der Yoga der **Bhagavad Gita**

Indische Spiritualität
für den Alltag

Verlag Via Nova

Übersetzung aus dem Englischen:
Brahmadev Anders-Hoepgen

Für weitere Informationen wenden Sie sich bitte an:
Nada Productions Inc., 12750 SW 33rd. St., Miramar, FL 33027, USA
Tel. +1-954-843-0319.

www.yogihari.com
shriyogihari@comcast.net

---

1. Auflage 2013
Verlag Via Nova, Alte Landstr. 12, 36100 Petersberg
Telefon: (06 61) 6 29 73
Fax: (06 61) 96 79 560
E-Mail: info@verlag-vianova.de
Internet: www.verlag-vianova.de / www.transpersonale.de
Umschlaggestaltung: Guter Punkt, München
Druck und Verarbeitung: Appel & Klinger, 96277 Schneckenlohe

ISBN 978-3-86616-270-9

INHALTSVERZEICHNIS

EINLEITUNG

Wenn Ungerechtigkeit, Grausamkeit und die dämonischen Kräfte vorherrschen und der Menschheit der Untergang droht, inkarniert Gott, um die Balance wiederherzustellen.

In der Zeit, in der die Bhagavad Gita stattfand, regierte ein dämonischer König, Namens Kamsa, mitsamt seiner mächtigen Streitmacht. Yogis, Rishis und rechtschaffene Menschen, die versuchten ihr Leben gemäß ihres Dharma (der Erfüllung ihrer Pflicht) zu leben, wurden terrorisiert, missbraucht und gekreuzigt. Ihre Gebete zur Befreiung wurden von Gott beantwortet, als er als Krishna inkarnierte und die Welt von diesen Dämonen befreite. Vom Zeitpunkt seiner Geburt an, begann er die Dämonen zu vernichten.

Mit ihm zusammen wurden große Persönlichkeiten, wie Arjuna geboren, die zum Instrument dieses Prozesses der Vernichtung wurden, der im Mahabarat Krieg endete. Alle bekannten Königreiche dieser Zeit waren in diesen Krieg verwickelt.

Die Geschichte der Bharata Rasse wurde von dem großen Rishi Vyasa geschrieben. Sie beinhaltet einhunderttausend Verse und ist das längste Gedicht der Welt, die Mahabharata. Die Geschichte beschreibt den Auf- und Untergang einer mächtigen Krieger - Dynastie (der Kuru-Dynastie), durch den Verfall ethisch-moralischer Richtlinien und das Erwecken von Gier, Selbstsucht und Betrug. Das Drama findet seinen Höhepunkt in dem großen „Mahabharata-Krieg", in dem der gesamte Kuru-Clan, in zwei Lager gespalten, um das Königreich kämpft. Ganz Indien musste wählen, auf welcher Seite sie kämpfen wollten; auf der Seite des Guten und der Rechtschaffenheit, die durch die fünf Pandavas (die Söhne König Pandus) repräsentiert wurden, oder auf der Seite der Gier und Niederträchtigkeit, die durch Duryodhana und seine Brüder (die Söhne König Dhritarashtras) repräsentiert wurden.

Kurz bevor der Krieg beginnen konnte, bat einer der Pandava-Prinzen, Arjuna, seinen Wagenlenker, Shri Krishna, ihn in die Mitte des Schlachtfeldes zu fahren, damit er beide Armeen betrachten konnte. Hier beginnt die Bhagavad

Gita, sie berichtet den Dialog zwischen Shri Krishna und Arjuna, die mitten auf dem Schlachtfeld zwischen den beiden Armeen stehen. Die Bhagavad Gita oder „Lied Gottes“ hat siebenhundertundein Verse und ist ein Teil der Mahabharata. Während dieses Dialoges führt Krishna Arjuna durch einen Prozess des intellektuellen Verstehens und der Erleuchtung. Um diesem Prozess folgen zu können, ist es wichtig, mit den philosophischen Grundlangen der Lehre vertraut zu sein.

Brahman, der Eine ohne einen Zweiten verkörpert sich als das Universum. Deshalb drückt sich die Göttliche Intelligenz überall und in jedem Atom der Schöpfung aus. In dieser Welt scheint alles getrennt voneinander zu sein, weil die Wahrnehmung, durch die begrenzten Instrumente von Körper, Sinne, Geist, Intellekt und Ego unvollkommen ist. In Wirklichkeit ist alles Eins, das eine unbegrenzte Göttliche.

Wenn wir fortfahren, diese Instrumente zu reinigen, zu verfeinern und die ihnen innewohnende Unvollkommenheit zu korrigieren, werden wir in der Lage sein, das Göttliche auf einem immer feineren Niveau wahrzunehmen. Egal wie weit wir den Mikro- oder Makrokosmos erforschen, so bleibt unsere Erfahrung des Göttlichen dennoch relativ und wird bedingt durch die Instrumente der Beobachtung und des Geistes, der die Erfahrung interpretiert.

Diese relative Erfahrung von Brahman findet in den drei Bereichen des Bewusstseins, im Wachzustand, im Traum und im traumlosen Schlaf statt. Um eine direkte Erfahrung der absoluten Realität zu haben, muss man diese Bereiche transzendieren und in den vierten Bereich, genannt Turiya, Yoga, transzendentaler Zustand, Samadhi etc. erwachen. Folglich ist Yoga das Bewusstwerden der eigenen Göttlichkeit. Dieses Bewusstsein erfährt man, wenn der Geist vollkommen ruhig und friedvoll und frei von Gedanken ist.

Der Sinn jeder Religion oder Disziplin, die wir als Yoga bezeichnen, sollte dazu dienen, dich näher an diese Erfahrung des Göttlichen zu bringen. Es ist ein schrittweiser Prozess der Reinigung und Verfeinerung des Geistes, indem man die geistigen Mängel und Unvollkommenheiten beseitigt. Die Mängel sind die geistigen Unreinheiten (mala), die Unruhe des Geistes (vikshepa) und seine verhüllende Kraft (avarna), die die Illusion der Vielfältigkeit hervorruft.

Meister Sivananda hat diesen Prozess folgendermaßen zusammengefasst: „Diene, liebe, gebe, reinige, meditiere und erkenne.“ Durch das Erfüllen seiner Pflicht als selbstloses Dienen, Lieben und Geben, reinigt man den Geist. Je reiner der Geist wird, desto ruhiger wird er auch. Wenn man dann mit ruhigem Geist Meditation übt, wird man Frieden und die Ruhe des Geistes erfahren.

Wenn der Geist komplett von der niederen Natur, wie Lust, Gier, Hass, Eifersucht etc., durch das Kultivieren von höheren Göttlichen Eigenschaften wie Liebe, Mitgefühl etc., durch lieben, dienen und geben, gereinigt ist, erreicht der Geist den Zustand der Gedankenfreiheit. Dann transzendiert man den Geist und erfährt sein reine Göttlichkeit.

Durch das Erfüllen der eigenen Pflichten, mit richtigem Wissen und Verständnis, wird man sich des eigenen Geisteszustandes bewusst. Jede Handlung reflektiert den Zustand des Geistes. Wenn man nur dasitzt und den Geist beobachtet, ohne ihn gereinigt zu haben, dann wird man sich noch nicht einmal des Ausmaßes der eigenen geistigen Unruhe bewusst werden können, da das Instrument der Beobachtung den reinen, ruhigen Zustand gar nicht kennt . Wenn also Menschen, die nicht durch den Prozess der Reinigung gegangen sind und kein Verständnis vom anzustrebenden Zustand des erhabenen Geistes haben, nach innen gehen, um Frieden zu finden, werden sie nichts anderes finden als ihren eigenen geistigen Müll. Wirklicher Geistesfriede und damit Zufriedenheit kann nur durch die Reinigung des Geistes entstehen, die nur durch Handlung entstehen kann. Deshalb ist ein Guru, der an den Handlungen den Geisteszustand erkennen kann und dem Schüler dann die richtigen Anweisungen zur Handlung geben kann, eine große Hilfe.

Die Welt ist eine Arena, in der du die Schlacht des Lebens, oder genauer gesagt die Schlacht deines eigenen Geistes kämpfst. Es ist die Schlacht zwischen deiner niederen und deiner höheren Natur. Der Mahabharata-Krieg, der direkt nach dem Dialog der Bhagavad Gita beginnt, symbolisiert diesen inneren Kampf. Wir haben keine andere Wahl, als diesen Krieg zu kämpfen, wenn wir uns von Schmerz und Unwissenheit auf allen Ebenen befreien und den Zustand absoluter Freiheit erleben wollen.

Ein ganz wichtiger Teil dieses Prozesses ist, dass man sich selbst herausfordert. Wenn man sich mit anderen erfolgreichen, fähigen Menschen vergleicht, kann man herausfinden, wie es um den eigenen Fortschritt steht. Man muss sich immer wieder in allen Bereichen des Lebens herausfordern. So findet man beispielsweise in jedem Garten Unkraut, das die eigenen Gärtnerfähigkeiten herausfordert. Unkraut ist nichts Schlechtes, sondern stellt eher eine Herausforderung für den Geist dar. Man muss nun herausfinden, wie man am besten mit diesen Herausforderungen umgeht. Also sammelt man alle verfügbaren Informationen und beginnt auszuprobieren, was funktioniert.

Neugierde ist eine gute Eigenschaft, die dich im Leben vorwärts bringt. Faule oder unwissende Menschen geben einfach auf und überlassen den Garten dem Unkraut. Solche Menschen erreichen nicht sehr viel in ihrem Leben, da sie Hindernisse an Stellen sehen, an denen Menschen, mit ein bisschen Motivation, eine Herausforderung sehen. Fordere dich selbst heraus und probiere Hindernisse zu bewältigen, die du bislang vermieden hast.

Gott hat dir die Intelligenz und alle anderen nötigen Werkzeuge geschenkt, die man braucht, um Hindernisse zu bewältigen, so dass du über sie hinauswachsen und siegreich sein kannst. Nutze diese Geschenke zu deinem Vorteil! Dies ist die Essenz des Yoga und der Lehre der Bhagavad Gita. Es bietet das Wissen und die Führung, wie man sein Leben in dieser Welt leben soll und seine Pflicht so erfüllen kann, dass es dir dabei hilft, dich von Unwissenheit, Aberglaube und Gefangenschaft zu befreien und dich Schritt für Schritt zum höchsten Zustand der Erleuchtung zu bringen.

Um die Bhagavad Gita als ein Handbuch zur Erleuchtung zu erkennen, muss man die Persönlichkeiten der beiden Cousins und Gegner Arjuna und Duryodhana untersuchen und richtig verstehen. Im sechzehnten Kapitel der Bhagavad Gita gibt Shri Krishna eine ausführliche Beschreibung der Menschen, die mit göttlichen, oder widergöttlichen Eigenschaften geboren werden. Arjuna repräsentiert alle göttlichen Eigenschaften und Duryodhana alle niederen Eigenschaften. Analysiere das Leben Arjunas, um die Art der Persönlichkeit, den Zustand des Geistes und die göttlichen Eigenschaften kennenzulernen, die du in deinem eigenen Leben kultivieren musst, um den höchsten Erfolg zu erreichen. Genauso musst du auch Duryodhanas Leben verstehen, damit du diese negativen Eigenschaften in dir erkennen kannst, so dass du danach streben kannst, sie zu beseitigen. Von Kindesbeinen an hat Duryodhana Hass und Neid gegenüber Arjuna und seinen Brüdern gezeigt. Diese Eigenschaften wurden von seinem bösen Onkel Shakuni noch weiter angestachelt, was zeigt, in welcher Weise der Einfluss der Menschen, mit denen wir uns umgeben, auf uns wirkt. Duryodhanas böse Taten wurden von seinem Vater, dem blinden König Dhritarashtra, immer entschuldigt. Dies symbolisiert die Blindheit, die durch Verhaftung entsteht. Duryodhana ist die Personifizierung des groben Egos, was sich in seinem Ungehorsam und seiner Respektlosigkeit gegenüber seinen Lehrern und den Ältesten ausdrückt. Wenn du sein Leben betrachtest, wirst du sehen, wie degradierend diese negativen Eigenschaften sind, so dass du eine starke Abneigung ihnen gegenüber entwickeln kannst. Es wird dir auch die richtige Unterscheidungskraft und die Willenskraft geben, dich von Ihnen zu befreien. Dies kannst du am besten erreichen, indem du die göttlichen Eigenschaften, die von Arjuna verkörpert werden, anstrebst und verstärkst.

Arjuna war ein göttliches Wesen, der Sohn des Königs der Götter, Indra. Mit anderen Worten, er war alles andere als ein gewöhnlicher Mensch. Er wurde mit göttlichen Samskaras (Eigenschaften) geboren und war frei von den Eigenschaften der niederen Natur, wie Begierde, Furcht, Zorn und Neid. Er hatte eine sehr starke, einzigartige Beziehung zu seinem Guru. Diese Beziehung war so besonders durch Arjunas uneingeschränkte Liebe und das unerschütterliche Vertrauen in seinen Guru. Was auch immer der Guru ihn lehrte, hat er so lange geübt, bis er es gemeistert hat.

Arjuna wuchs als Krieger auf. In seiner Schulzeit lernte er alle möglichen Arten der Kriegskunst seiner Zeit. Ist das gut, oder schlecht? Das kommt ganz darauf an, wie man das Erlernte einsetzt. Wenn man es so nutzt, dass es den Geist erhebt und dir dabei hilft zu wachsen, dann ist es etwas Gutes. Wachstum in diesem Zusammenhang bedeutet, dass es dir hilft, dich von deiner niederen Natur (Begierde, Gier, Selbstsucht, Hass, Eifersucht und Neid) zu befreien, die entgegengesetzten Qualitäten (Liebe und Mitgefühl) anregt und dir hilft, Konzentrationskraft und Sammlung zu steigern.

Gibt es bei einem Krieger Platz für Mitgefühl und Liebe? Wenn man wirklich darüber nachdenkt, kann man nur zu dem Schluss kommen, dass man die höchste Form an Liebe für die Menschheit braucht, wenn man dazu bereit ist, sein eigenes Leben für das Wohlergehen des Volkes zu opfern. Um ein guter Krieger zu werden, muss man sehr diszipliniert sein und viel trainieren.

Arjuna hat sehr viel Anstrengung geleistet, um zu diesem Geisteszustand eines Kriegers zu kommen, der sein Leben dafür einsetzt, Rechtschaffenheit und die Menschen seines Volkes zu verteidigen. Er war sehr diszipliniert und besaß all die geistigen Eigenschaften, die die Schriften als das Fundament zur Erleuchtung ansehen. Er besaß richtige Unterscheidungskraft und Leidenschaftslosigkeit.

Nur die Wahrheit kann dich befreien. Unwissenheit auf allen Ebenen wird dich binden und Täuschung und Aberglauben aufrecht erhalten. Aber wer ist wirklich bereit für die Wahrheit? Die meisten Menschen wollen noch nicht einmal die einfachsten Wahrheiten über sich selbst hören, wie können sie dann für die Befreiung bereit sein?

„Wer bin ich? Was bin ich? Wo stehe ich auf der Leiter der Entwicklung? Welchen Geisteszustand habe ich? Was muss ich verändern, um meine geistigen Mängel zu beseitigen?“ Das ist der Pfad zur Freiheit. Du musst danach verlangen, die Wahrheit über dich selbst heraus zu finden und dich verändern, so dass du ein besserer Mensch wirst.

Jeder Mensch sollte wissen, was er verändern muss, um sich zu befreien. Wenn du dich wirklich von deinen Fesseln befreien willst, wirst du es auch schaffen. Je nachdem, wie du mit dem umgehst, was dir das Leben präsentiert, wird es sich entscheiden, ob du dich noch mehr bindest oder dich befreist.

Es ist nicht nur wichtig, Arjuna, den perfekten Schüler und Duryodhana, die Verkörperung des Bösen zu verstehen, sondern auch Shri Krishna, den perfekten Lehrer. Gott selbst kam als Krishna, der höchste Lehrer, um dem perfekten Schüler die höchste Lehre zu lehren.

Da diese Lehre von Gott selbst stammt, ist sie absolutes Wissen. Seit alters her haben viele Menschen diese Lehre studiert. Diejenigen, die sie in die Tat umgesetzt haben, haben den Zustand der Vollkommenheit erreicht. Die Qualifikationen eines Schülers des Wissens über das Selbst beschreiben einen sehr hohen Geisteszustand. Wenn man diesen Zustand erreicht, kann man durch das bloße Hören der Wahrheit die Erleuchtung erreichen. Der letzte Schleier fällt von dir ab. Dies geschieht auch mit Arjuna während seines Dialoges mit Krishna; durch Shri Krishnas Unterweisungen erreicht Arjuna den Zustand der Erleuchtung.

Du bist ein Krieger.

Du bist ein Krieger (nicht militärisch im modernen Sinne gemeint), der dazu bestimmt ist, erfolgreich zu sein. Allein schon, dass du jetzt in dieser Form existierst, ist ein enormer Sieg entgegen der Wahrscheinlichkeiten. Als du als Spermium den größten Marathon gegen 650 Millionen andere Spermien angetreten bist, bist du, trotz der unvorstellbaren Hindernisse siegreich hervorgegangen. Dein Ziel war es, dich mit der Eizelle zu vereinen, um dadurch den Zustand der Fülle zu erfahren (deinen Sampoorna – Zustand). Die Eizelle hat viele Hindernisse und Barrieren erschaffen, um die Unwürdigen an der Einheit zu hindern. Du aber hast dich durch alle diese Barrieren und Tests hindurchgekämpft und warst als einziger erfolgreich.

Mit dieser Einheit hat ein ganz neues Abenteuer auf deinem Weg der Entwicklung begonnen. Das gesamte Universum der Mutter hat dich ununterbrochen genährt und mit dir zusammengearbeitet, so dass du siegreich aus der Gebärmutter in die neue Welt als vollkommenes, menschliches Wesen eintreten konntest. Von dem Moment an hast du deinen Kampf fortgesetzt und trotz der vielen Hindernisse ununterbrochen daran gearbeitet, deinen weichen, neugeborenen Körper zu trainieren, so dass er dir auf dieser Reise durch das Leben dienen kann. Du hast darum gekämpft, in dieser seltsamen Welt zu überleben und hast dazu viele komplizierte Werkzeuge, wie die Sprache und das Laufen gemeistert. Du warst ständig begeistert und neugierig und wolltest lernen und wissen. Du bist ein Krieger, der dazu bestimmt ist, erfolgreich zu sein. Das ist so in deinem genetischen Code festgelegt.

Es liegt in deiner Natur zu siegen und erfolgreich zu sein. Jede Zelle und jedes Organ deines Körpers ist mit göttlicher Intelligenz gesegnet, so dass sie ihre Pflicht, zum Wohle des ganzen Wesens, in seinem Bestreben die Einheit zu erlangen, erfüllen kann. Deine Wachstums- und Lernkurve als Kind war phänomenal. Du hast, durch deine unaufhörliche Anstrengung, deine starke Begeisterung und dein Durchhaltevermögen dich zu entwickeln, gestrahlt. Während der Zeit deines Aufwachsens, wurdest du von deinen Eltern beschützt, geführt, umsorgt und ermutigt. Als Baby hast du mehr als hundert Mal deine Beine gehoben, mehr als tausend Mal die Heuschrecke und Kobra (Yogaübungen) gemacht, um alle Muskeln und Systeme deines Körpers zu stärken. Du hast dich durch die verschiedenen Stadien des Kriechens, Krabbelns, Stehens und Gehens hindurchgekämpft, ohne auch nur einmal zu denken, dass es zu schwer ist und du aufgeben möchtest. Du hattest unerschütterliches Vertrauen in Gott, der als deine Eltern zu dir kam, um sich um dich zu kümmern, dich zu versorgen und zu beschützen. Du hattest ihre volle Unterstützung, musstest die Arbeit aber selbst erledigen. In der Schule kam Gott zu dir als dein Lehrer, um dich zu lehren, so dass du in deiner Ausbildung erfolgreich sein konntest. Als du als Heranwachsender, durch die hormonelle Umstellung, das Gefühl der inneren Leere erfahren hast und dich danach gesehnt hast, Fülle zu erfahren, kam Gott zu dir als deine Geliebte. Und wenn im Eheleben dein Kampf in Richtung Fülle fortfährt, kommt Gott als deine Kinder.

Nach Milliarden von Leben, hast du nun vielleicht einen Zustand in der Entwicklung erreicht, in dem du dich nach einer höheren, spirituellen Entfaltung sehnst. Um dir bei diesem Prozess behilflich zu sein, kommt Gott als dein Guru und die Lehre der Schriften, so dass er dich auf dem Weg der Erleuchtung führen kann und du durch das Transzendieren der weltlichen Beschränkungen deine eigene Göttlichkeit erfahren kannst. Die Bhagavad Gita ist eine dieser Schriften, sie ist ein vollständiges Handbuch zur Erleuchtung, das dich Schritt für Schritt auf diesem Weg führt. Es holt dich dort ab, wo du gerade bist und zeigt dir dann einen für dich angemessenen Weg. Wenn der Same des Interesses auf den vom Guru bestellten Boden deines Geistes fällt, wirst du in der Lage sein, deinen Körper und Geist so zu trainieren, dass du in dem Kampf, die höchste Fülle zu erreichen und dein höchstes Selbst zu erfahren, erfolgreich sein wirst. Der Guru wird dich hierbei ganz aufmerksam beschützen, sich um dich kümmern und dich vor dem Unkraut der falschen, negativen Einflüsse beschützen, indem er dich mit göttlichen Anweisungen und richtigem Wissen inspiriert.

Du musst diesen Kampf fortsetzen und du musst erfolgreich sein. Du wirst auch erfolgreich sein, da du all die Kräfte des Göttlichen auf deiner Seite hast. Du bist ein Kind Gottes und hast all seine göttlichen Kräfte. Du kannst, wirst und musst den ganzen Ozean der Feinde in Form der niederen Natur (Begierde, Zorn, Gier, Hass, Eifersucht, etc.) besiegen. Du kannst, wirst und musst Körper, Geist und Sinne reinigen, kräftigen und verfeinern, um sie als Waffen gegen deine Feinde der falschen Konditionierungen einzusetzen, die Illusion, Täuschung und Aberglaube hervorrufen. Die Bhagavad Gita wurde uns vom Herrn selbst gegeben. Dieses komprimierte Wissen enthält die Gesamtheit und Essenz des höchsten Wissens. Sie bietet den besten Maßstab, an den du deine Erfahrungen anlegen kannst, um zu sehen, ob sie dich weiter in Richtung Wahrheit, oder die andere Richtung lenken.

Was kann dir mehr Kraft verleihen, als zu wissen, dass du göttlich bist? Du bist der Geist, die Seele, der unsterbliche Atman. So begann Shri Krishna seine Lehre an den würdigsten Schüler, Arjuna. Jeder wahre Guru sollte versuchen, dieses Vertrauen in seinem Schüler zu erzeugen und zu festigen, egal auf welcher Ebene er sich befindet. Blöke nicht wie ein Schaf und sage, dass du es nicht kannst, um Mitgefühl und Zuwendung von anderen zu bekommen. Besonders nicht, wenn es darum geht, etwas zu tun, das sich erhebt. Brülle wie ein Löwe, voller Selbstvertrauen, wissend, dass die Kraft erfolgreich zu sein, in dir ist.

Jeder Mensch ist von Natur aus ein Krieger. Manche Menschen mögen das nicht erkennen, aber wir kämpfen zu jedem Zeitpunkt den Kampf des Lebens. Die meisten Menschen kämpfen voller Verzweiflung den Kampf gegen Hunger und probieren mit allen Mitteln, ihre Familie mit dem Notwendigsten zu versorgen. Der Überlebenskampf ist die Hauptbeschäftigung dieser Welt und das auf einer individuellen, geschäftlichen, nationalen und internationalen Ebene. Diese Realität ist eine Veräußerlichung des Zustandes des individuellen und gemeinschaftlichen Geistes. Solange die Menschheit nicht lernt, den Kampf, der im individuellen Geist stattfindet, zwischen dem höheren und niederen

Geist, der göttlichen und der niederen Natur, zu kämpfen und erfolgreich aus ihm hervorzugehen, solange wird sie nicht in der Lage sein, sich von Tyrannei, Sklaverei, Fesseln und Furcht zu befreien.

Um diesen Kampf zu gewinnen, muss man sich einem radikalen Training unterziehen, diszipliniert sein und der Führung eines kompetenten Lehrers folgen. Auf dem spirituellen Pfad nennen wir einen solchen Menschen Guru. Arjuna ist ein ideales Beispiel für einen Menschen, der seinen Körper und Geist unter der Anleitung seines Gurus, Dronarcharya, seit früher Kindheit trainiert hat, so dass er zum mächtigsten Krieger seiner Zeit wurde. Er hatte sehr viel Hingabe und Ehrerbietung für seinen Guru, die sich als unerschütterliches Vertrauen in seine Lehren und seine Führung ausdrückte. Arjuna übte alle Praktiken und Techniken, zu jeder Tages- und Nachtzeit, mit starker Begeisterung. Er folgte diesem Weg unaufhörlich und strebsam, bis er zu einem mächtigen Krieger heranwuchs.

Damit die höhere Natur über die niedere Natur auf dem Schlachtfeld des Geistes siegreich sein kann, muss man durch den gleichen Prozess gehen wie Arjuna. In Wirklichkeit ist dieser Prozess sogar schwieriger. Zuerst muss man erkennen, dass der Zustand der Versklavung, Gefangenschaft, Tyrannei und Furcht im eigenen Leben zu finden ist, da der niedere Geist regiert, ohne vom höheren Geist herausgefordert zu werden. Du musst zu dem Verständnis kommen, dass es deine Pflicht ist, dich zu verändern, und dass du auch die nötige Kraft dazu hast. Um mit diesem Projekt erfolgreich zu sein, brauchst du richtige Führung und Inspiration. Wenn du ernsthaft danach verlangst und dein Entschluss gefestigt ist, dann wird das Universum mit dir zusammenarbeiten und dir die Türen öffnen. Du musst den Mut haben, die Arena des Sadhana (der spirituellen Praxis) zu betreten, um die Sinne zu disziplinieren und den Geist zu reinigen. Wenn du diesen Kampf in dir gewinnst und den niederen Geist besiegst, dann wirst du eine Inspiration und ein guter Einfluss für die Welt werden und andere werden deinem Beispiel folgen, wodurch äußere Streitigkeiten und Kriege unwahrscheinlicher werden. Was auch immer in der äußeren Welt geschieht, ist eine Auswirkung dessen, was in den Menschen vorherrscht. Verändere dich selbst und die Welt wird sich verändern.

SAMPOORNA-YOGA

Sampoorna bedeutet „vollkommen", „vollständig". Die Schriften sagen, dass wir Geist, Seele, Atman, absolute Göttlichkeit oder die Fülle selbst sind. Der Atman, welcher auch als das Selbst bezeichnet wird, bedient sich der Instrumente Körper, Sinne, Geist, Verstand und Ego, um diese Welt der Dinge, Gefühle und Gedanken zu erfahren. Das Selbst ist rein, vollkommen und vollständig und braucht nicht weiterentwickelt zu werden. Es sind nur die Instrumente, derer es sich bedient, die verfeinert, gereinigt und in einem ausgeglichenen Zustand erhalten werden müssen, damit das Licht des reinen Selbst in seinem göttlichen Glanz hindurchscheinen kann. Yoga ist der Zustand, in dem man das göttliche Selbst ohne jegliche Konditionierung oder Beschränkung erfährt. Wenn der Yogi meditiert, wird sein Geist ruhig und vollkommen gedankenfrei, so dass er sein göttliches Selbst erfahren kann. Sampoorna-Yoga ist der Yoga der Fülle, der auf intelligente Weise die Hauptsysteme des Yoga: Hatha-, Raja-, Karma-, Bhakti-, Gyan- und Nada-Yoga miteinander vereint, um diesen Prozess der Verfeinerung und Reinigung zu beschleunigen. Die verschiedenen Aspekte des Yoga werden im Sampoorna-Yoga auf die Bedürfnisse des Einzelnen maßgeschneidert, um diesen Zustand der Ausgeglichenheit und Reinheit zu erreichen. Tatsächlich arbeitet Sampoorna-Yoga an der Harmonisierung und Transformation des ganzen Wesens, sowohl körperlich, emotional, geistig als auch intellektuell, um Balance auf all diesen Ebenen zu erreichen. Dies ist der Zustand von Sattwa, der die wirkliche Natur des Selbst in äußerer und innerer Schönheit widerspiegelt.

Wenn jemand sich nur auf der Ebene des physischen Körpers weiterentwickelt, ohne dabei die anderen Aspekte der Persönlichkeit zu beachten, wird mit Sicherheit ein Ungleichgewicht entstehen. In diesem Fall könnte er vielleicht mehr einem übergroßen Gorilla ähneln als einem menschlichen Wesen, wie so mancher Bodybuilder. Oftmals mag diese Person dann in der Ausübung der sportlichen Disziplin so eingefahren sein, dass er gar nicht merkt, wie sehr er sich vom eigentlichen Ziel der Übungen entfernt hat. Seine Persönlichkeit wird nicht harmonisch sein, weil er all seine Energie und Konzentration auf den körperlichen Aspekt lenkt und die höheren emotionalen, geistigen, intellektuellen Aspekte seines Wesens vernachlässigt. Damit dieser Mensch innere Schönheit zum Ausdruck bringen kann, muss er an allen Ebenen seiner Persönlichkeit arbeiten.

Manchmal verwechseln Menschen Emotionalität mit Traurigkeit, Depression, Angst oder Ruhelosigkeit. Aber dies sind die niederen Emotionen, die überwunden werden müssen.

Manche Leute werden in ihren niederen Emotionen schwelgen, ohne zu spüren, wie sehr es sie runterzieht. Sampoorna-Yoga hilft einem, die niederen Emotionen zu überwinden, ohne dass man sich in ihnen verstrickt. Zu diesem Zweck lehren wir, den emotionalen Teil in sich zu entwickeln, der Liebe, Mitgefühl, Freundlichkeit, innere Schönheit, Vergebung und Toleranz zum Ausdruck bringt.

Wenn man keine richtige Unterscheidungskraft hat, wird man einfach der Masse folgen, ohne deren Ziele zu hinterfragen. Man kann sehr leicht dazu beeinflusst werden, dem bequemen Weg zu folgen statt dem richtigen. Wenn Urteilsvermögen und Intellekt nicht geschult sind, ist richtige Unterscheidungsfähigkeit kaum möglich. Deshalb muss man sich, durch das Studium der Schriften, das Zusammensein mit anderen Gleichgesinnten und bestenfalls durch die Anleitungen eines Gurus mit der spirituellen Ausbildung des Intellekts befassen.

Dann haben wir da noch den kleinen Ego-Aspekt in unserer Persönlichkeit, der sich selbst im beschränkten, egozentrischen Konzept des „Ich, Mich und Mein“ ausdrückt. Das führt üblicherweise zur Einschränkung des Bewusstseins. Deshalb ist es notwendig, sich von egozentrischem Denken zu befreien und darin zu üben, das Bewusstsein über das kleine Selbst und die Familie hinaus zu erweitern. Man kann das Bewusstsein so stark erweitern, dass man die ganze Menschheit als Familie erkennt.

Da sich jeder Mensch auf einer unterschiedlichen spirituellen Entwicklungsstufe befindet und mit verschiedenen Fähigkeiten und Bedürfnissen geboren wird, kann die spirituelle Praxis nicht für alle gleich sein. Sie muss für den Einzelnen angepasst werden.

Ein wunderbarer Vergleich ist die Zubereitung eines wohlschmeckenden Gerichtes. Du weißt, welche Zutaten du brauchst, wie Wasser, Erbsen, Chili-Pulver, Kurkuma und Salz. Wenn du nun alles wahllos in einen Topf gibst, bekommst du ein scheußlich schmeckendes Gericht.

Beim Kochen musst du genau wissen, wie viel du von jeder Zutat brauchst, um den gewünschten Geschmack zu erhalten. Wenn du dieses Konzept verstehst, wirst Du erkennen, wie wichtig es ist, zu wissen, wie die verschiedenen Systeme auf intelligente Weise kombiniert werden müssen, um in jeder Person das gewünschte Ziel von innerer Schönheit und Vollkommenheit hervorzubringen. Wenn jemand mit emotionalen Problemen sich nicht konzentrieren kann und nur die Asana-Praxis betreibt, dann musst du wissen, wie du dieser Person behilflich sein kannst, die anderen Aspekte von Karma-, Bhakti-, Raja-, Gyan- und Nada-Yoga zu integrieren, damit sie eine harmonische Persönlichkeit entwickelt.

DIE VERSCHIEDENEN SYSTEME DES YOGHATHA-YOGA

Die erste Disziplin im Sampoorna-Yoga ist Hatha-Yoga, ein einmaliges System, mit dem man seine Gesundheit fördern und erhalten kann. Mit Hilfe von Atemübungen, dem Praktizieren von Asanas, gesunder Ernährung, positivem Denken und einem ausgeglichenen Geist verfeinert man alle Systeme des Körpers und reinigt und stärkt die feinstofflichen Kanäle, durch die Energie, das Prana, fließt. Durch die Stärkung der Gesundheit wird man sich unweigerlich glücklicher und ausgeglichener fühlen.

Raja-Yoga

Der Yoga der Meditation. Um den Geist kontrollieren zu können, musst du ihn studieren.

Wenn du erst einmal weißt, wie der Geist funktioniert, dann kannst du Methoden anwenden, um Kontrolle über ihn zu erlangen. Das System des Raja Yoga bietet hierzu ein achtstufiges System an, das uns die Möglichkeit bietet, an den vorbereitenden Stufen zur Meditation zu arbeiten und so den Geist schrittweise zur Ruhe zu bringen. Die acht Stufen sind:

1) Yama: Dies sind Gelübde der Wahrheit, Gewaltlosigkeit, des Nichtstehlens, Nichtbegehrens und der sexuellen Reinheit (Kontrolle der Sinne).
2) Niyama: die Praxis der Reinheit, Zufriedenheit, des Studiums der Schriften, der Enthaltsamkeit und des Bezugs aller Tätigkeiten auf Gott.
3) Asana: eine stabile, komfortable und aufrechte Sitzhaltung für die Meditation.
4) Pranayama: die Fähigkeit, Prana, die feinstoffliche Lebensenergie, kontrollieren und lenken zu können.
5) Pratyahara: die Fähigkeit, die Sinne von Objekten und den Geist von den Sinnen abziehen zu können

6) Dharana: die Fähigkeit, den Geist ausschließlich auf dein höheres Ideal richten zu können.
7) Dhyana: Der Zustand der Meditation ist erreicht, wenn alle vorausgehenden Bedingungen erfüllt sind und die Gedanken ununterbrochen zu Gott fließen.
8) Samadhi: das Erwachen in den 4. Geisteszustand, indem man sich mit dem göttlichen Selbst identifiziert.

Karma-Yoga

Karma-Yoga hilft dir, dich von niederen Beweggründen (Selbstsucht, Geiz, Ärger, Eifersucht, Neid, Angst und Intoleranz) zu lösen und höhere Emotionen (Liebe, Toleranz, Mitgefühl, Großzügigkeit und Freundlichkeit) zu entwickeln. Weil wir alle so konditioniert sind, in Selbstsucht versunken zu sein, ist das Konzept selbstloser Tätigkeit für viele Menschen fremd. Selbst wenn Menschen einer selbstlosen Beschäftigungen nachgehen, merken sie es oft nicht. So ist eine Mutter, die sich ständig um ihr Kind kümmert, in selbstlose Tätigkeit involviert, ohne es wirklich zu merken.

Bhakti-Yoga

Bhakti-Yoga reinigt die Emotionen mit Hilfe von Gebeten, Ritualen und Gesang. Es handelt sich dabei nicht nur um eine emotionale Hinwendung zu Gott. Ob du dich nun als Jñãna-, Hatha-, Bhakta-, Raja-, Karma-oder Nada-Yogi bezeichnest, Hingabe ist trotzdem von immenser Bedeutung für deine Praxis, denn sie unterstützt den emotionalen Reinigungsprozess.

Gyan-Yoga (Jñãna-Yoga)

Im Gyan-Yoga entwickelst du Unterscheidungsfähigkeit mittels Hinterfragung. Dies weckt und reinigt den Intellekt. Du beginnst zu verstehen, warum du gewisse Dinge tun solltest, anstatt einer x-beliebigen Sache blind, fanatisch und hörig zu folgen. Indem du dir die richtigen Fragen stellst, wie „Wer bin ich? Was ist der Sinn meines Lebens?", wirst du in deinem Leben Klarheit gewinnen, dein Lebensziel erkennen und, mit der richtigen Führung, den Weg zur Erleuchtung finden.

Nada-Yoga

Nada-Yoga ist der Yoga der göttlichen Schwingung. Er hilft dir, dich auf feinere Schwingungen einzustimmen. Jeder liebt Musik und wird unweigerlich davon beeinflusst.

Menschen mögen die Art von Musik, die ihrer Persönlichkeit und ihrer Bewusstseinsebene entspricht. Allerdings wirst du, wenn du deprimiert bist und traurige Musik hörst, nur tiefer in diesen Zustand sinken. Wenn du ruhelos und überaktiv bist und Rockmusik oder eine andere Art antreibender Musik hörst, wird diese den Zustand nur noch verschlimmern.

Deshalb solltest du versuchen, dich sattwiger Musik auszusetzen. Sie wird helfen, dich von Depression, Angst und Ruhelosigkeit zu befreien. Widerstehe der Versuchung, traurige Musik zu hören, wenn du traurig bist. Stattdessen höre göttliche Musik, denn sie wird dich aus deiner Depression holen.

Die Musik, die wir für Nada-Yoga verwenden, ist entweder philosophischer Natur oder Gott preisend. Die meisten Lieder, die von Heiligen komponiert werden, sind dazu gedacht, dich wachzurütteln und zum Streben nach etwas Höherem und höherem Denken anzuregen.

Das Singen von Mantren und einfachen Liedern hilft dir, eine göttliche Schwingung und Gottesgegenwärtigkeit in dir selbst zu erzeugen. Bhajans, Kirtan, Shlokas und Mantrasingen heilen dich auf physischer, geistiger und emotionaler Ebene und fördern die Qualiät von Sattwa. Deswegen sind die Nada-Yogis so nett.

Im Sampoorna-Yoga praktizieren wir diese verschiedenen Aspekte des Yoga, um ein harmonisches, freudvolles Wachstum und Voranschreiten auf dem spirituellen Pfad zu ermöglichen.

KAPITEL 1: DER YOGA DER VERZWEIFLUNG ARJUNAS

Dhritarashtra fragte:
1. „O Sanjaya, was haben meine Söhne und die Söhne Pandus getan, nachdem sie sich auf dem heiligen Feld von Kurukshetra versammelt haben, begierig, den Kampf zu beginnen?"

Wie bereits erwähnt, ist die Bhagavad Gita Teil eines großen indischen Epos, der Mahabharata, welche den Aufstieg und Niedergang einer mächtigen Dynastie indischer Könige der Kuru-Familie beschreibt. Diese Dynastie begann mit König Bharata, welcher ganz Indien unter einer politischen Führung vereinte. Durch ihn wurde auch der Name „Mahabharata" geprägt, was so viel bedeutet wie „großartiges Indien". Seine politische Führung baute auf Dharma (Rechtschaffenheit), spirituellen Richtlinien und dem Dienst an seinem Volk auf. Er etablierte den Gedanken, dass die Handlungen eines Menschen wichtiger sind als sein Geburtsstatus, und setzte dies in die Tat um, als er seinen eigenen Söhnen den Thron verwehrte, da er sie als nicht qualifiziert für dieses Amt ansah. Stattdessen krönte er den Sohn eines Yogi, der alle nötigen Qualitäten in sich aufwies. Über viele Generationen hinweg blühte die Kuru-Dynastie auf. Aber durch das Ausbreiten ungerechter Taten und das Abschweifen von den spirituellen Richtlinien minderte sich das Bewusstsein der Menschen und die Könige begannen mehr Wert auf das Geburtsrecht als auf Taten und demokratisches Denken zu legen.

Eine Generation vor dem Mahabharata-Krieg starb König Vichitravirya ohne einen Nachkommen. Der nächste in der königlichen Erbschaftslinie wäre der Weise Vyasa gewesen, der den Thron aber ablehnte. Er stimmte jedoch dem Vorschlag seiner Mutter zu, die beiden Frauen des verstorbenen Königs mit Söhnen zu segnen, um dem Königreich Thronfolger zu bringen. Die Königinnen brachten zwei Söhne zur Welt. Dhritarashtra war der Erstgeborene, aber da er von Geburt an blind war, wurde entschieden, dass Pandu die Thronfolge antreten solle. Kurz nachdem er zum König gekrönt wurde, tötete er versehentlich einen Yogi, der ihn dazu verfluchte, zu sterben, sollte er je wieder eine seiner Frauen berühren. Da Pandu aber Thronfolger brauchte, nutze eine seiner Frauen, Kunti, ein besonderes Mantra, mit dem sie und Pandus zweite Frau fünf Kinder von fünf verschiedenen Göttern bekamen, die fünf Pandavas (die Söhne Pandus), Yudishtira, Bhima, Arjuna, Nakula und Sahadeva. Aber König Pandu konnte seine Leidenschaft nicht kontrollieren und starb, als er eine seiner Frauen berührte.

Da die fünf Pandavas noch zu jung waren, das Königreich zu regieren, wurde König Dhritarashtra (der blinde Bruder Pandus) erwählt, den Thron zu besteigen, bis Pandus ältester Sohn, Yudishtira, alt genug war. Aber je länger Dhritarashtra dieses Amt ausführte, desto mehr sank er in die Falle der Macht und der Gier. Er fühlte sich selbst um sein Geburtsrecht, der legitime König zu sein, betrogen und wollte es deshalb für seinen erstgeborenen Sohn, Duryodhana geltend machen. Sein Ehrgeiz, Duryodhana als rechtmäßigen König zu krönen, führte zu der unvermeidlichen Spaltung der Kuru-Familie und zum Mahabharata-Krieg.

Kurz bevor der Krieg begann, wollte der Weise Vyasa seine göttlichen Kräfte nutzen, um Dhritarashtra das Augenlicht zu geben, so dass er das von ihm verursachte Desaster mit bezeugen konnte. Dhritarashtra aber flehte Vyasa an, ihn davon zu verschonen; da er seine Söhne nie lebend gesehen hatte, wollte er nun auch nicht mit ansehen, wie sie starben. Stattdessen wurde die Gabe der göttlichen Sicht an seinen Freund und Wagenlenker, Sanjaya, verliehen. Sanjaya konnte nun alles sehen und hören, was sich auf dem Schlachtfeld abspielte, und es dann an Dhritarashtra berichten. Durch dieses göttliche Geschenk war er in der Lage, den Dialog zwischen Shri Krishna und Arjuna zu bezeugen, und so wurde das göttliche Wissen der Bhagavad Gita bewahrt.

Sanjaya antwortete:

2. „Nachdem König Duryodhana die zur Schlacht aufgestellte Armee der Pandavas gesehen hatte, ging er zu seinem Lehrer (Dronarcharya) und sagte:

3. „O Lehrer, betrachte die mächtige Armee der Pandavas, von deinem weisen Schüler, dem Sohn Drupads, aufgestellt für die Schlacht!

4. In dieser Armee sind mächtige Helden, Bogenschützen und Wagenlenker, wie Bhima und Arjuna, Yuyudhana, Virata und Drupad.

5. Drishtaketu, Chekitana und der tapfere König von Kasi, Purujit, und Kuntibhoja und Saibya, die Besten aller,

6. Der starke Yudhamanyu und der mutige Uttamaujas, der Sohn Sub-

hadra (Abhimanyu,der Sohn Arjunas), und die Söhne Draupadis, allesamt großartige Krieger.
7. Nimm auch die Namen der bedeutendsten Krieger in unserer Armee zur Kenntnis, die Anführer meiner Armee, o Bester unter den Brahmanen.
8. Du selbst, Bhishma, Karna und Kripa, die im Kriege Siegreichen, Asvatthama, Vikarna, und Jayadratha, Somadattas Sohn.
9. Und noch viele andere Helden, die ihr Leben für mich riskiert haben, mit unterschiedlichsten Waffen und Geschossen ausgerüstet, alle wohl geschult in der Kriegskunst.
10. Unsere Armee, unter dem Befehl von Bhishma, ist im Vergleich zu ihrer Armee, angeführt von Bhima, nicht stark genug.
11. Deshalb konzentriert euch mit euren jeweiligen Divisionen einzig darauf, Bhishma zu schützen."

Als König Dhritarashtra um seine Frau, Prinzessin Gandhari, warb und die Hochzeit von beiden Königreichen beschlossen wurde, fühlte sich Gandharis Bruder, Prinz Shankuni, zutiefst betrogen und verletzt, da seine Schwester nun mit einem blinden König leben musste, der noch nicht einmal den Thron besteigen würde. Zudem schwor Gandhari, dass sie das Schicksal ihre Gemahles teilen wollte und sich deshalb für den Rest ihres Lebens die Augen verbinden würde. Dies grämte Shakuni so sehr, dass er schwor, das Königreich der Kurus zu zerstören. Zu diesem Zweck zog er mit seiner Schwester in die Hauptstadt und nutzte seitdem jede Gelegenheit, das Königreich zu sabotieren. Seine größte Chance sah er darin, Dhritarashtras ältesten Sohn, Duryodhana, gegen seine Cousins, die Pandavas aufzuwiegeln, die Flamme des Hasses zu schüren und ihm immer wieder einzureden, dass er der rechtmäßige Thronerbe sei und nicht Yudishtira, Pandus ältester Sohn. Viele Male probierten Shankuni und Duryodhana, die Pandavas zu töten. Aber nachdem alle Versuche fehlschlugen, schmiedete Shakuni seinen Meisterplan, indem er Yudishtira einlud, um das Königreich zu würfeln. Gemäß den Regeln und Richtlinien der Krieger-Kaste, konnte Yudishtira diese Einladung nicht ablehnen. Da Shakuni jedoch ein geübter Betrüger war, konnte Yudishtira das Spiel nicht gewinnen und verlor nicht nur das Königreich, sondern auch seine eigene Freiheit und die seiner Brüder und Frau. Nach einer langen Beratung mit seinen Ratgebern beschloss König Dhritarashtra, das Ergebnis dieses Spiels zu annullieren. Aber Shakuni gab nicht auf und forderte Yudishtira zu einem neuen Spiel heraus, bei dem der Verlierer für 13 Jahre als Asket im Exil leben musste. Wiederum manipulierte Shakuni die Würfel, so dass die Pandavas erneut verloren und ins Exil mussten. Während dieser 13 Jahre ließ Duryodhana keine Gelegenheit aus, den Pandavas das Leben schwerzumachen, sie zu beleidigen und beschimpfen. Als die Zeit um war und die Pandavas ihr Königreich zurückforderten, verweigerte Duryodhana ihnen ihr Recht. Die Pandavas waren sogar bereit, ihm das Königreich zu überlassen, wenn er ihnen 5 Dörfer zusprechen würde, aber auch dies wollte Duryodhana nicht tun, so dass ein Krieg unvermeidbar wurde.

Beide Seiten waren sehr darauf erpicht, diesen Krieg zu führen. Duryodhana, weil er sich endlich der Pandavas entledigen wollte, und die Pandavas, weil sie Rechtschaffenheit in das Königreich zurückbringen wollten. Obwohl Duryodhana ein sehr mächtiger Krieger war und sich vor nichts fürchtete, wusste er, dass er diesen Krieg nicht gewinnen konnte, da Dharam, die Rechtschaffenheit, auf der Seite der Pandavas war.

> 12. Daraufhin brüllte Bhishma, sein mächtiger Großvater, der Älteste der Kauravas, wie ein Löwe und blies sein Muschelhorn, um Duryodhana anzufeuern.
> 13. Bhishmas Beispiel folgend schmetterten viele Schlachthörner, Trommeln und Kuhhörner auf einmal los und der Klang war furchterregend.
> 14. Nun begannen auch Madhava (Krishna) und der Sohn Pandus (Arjuna) in ihrem prächtigen, von weißen Pferden gezogenen Schlachtwagen, ihre göttlichen Muschelhörner zu blasen.

Als es für die Verbündeten der Kurus an der Zeit war, die Seite zu wählen, für die sie kämpfen wollten, gingen Arjuna und Duryodhana beide zu Krishna, um ihn um seine Unterstützung zu bitten. Duryodhana kam als erster an, er fand Krishna jedoch schlafend und setzte sich auf einen Stuhl neben sein Bett. Als Arjuna kam, setzte er sich zu Krishnas Füßen, so dass Krishna ihn als ersten sah, als er seine Augen öffnete. Deshalb gab Krishna Arjuna die erste Wahl zwischen seiner mächtigen Armee oder ihm als Wagenlenker, der nicht in den Kampf eingreifen würde. Ohne zu zögern, wählte Arjuna Krishna für seine Seite.

Diese Geschichte zeigt die unterschiedliche spirituelle Entwicklung von Arjuna und Duryodhana. Duryodhana war so voll von seinem eigenen Ego, dass er sich auf eine Stufe mit Krishna stellte und sich nur um das Materielle sorgte, so dass er sehr froh war, Krishnas Armee zu bekommen. Arjuna auf der anderen Seite, saß bescheiden zu Krishnas Füßen. Er sah das Göttliche in Krishna und war deshalb höchst beglückt, ihn als Wagenlenker (derjenige, der ihn auf den rechten Pfad leiten würde) zu haben.

15. Hrishikesa (Krishna) blies sein Muschelhorn, Panchajanya. Arjuna blies sein Muschelhorn, Devadatta, und Bhima, der Vollbringer schrecklicher Taten, blies das großartige Muschelhorn Paundra.
16. Yudhisthira, der Sohn Kuntis, blies Anantavijaya; Sahadeva und Nakula bliesen die Muschelhörner Manipushpaka und Sughosha .
17. Der König Kasis, ein ausgezeichneter Bogenschütze, Sikhandi, der mächtige Wagenkrieger, Dhristadyumna und Virata und Satyaki, der unbesiegte,
18. O Herr der Welt, Drupada und die Söhne Draupadis, und die Söhne Subhadras, die mächtig bewaffneten, bliesen alle ihre Muschelhörner.
19. Dieser stürmische Klang, der Himmel und Erde erbeben ließ, zerriss die Herzen von Dhritarashtras Armee.
20. O Herr der Erde, nachdem Arjuna, der Sohn Pandus, der unter der Fahne des Affen fuhr, Dhritarashtras Armee bereit zum Kampf betrachtet hatte, griff er seinen Bogen und sagte zu Krishna:

Arjuna sagte:
21.-22. „O Krishna, bitte fahre meinen Wagen in die Mitte des Schlachtfeldes, so dass ich die Armeen betrachten kann. Ich möchte sehen, mit wem ich kämpfen muss, wenn der Krieg beginnt.
23. Ich möchte sehen, wer sich hier versammelt hat, um dem bösen Duryodhana im Kampf zu dienen."

Sanjaya sagte:
24.-25. „O Dhritarashtra, auf Arjunas Wunsch hin fuhr der Herr, Krishna, den besten aller Streitwagen zwischen beide Armeen, im Angesicht Bhishmas, Dronas und aller Herrscher der Erde und sagte: „O Arjuna, betrachte alle Kurus, die sich hier versammelt haben!"
26.-27. Arjuna betrachtete die Armeen und sah auf beiden Seiten Großväter und Väter, Lehrer, Onkel mütterlicherseits, Brüder, Schwiegerväter, Söhne von Verwandten und Freunden. Nachdem Arjuna auf beiden

Seiten Freunde und Verwandte erblickte, erfüllte ihn eine tiefe Trauer und voller Sorge sagte er:

Arjuna sagte:

28.-29. „O Krishna, wenn ich meine Freunde und Verwandten so aufgestellt zur Schlacht sehe, werden Glieder lahm, mein Mund ist trocken, mein Körper zittert und mir stehen die Haare zu Berge.

30. Der (Bogen) „Gandiva" entgleitet meinen Händen und meine Haut scheint zu brennen; mein Geist dreht sich und ich fange an zu schwanken.

31. Ich sehe ungünstige Omen, o Kesava! Ich sehe nichts Gutes darin, meine Angehörigen im Krieg zu töten.

32. O Krishna, ich begehre weder Sieg, Vergnügen noch das Königreich. Was werden das Königreich, Vergnügen oder sogar das Leben uns nutzen?

33. Diejenigen, für die wir das Königreich, Freude und Vergnügen begehren, stehen hier auf dem Schlachtfeld bereit, Reichtum und Leben aufzugeben.

34. Lehrer, Väter, Söhne und auch Großväter, Enkel, Schwiegerväter, Onkel mütterlicherseits, Schwager und andere Verwandte.

35. Diese Menschen, o Krishna, möchte ich nicht töten, selbst wenn sie mich töten. Nicht für die Herrschaft über die drei Welten und noch viel weniger für die Herrschaft über diese Erde!

36. O Janardana, welche Freude kann aus dem Töten der Söhne Dhritarashtras entstehen? Wir werden eine große Sünde begehen.

37. Deshalb, o Madhava (Krishna), sollten wir die Söhne Dhritarashtras, unsere Verwandten, nicht töten. Wie könnten wir durch das Töten unserer Verwandten glücklich werden?

38. Selbst wenn sie in diesem Zustand, in dem die Gier den Intellekt beherrscht, nichts Böses in der Zerstörung von Familien und der Feindschaft gegenüber Freunden sehen,

39. warum sollten wir, o Janardana (Krishna), die deutlich das Böse im Zerstören einer Familie sehen, uns nicht von dieser Sünde abwenden?

40. Alte Familientraditionen verschwinden, wenn die Familie zerstört wird, und die Untugend wird die Familie durchziehen, wenn die Grenzen der Tugend überschritten werden.

41.O Krishna, wenn die Untugenden sich durchsetzen, so werden die Frauen korrupt. Und mit dem Verderben der Frauen, o Varsneya (Nachkomme Vrishnis), werden sich die Kasten vermischen!

42. Die korrupten Familien und die, die das Verderben hervorgerufen haben, werden in die Hölle kommen, da sie ihren Vorfahren nicht mehr die nötigen Reis- und Wasseropfer darbringen.
43. Durch die schlechten Taten derer, die die Familien zerstören und das Vermischen der Kasten verursachen, werden die ewigen Gesetze der Kasten und Familien zerstört.
44. Wir haben gehört, o Janardana, dass diejenigen, die ihre Familientraditionen und religiösen Praktiken verloren haben, für eine unbekannte Zeit in der Hölle schmoren werden.
45. Ach, was für eine große Sünde werden wir begehen, wenn wir unsere Verwandten aus Gier nach einem Königreich töten.
46. Es wäre besser, wenn Dhritarashtras Söhne mich mit ihren Waffen in der Schlacht erschlagen würden, unbewaffnet und widerstandslos.

Sanjaya sagte:
47. Nachdem er so gesprochen hatte, warf Arjuna, mitten auf dem Schlachtfeld, seinen Bogen und seine Pfeile fort und setzte sich auf den Sitz seines Streitwagens. Sein Geist war von Sorgen überwältigt.

Arjuna ist in einem Zustand der Verwirrung und Verzweiflung und kann nicht mehr erkennen, was seine Pflicht ist. Er ist ein ausgebildeter Krieger und hat nie auch nur das geringste Zeichen von Furcht gezeigt. Er hat sein Leben lang dafür gekämpft, Rechtschaffenheit zu verteidigen und Menschen in Not zu beschützen. Nun steht er wieder einmal auf einem Schlachtfeld, kurz bevor der Krieg beginnen kann, auf den er sich die letzten 13 Jahre vorbereitet hat, und plötzlich überkommen ihn andere Gedanken. Er zögert und kann den Sinn in dem, was er tut, nicht mehr erkennen. Er ist besorgt und zeigt Mitgefühl für all diejenigen, die in diesem Krieg sterben werden. Er kann keinen Nutzen mehr darin sehen, diesen Krieg zu führen. Dieser Zustand der Verwirrung entstand, als er auf beiden Seiten Familienangehörige, Lehrer und Freunde sah. Durch seine Bindung an diese Menschen überschwemmten ihn seine Emotionen und verwirrte sich sein Geist.

Wenn wir von einer emotionalen Ebene aus handeln, verlieren wir unsere richtige Unterscheidungskraft und sind den Hochs und Tiefs der Emotionen ausgeliefert. Wir verlieren auch die Fähigkeit, klar zu denken, und versagen bei Handlungen, die wir schon oft ausgeführt haben. Unser Geist kann unser bester Freund oder unser schlimmster Feind sein. Der Geist ist das beste, stärkste Werkzeug, dass man sich vorstellen kann, wenn er gut trainiert und diszipliniert ist. Wenn er aber von den Emotionen überspült wird, kann er sich gegen uns wenden, vor allem, wenn es die niederen Emotionen (Lust, Ärger, Gier, Hass, Neid und Furcht) sind. In diesen Situationen braucht man Hilfe, in Form einer richtigen Anleitung, wie man sich selbst aus dieser Situation befreien kann. Niemand kann das für uns tun, aber wir brauchen jemanden, der uns den Weg zeigt.

In diesem Zustand befindet sich auch Arjuna. Er ist von seinen Emotionen überwältigt und fühlt sich hoffnungslos. Da er nicht mehr weiß, was er tun soll, wendet er sich an Krishna, seinen engsten Freund. Es scheint, als ob Arjuna hier Stellung nimmt bezüglich des Krieges, eigentlich sucht er aber Rat und Führung.

So behandelt die glorreiche Bhagavad Gita, die Wissenschaft der Ewigkeit, die Schrift über den Yoga, der Dialog zwischen Shri Krishna und Arjuna über das Wissen des Selbst, das erste Kapitel mit dem Titel:
„Der Yoga der Verzweiflung Arjunas“.

KAPITEL 2: SANKHYA-YOGA

Sanjaya sagte:

1. Zu dem in Hoffnungslosikeit versunkenen Arjuna, dessen Augen gefüllt waren mit Tränen des Mitleids und der Verwirrung, sprach Madhusudana (Krishna) die folgenden Worte:

Der gesegnete Herr sprach:

2. Arjuna, ist dieser kritische Zeitpunkt der Schlacht der richtige Moment für Sorgen und Zögern? Dieses Verhalten ist deiner unwürdig, da du die Wahrheit suchst.

3. Weiche nicht von deiner Männlichkeit ab, Arjuna, das passt nicht zu dir. Nennen dich die Leute grundlos den Zerstörer der Feinde? Wirf diese Schwäche ab und stehe auf.

Obwohl Krishna weiß, dass Arjunas Verwirrung nicht durch Feigheit hervorgerufen wurde, will er herausfinden, ob er nun bereit ist,Krishnas Lehren anzunehmen. Er möchte ihn zu dem Verständnis führen, dass nur höheres (spirituelles) Wissen und Erkennen einer höheren Bestimmung ihn zur Erleuchtung und dem richtigen Erfüllen seiner Pflicht führen kann. Deshalb beginnt er, Arjuna zu provozieren, ihn mit Attributen zu belegen, die eines Kriegers unwürdig sind und seine heldenhaften Taten in Frage stellen. Unter anderen Umständen wäre dies allein Grund genug für Arjuna gewesen, selbst seinen besten Freund Krishna zum Kampf herauszufordern. Aber da Arjuna so von seinen Emotionen überwältigt ist, erreichen ihn diese Sticheleien gar nicht.

Arjuna sagte:

4. O Madhusudana (Krishna), wie kann ich im Kampf Pfeile auf Bhishma und Drona schießen? Sie sind meiner höchsten Ehrerbietung würdig.

Bhishma und Dronarcharya sind Arjuna beide sehr nah und er ist ihnen emotional sehr verbunden. Bhishma ist sein Ur-Ur-Ur-Großvater und Arjuna war immer sein liebster Enkel. In der Mahabharata wird ihre Beziehung so liebevoll beschrieben. In seiner Kindheit fand Arjuna immer Schutz und Trost, wenn er von seinen Brüdern und Cousins geärgert wurde, und als Erwachsener holte er sich immer wieder Rat und Beistand in schwierigen Situationen.

Wegen seiner unbeschreiblichen Fähigkeiten und der Klarheit seines Geistes war Arjuna nicht nur seines Großvaters Liebling, sondern auch seines Gurus Stolz. Dronarcharya liebte es, über Arjunas Fähigkeiten in der Kriegskunst zu prahlen, und sagte immer, dass er sein bester Schüler sei, besser sogar als sein eigener Sohn, Ashwatthama.

Durch ihr politischen Bündnis mit dem Thron des Königreiches waren sowohl Bhishma als auch Dronarcharya in diesem Krieg an Duryodhanas Seite gebunden. Obwohl sie wussten, dass Duryodhanas Motive falsch waren und die Pandavas für die rechtschaffene Seite kämpften, konnten sie ihr Bündnis nicht lösen.

Diesen beiden geliebten Menschen im Kriege gegenüberzustehen, verstärkte Arjunas emotionale Verwirrung sehr. Er konnte nicht mehr zwischen den Menschen und dem Ziel des Krieges unterscheiden. Wir müssen hierbei bedenken, dass, wenn Duryodhana den Krieg gewinnen würde, das gesamte Königreich durch seine Egozentrik und Ungerechtigkeit zum Untergang verdammt wäre.

> 5. Es wäre besser, von Almosen zu leben, als diese noblen Lehrer zu erschlagen. Wenn ich sie töte, werden all meine Freude an Reichtümern und das Erfüllen meines Verlangens mit ihrem Blut befleckt sein.
> 6. Ich kann kaum sagen, was besser wäre, dass wir sie besiegen oder sie uns. Selbst wenn wir die Söhne Dhritarashtras besiegten, hätten wir kein Verlangen mehr zu leben.
> 7. Mein Herz ist überwältigt mit Mitleid und mein Geist kann meine Pflicht nicht mehr klar erkennen. Ich flehe dich an, Krishna, bitte sage mir ganz klar und deutlich, was ich tun soll. Ich übergebe mich deiner Führung, ich bin dein Schüler. Bitte zeige mir den Weg.

Arjuna ist nun an dem Punkt angekommen, auf den Krishna gewartet hat. Er bittet Krishna, ihn zu lehren und ihm den richtigen Weg aus diesem Dilemma zu zeigen. Er sagt: „Ich übergebe mich deiner Führung. Ich bin dein Schüler, bitte zeige mir den Weg."

Diese Form der Hingabe und Demut, in der wir uns der Führung des Gurus übergeben, ist absolut notwendig für wahre spirituelle Transformation. Solange das Ego die Lehren des Gurus und den Guru selbst analysieren und in Frage stellen oder es vielleicht sogar emotional wird oder sich verletzt fühlt, so lange wird kein echter Fortschritt möglich sein. Wenn wir aber verstehen, dass der Guru nur den Fortschritt des Schülers im Kopf hat, dann können wir das Ego loslassen und die Lehren des Gurus annehmen, in welcher Form sie auch kommen mögen. Der Guru möchte dem Schüler helfen, die Teile seiner Persönlichkeit zu erkennen, an denen er arbeiten muss, um sich selbst zu befreien. Aber wenn der Schüler noch nicht bereit ist, kann diese Transformation nicht stattfinden. Der Guru wird den Schüler immer wieder testen, um zu sehen, wo er steht, so dass er ihn Schritt für Schritt leiten kann.

8. Selbst wenn ich Reichtümer und absolute Herrschaft über die Erde hätte, oder sogar Herrschaft über die Götter, es würde nicht die Sorge beseitigen, die mir die Sinne trübt.

Sanjaya sagte:
9. Nachdem er so zu Hrishikesa (der Herr über die Sinne) gesprochen hatte, fügte Arjuna, der niemals Träge, der Zerstörer der Feinde, hinzu: „Ich werde nicht kämpfen". Und wurde still.
10. O Bharata, zu dem Mutlosen zwischen den beiden Armeen sprach Krishna, wie mit einem Lächeln die folgenden Worte:

Der gesegnete Herr sprach:
11. Du trauerst um die, um die du nicht trauern solltest. Nichtsdestotrotz sprichst du weise Worte. Der wahrhaft Weise trauert weder um die Lebenden noch um die Toten.

Nun beginnt Krishna mit seinen Lehren. Er weiß, dass er Arjuna zunächst aus dem Zustand der emotionalen Verwirrung herausführen muss. Der beste Weg, dies zu erreichen, ist, ihn zu einem intellektuellen Verständnis der Situation zu bringen und ihn daran zu erinnern, dass der Tod nur auf einer körperlichen Ebene existiert.

„Der wahrhaft Weise trauert weder um die Toten noch um die Lebenden." Krishna wählte jedes einzelne dieser Worte sehr bewusst, um Arjuna zu zeigen, dass es auch eine andere Sichtweise der Dinge gibt. Er sagt ganz deutlich, dass es unterschiedliche Weisheiten gibt, aber der *wahrhaft* Weise trauert weder um die Lebenden noch die Toten, da er versteht, dass der Tod von einem höheren Gesichtspunkt aus nicht existiert. Dies zu erreichen ist jedoch ein sehr hoher Stand in der spirituellen Entwicklung. Das bedeutet nicht, dass man in diesem Zustand nicht trauert, wenn man jemanden verliert, aber es ist eine andere Form der Trauer.

In unserer Gesellschaft ist es Mode, zu weinen, wenn jemand stirbt. Unglücklicherweise weinen die meisten Menschen aber aus den falschen Beweggründen, z.B., weil ihnen bewusst wird, dass sie Chancen verpasst haben, mit den Verstorbenen ins Reine zu kommen. Wenn man jedoch seine Pflichten mit den Menschen erfüllt, während sie leben, und man seine Taten nicht bereut, dann wird man später auch nicht über das trauern, was hätte sein können, sondern wird sich an dem erfreuen, was gewesen ist. Man wird dankbar sein, den anderen Menschen als Teil seines Lebens haben zu dürfen.

Ich kann mich noch gut daran erinnern, wie meine Großmutter durch einen Unfall für lange Zeit ans Bett gebunden war. Sie hatte weder eine Krankenversicherung noch Geld für das Krankenhaus. Sie war mir sehr nahe, also ging ich sie jeden Tag besuchen, obwohl ich erst fünf Jahre alt war. Ich wusste nicht, was ich für sie tun konnte, da sie viele Schmerzen hatte, aber zumindest wollte ich bei ihr sein. Sie konnte sich von diesem Unfall nicht mehr erholen und starb ein paar Wochen später. Nach ihrem Tod kamen auf einmal ganz viele Menschen in ihr Haus und alle weinten bitterlich. Ich fand das sehr interessant zu beobachten, dass all diese Menschen sie nie besucht hatten, als sie lebte, aber nun so bitterlich weinten, als sie tot war. Da alle weinten, probierte ich auch zu weinen, aber die Tränen wollten einfach nicht kommen, da ich eigentlich froh für sie war, da sie nun nicht mehr leiden musste.

Nun als Erwachsener verstehe ich, dass die meisten Menschen über ihren eigenen Verlust und unvollendete Angelegenheiten mit den Verstorbenen trauern.

Wir verstehen nun, warum der wahrhaft Weise nicht um die Verstorbenen trauert, aber warum sollten wir auch nicht um die Lebenden trauern? Der Grund dafür liegt darin, dass es niemandem hilft! Wenn du jemanden siehst, dem es nicht gut geht oder der leidet, dann solltest du besser etwas tun, ihm aus dieser Situation herauszuhelfen. Das heißt nicht, dass wir kein Mitgefühl haben sollen, aber wenn wir emotional involviert werden, ziehen wir uns selbst und die betroffene Person noch weiter runter. Probiere lieber, den anderen zu erheben, ihm positive Gedanken zu bringen. Lache und probiere, den anderen zum Lachen zu bringen. Das ist eine wundervolle Medizin! Spiele fröhliche Musik, das ist richtige Unterscheidungskraft.

12. Es gab niemals eine Zeit, in der du oder ich oder einer der hier anwesenden Könige nicht existiert hat. Noch wird es jemals eine Zeit geben, in der wir aufhören zu existieren.
13. So wie die Seele den gleichen Körper in Kindheit, Jugend und Alter bewohnt, so geht sie mit dem Tod in eine andere Art von Körper über. Der Weise lässt sich von diesem Wandel nicht täuschen.

Die meisten Menschen haben Angst vor dem Tod, weil sie nicht wissen, was nach dem Tod mit ihnen geschehen wird. Die Yogaphilosophie erklärt, dass unser wahres Selbst, die Seele, durch eine endlose Anzahl von Reinkarnationen reist. Wenn der physische Körper stirbt und zurück in die Elemente geht, zieht sich die Seele zurück, bis sie in einem neuen Körper reinkarniert. Für die Seele gibt es also keinen Tod, sondern nur eine ununterbrochene Existenz. Warum sollte man also um den Körper trauern? Stelle dir vor, dass du ein neues Auto kaufst und für viele Jahre einen guten Nutzen daraus ziehst. Dann aber wird das Auto alt und fängt an auseinanderzufallen. Nun bietet dir jemand ein nagelneues Auto an, würdest du es nicht dankbar und freudvoll annehmen?

Die Yogaphilosophie erklärt, dass der Geisteszustand zu unserem Todeszeitpunkt bestimmt, unter welchen Bedingungen wir in unserem nächsten Leben wiedergeboren werden. Deshalb probieren die Yogis, jeden Moment ihres Lebens dafür zu nutzen, ihren Geist zu erheben. Denn eines ist sicher, wir werden sterben, wir wissen nur nicht, wann. Deshalb sollte man die spirituellen Praktiken nicht auf „später" verschieben, da diese Zeit nie kommen mag.

Nun wenn wir noch mal kurz über diesen Zusammenhang nachdenken, dass der Geisteszustand zu unserem Todeszeitpunkt bestimmt, unter welchen Bedingungen wir wiedergeboren werden, dann wirft das ein ganz anderes Licht auf die armen Menschen, die in Altersheimen vor sich hinvegetieren, oder die Menschen, die über Jahre hinweg mit Maschinen künstlich am Leben erhalten werden. Was passiert mit dem Geisteszustand dieser Menschen?

Aber wie kann man wissen, ob man sein Leben dharmisch lebt? Diese Lehre wird Krishna Arjuna nun geben: Wie kann man sein Leben so leben, dass jede Handlung darauf abzielt, sich geistig zu erheben, und dadurch das Ziel der Erleuchtung erreichbar wird.

14. Der Kontakt der Sinne zu den Sinnesobjekten bringt die Erfahrung von Hitze und Kälte, Freude und Schmerz. Sie haben einen Anfang und Ende und sind unbeständig. Ertrage sie tapfer, Arjuna!

15. Der gelassene Mensch nimmt Freude und Schmerz mit ruhigem Geist hin und wird weder vom einen noch vom anderen bewegt. Er allein ist würdig, seine unsterbliche Natur zu erkennen.

Nun beschreibt Shri Krishna den Zustand, auf den wir mit allen Yogapraktiken hinstreben, den Zustand der geistigen Ausgeglichenheit. Für den normalen Menschen wird der Geist immer zwischen den Gegensatzpaaren, wie Erfolg und Misserfolg, Freude und Depression, hin- und herschwanken. Er wird seinen Emotionen ausgeliefert sein, wie ein ruderloses Boot dem stürmischen Ozean.

Wenn man den Geist aber unter Kontrolle hat und dadurch erfährt, dass wahre Freude und Zufriedenheit nur in uns zu finden sind, dann kann man sich von seinen Emotionen lösen und Abstand von ihnen nehmen. Die heiligen Schriften aller Völker sagen: „Du bist Gott", und Gott wird als absolutes Wissen, absolutes Sein und absolute Glückseligkeit beschrieben. Durch das Erlangen der Kontrolle über die Gedankenwellen und die Reinigung des Geistes kann jeder von uns zu dem Erlebnis kommen, dass wir absolutes Wissen, Sein und Glückseligkeit sind. Dann können wir die Gegensatzpaare (Freude/Schmerz, Hitze/Kälte, usw.) mit einem gleichbleibenden Geist akzeptieren und von ihnen unberührt bleiben.

Bis wir diesen Zustand erreichen, können wir jedoch üben, die Gegensatzpaare auszuhalten. Am leichtesten geht das, wenn wir uns immer wieder daran erinnern, dass nichts ewig anhält. Wenn du schwierige Zeiten erlebst, denke daran, dass sie mit Sicherheit zu Ende gehen werden. Genauso, wenn du schöne Zeiten erlebst, erinnere dich daran, dass auch sie zu Ende gehen werden, so dass du dich an ihnen erfreuen kannst, solange sie andauern, aber dich nicht daran verhaftest. Dann wird es dir nicht so schwerfallen, sie loszulassen, wenn es zu Ende ist. Nach dem Sturm kommt immer die Sonne. Bereite dich auf Stürme vor, dann halte dich fest und gib nicht auf. Wenn der Sturm vorbei ist, kommt die Sonne raus und die Vögel fangen wieder an zu singen.

Wenn der Geist ruhig, gleichbleibend und friedvoll ist, dann wirst du dir deiner wahren göttlichen Natur bewusst. Deine wahre Natur ist das unsterbliche Selbst, es ist nichts, was du erreichen oder erschaffen musst. Du bist das zu jedem Zeitpunkt deiner Existenz. Du erlebst es nur nicht in seiner absoluten Klarheit, weil die ständige Bewegung des Geistes dich daran hindert. Wenn du nun dein Leben, deine Gedanken und Handlungen untersuchst, solltest du dich immer fragen, ob sie dabei behilflich sind, den Geist ruhiger werden zu lassen, mehr Harmonie und Frieden zu erzeugen. Oder erregen sie dich mehr und mehr? Wenn sie dich mehr erregen, werden sie dich weiter von dem Ziel der Zufriedenheit und anhaltenden Glücks entfernen.

Menschen, die größtenteils auf einer emotionalen Ebene leben, werden durch jede Kleinigkeit aus dem Gleichgewicht gebracht. Besonders, wenn sie etwas sehen oder hören, das nicht ihren Vorstellungen entspricht. Sie reagieren nur auf ihre Umwelt und ihre Gedankenmuster, ohne die Möglichkeit zu haben einzugreifen. Ihr Geist ist ständig aufgeregt und unruhig, so dass sie den Zustand des Gleichgewichts, der Harmonie und damit der Erleuchtung nicht erreichen können. Nur der ruhige, ausgeglichene Geist kann in den transzendentalen Zustand eintreten. Du solltest also danach streben, dein Leben so auszurichten, dass dein Geist ruhig, rein und ausgeglichen bleibt, das ist dein größter Schatz. Alles, was du tust, sollte dir dabei helfen, dieses Ziel zu erreichen. Mit jeder Handlung, die dich erregt und unruhig macht, kreierst du dein eigenes Leid, deine eigene Hölle. Ein ruhiger Geist kann die Gegensatzpaare gelassen ertragen, so werden sie zu einem guten Maßstab für dich, um zu sehen, wie weit du mit deiner Entwicklung vorangeschritten bist.

16. Das Unwirkliche hat keine Existenz und das Wirkliche kann niemals aufhören zu existieren. Diejenigen, die die höchste Wirklichkeit kennen, können zwischen dem, was ist und nicht ist, unterscheiden.

„Diejenigen, die die höchste Wirklichkeit kennen", sind die erleuchteten Meister, sie kennen die Natur des Seins und verstehen dadurch auch die Natur des Nichtseins. Der Weise versteht, dass diese Welt sich permanent verändert und dass deshalb nichts, was wir wahrnehmen, die Realität ist. Die einzig unveränderliche Realität ist Gott. Deshalb verhaften sich die Weisen nicht an diese Welt, sondern nur an Gott.

Aber wie kann man das in seinem täglichen Leben anwenden? Stelle dir vor, dass du einen Menschen kennst, den du sehr abstoßend findest. Nun distanziere dich von diesem Gefühl und verstehe intellektuell, dass dies nur dein persönliches Empfinden ist. Wenn du dich näher mit dieser Person beschäftigen würdest und all die Dinge beiseiteschiebst, die dich stören, dann hat diese Person einen genauso göttlichen Kern wie du auch und du wirst sicherlich etwas Gutes in diesem Menschen entdecken. Das wird dir helfen, deinen Geist ruhig und rein zu halten und ihn gleichzeitig zu erheben. Diese Technik kannst du in jeder Situation anwenden. Konzentriere dich auf die guten Dinge. Denke immer daran, dass es nur um deinen eigenen Geist geht, du willst ihn reinigen und erheben. Wenn du etwas tust oder denkst, das dich runterzieht, schadest du nur dir selbst. Wenn du negative Gedanken über jemanden hast, wirst du selbst schlechte Laune haben. Wenn du dein Leben aber freudvoll und ausgeglichen führen willst, dann beobachte deine Reaktionen in deinem täglichen Leben und verändere die, die dich runterziehen. Konzentriere dich auf das Gute in allem.

17. Jenes, was dieses Universum durchdringt, ist unzerstörbar. Niemand hat die Macht, es zu zerstören.
18. Der Körper ist vergänglich, aber das, was den Körper bewohnt, ist ewig, unzerstörbar und unermesslich. Deshalb musst du kämpfen, o Arjuna!

Höre nicht auf, den Kampf des Lebens zu kämpfen. Selbst wenn dieser Körper stirbt, während du etwas Gutes tust, ist es das sicherlich wert. Mutter Teresa hat sich unaufhörlich um die Armen und Verletzten gekümmert, selbst in den stärksten Kriegsgebieten. Sie hat sich nie darum gekümmert, ob sie selbst krank werden könnte, da sie einfach nur den Menschen in Not helfen wollte. Dieses selbstlose Handeln hat sie transformiert, so dass sie eine große Heilige wurde. Wenn wir etwas Gutes tun, erhebt das den Geist und reinigt uns von unserem niederen Ego.

Du kämpfst also den Kampf in dir, um die niedere Natur, den niederen Geist zu besiegen. Das sollte dein primäres Lebensziel werden. Als ich anfing, Yoga zu üben, hatte ich nur ein kleines Buch zur Hand, ich hatte keinen Lehrer oder eine gute Anleitung. Aber ich fühlte, dass diese Praxis mir sehr gut tat und dass ich das für den Rest meines Lebens tun sollte. Da ich so von dieser Praxis angetan war, habe ich sehr intensiv geübt. Oftmals hat mir der ganze Körper wehgetan, oder ein paarmal war sogar eine meiner Hände gelähmt. Aber ich wusste, dass das nur ein Prozess war, durch den ich durchgehen musste, um meinen Körper wieder ins Gleichgewicht zu bringen. Aber damals wie heute war es mir egal, ob ich während meiner Yogapraxis sterben würde. Um ehrlich zu sein, glaube ich, dass das der größte Segen für mich wäre!

19. Weder der, der das Selbst für den Mörder hält, noch der, der es für den Ermordeten hält, kennt die Wahrheit. Das Selbst tötet nicht noch wird es getötet.

Wie kann man den Atman (Gott) erschlagen, und wer kann dazu in der Lage sein? Um jemanden zu erschlagen oder selbst erschlagen zu werden, braucht man zwei verschiedene Wesen. Von einem höheren Standpunkt aus gibt es aber nur den einen Gott, der sich als viele verschiedene verkleidet. Der Atman durchdringt alles, d.h., er ist alles. Es gibt keinen Platz, kein Molekül, welches er nicht ist. Getrenntsein und Individualität scheinen nur zu existieren, da wir durch unseren Geist in der Dualität gefangen sind. Wenn wir den Geist aber transzendieren und die Illusion der Individualität beseitigt ist, bleibt nur noch der Eine.

20. Das Selbst ist nicht geboren, noch wird es jemals sterben. Das, was ist, wird niemals aufhören zu sein. Ungeboren, ewig, unveränderlich und uralt. Das Selbst wird nicht zerstört, wenn der Körper getötet wird.

Wie kann das Ewige, Alldurchdringende sterben, wenn der Körper stirbt? Und eigentlich stirbt auch der Körper nicht, er verändert nur seine Form. Er ist aus den Elementen dieser Welt gemacht und geht wieder in die Elemente ein. Wir erhalten den Körper, indem wir Nahrung aufnehmen, und wenn der Körper „stirbt“, wird er Nahrung für andere Wesen. Er verändert also nur seine Form.

21. Wenn man das Selbst als unzerstörbar, ewig, ungeboren und unerschöpflich kennt, wie kann man dann jemanden erschlagen oder einen anderen dazu veranlassen, dies zu tun, o Arjuna?
22. So wie ein Mensch abgenutzte Kleidung ablegt und neue anzieht, so legt auch das Selbst abgenutzte Körper ab und tritt in einen neuen ein.
23. Das Selbst kann weder durch Waffen verletzt noch durch Feuer verbrannt werden. Wasser kann es nicht nässen und Wind nicht trocknen.
24. Das Selbst kann nicht verwundet, verbrannt, benetzt oder getrocknet werden. Es ist ewig, alldurchdringend, stabil, uralt und unbeweglich.

Krishna versucht Arjuna verständlich zu machen, dass das Selbst, Gott, jenseits der Effekte dieser Welt ist. Nichts kann es berühren oder verletzen.

25. Dieses Selbst kann nicht mit den Sinnen wahrgenommen werden, man kann es nicht erkennen, wenn ein anderer darüber spricht. Es ist unveränderlich. Da du weißt, dass es so ist, solltest du nicht trauern.

Der Atman kann weder von den Sinnen wahrgenommen noch vom Verstand begriffen werden. Deshalb fällt es den meisten Menschen so schwer, den Vorträgen der Gurus zu folgen. Aber das ist nun mal, was wir tun, wir probieren die Menschen zum Denken anzuregen. Bis du die Erleuchtung erreichst, wirst du nie wirklich begreifen, was der Atman ist. Du magst eine Idee bekommen, kannst es aber nie voll begreifen. Die spirituellen Vorträge dienen aber dazu, dich in die richtige Richtung zu lenken.

So kann ich zum Beispiel mit dem Finger in eine Richtung zeigen und sagen, dass sich dort der Mond befindet. Du wirst auf meine Fingerspitze schauen und ihn nicht sehen können. Ich kann dir nur die Richtung angeben, aber dann musst du die nötige Arbeit leisten. Die Bhagavad Gita sagt uns, dass wir jenseits des Erfahrungsbereiches der Sinne und des Geistes gehen müssen und die Illusion des Getrenntseins hinter uns lassen müssen. Nur dann können wir in der höheren Realität erwachen und den Atman direkt erfahren.

26. Aber selbst, wenn du annimmst, dass das Selbst Geburt und Tod ausgesetzt ist, o mächtig Bewaffneter, solltest du nicht trauern.
27. Der Tod ist sicher für die Lebenden, und die Wiedergeburt ist sicher für die Toten; deshalb solltest du über das Unvermeidliche nicht trauern.

Krishna zeigt Arjuna erneut, dass es mehr als nur dieses eine Leben gibt. Jedes Individuum geht durch das ununterbrochene Rad von Geburt, Tod und Wiedergeburt, bis es das höchste Ziel der Erleuchtung bzw. der Befreiung erreicht. Jede einzelne Person auf diesem Schlachtfeld wird sterben und wiedergeboren werden, mit oder ohne Arjunas Zutun. Sie können auf dem Schlachtfeld oder woanders sterben, aber sterben werden sie auf jeden Fall. Wieso sollte sich Arjuna also über ihren Tod sorgen?

28. Alle Lebewesen sind vor der Geburt körperlos. Zwischen Geburt und Tod sind sie verkörpert und nach dem Tod kehren sie in den körperlosen Zustand zurück. Worüber soll man also trauern?
29. Diejenigen, die das Selbst erlebt haben, haben es in all seiner Vielfalt verstanden. Einige können es nur als wundervoll, jenseits ihres Verständnisses beschreiben. Andere haben von der Wonne des Selbst nur gehört. Und wieder andere hören darüber, verstehen aber nicht ein Wort.

Jeder Mensch befindet sich auf einer unterschiedlichen Stufe der spirituellen Entwicklung. Die Yogis, Rishis und diejenigen, die den Geist in der Meditation transzendiert haben, haben den Atman in seiner Fülle erlebt und haben seine Vielfalt verstanden. Andere haben ein intellektuelles Verständnis vom Atman und können darüber mit anderen reden. Wiederum andere finden es inspirierend, über den Atman zu hören, können aber nicht nachvollziehen, was das wirklich zu bedeuten hat. Und dann gibt es noch die Menschen, die noch nicht einmal Interesse daran haben, über den Atman zu hören.

> 30. Das Selbst, das in allen lebenden Wesen wohnt, ist immer unzerstörbar, o Arjuna! Deshalb solltest du um niemanden trauern.

Wenn man um jemanden trauert, trauert man eigentlich über etwas Unwirkliches. Wenn Menschen im Kino einen traurigen Film ansehen und bitterlich weinen, identifizieren sie sich mit der Illusion des Films. Das Erlebnis dieser Emotion ist echt, aber die Ursache, die die Emotionen hervorruft, ist es nicht. Es ist nur eine leere Leinwand, auf die eine Geschichte projiziert wird. Du kannst dir den Film hunderte von Malen ansehen und jedes Mal weinen, der Film wird dadurch aber nicht die Wirklichkeit werden.

> 31. Selbst wenn du es aus der Sicht der Pflicht deiner Kaste betrachtest, solltest du nicht zögern, da es für einen Kshatriya nichts Höheres gibt als einen ehrenhaften Krieg.
> 32. Kshatriyas, die zu einem solchen Krieg gerufen werden, können sich glücklich preisen, o Arjuna, da sich für sie eine Tür zum Himmel öffnet.

Hier gibt Krishna ein Beispiel für einen rechtschaffenen Krieg. Es ist eines Kriegers Pflicht, für Rechtschaffenheit und Schutz der Bevölkerung zu kämpfen, und er kann diese Pflicht nicht aufgeben. Genauso können wir nicht aufhören, den Kampf unseres täglichen Lebens zu kämpfen. Deshalb sollten wir sehr dankbar für alles sein, was uns das Leben reicht. Alles dient nur unserem eigenen Wachstum, so dass wir die Erleuchtung erreichen können.

> 33. Wenn du dich aber weigerst, diesen rechtschaffenen Krieg zu kämpfen, so wendest du dich von deiner Pflicht ab. Du wirst eine große Sünde begehen und entehrt.
> 34. Die Menschen werden für Generationen über deine Unehre spre-

chen. Für denjenigen, dem seine Ehre wichtig ist, ist Unehre schlimmer als der Tod.
35. Die großen Krieger werden glauben, dass du aus Angst nicht in den Krieg gezogen bist. Du wirst von jenen verachtet werden, die dich lange verehrt haben.
36. Deine Feinde werden sich über dich lustig machen und dich beschimpfen. Was könnte schmerzhafter sein als das?

Viele große Krieger unserer Geschichte bevorzugten es, in Ehre zu sterben, als sich unehrenhaft vom Krieg fernzuhalten. Die Mahabharata beschreibt sehr ausführlich, wie strikt der Code der Krieger war.

37. Werde getötet und du kommst in den Himmel, sei siegreich und erfreue dich der Erde. Deshalb, o Sohn Kuntis, erhebe dich mit dem festen Entschluss zu kämpfen.
38. Erkenne, dass Vergnügen und Schmerz, Gewinn und Verlust, Sieg und Niederlage das Gleiche sind. Ziehe in diesen Krieg, um deine Pflicht zu erfüllen, dann wirst du nicht sündigen.
39. Ich habe dir die wahre Natur des Selbst erklärt, nun höre die Weisheit über Karma-Yoga. Wenn du dem folgst, wirst du alle Ketten des Verlangens sprengen können, die dich an deine Handlungen binden.

Krishna hat nun erklärt, was das Selbst, die Seele, der Atman ist und wie unbeständig die Natur dieser Welt ist. Nun wird er beginnen, Arjuna in die Praxis von Karma-Yoga einzuführen, der Wissenschaft, durch welche die Erfüllung der eigenen Pflicht zu einer spirituellen Praxis wird, die zum Erleben des Höchsten führt.

Karma ist das Gesetz von Aktion und Reaktion. Jede Handlung, die wir ausführen, sei es körperlich oder geistig, wird eine Reaktion hervorrufen. Da wir ununterbrochen handeln, rufen wir Unmengen an Reaktionen (Karma) hervor. Deshalb sind wir an das Rad von Geburt und Tod gebunden und werden wir immer wieder wiedergeboren, so dass wir die Früchte unserer Handlungen ernten können. Die Praxis von Karma-Yoga kann uns jedoch aus diesem Rad befreien. Es wird gesagt, dass schon ein kleines bisschen richtig geübter Karma-Yoga einen großen Teil an Befreiung bringt. Es weitet den Geist und hilft uns, uns vom Ego zu befreien.

Handlung wird durch Verlangen hervorgerufen. Nun könnte man denken, dass man nur aufhören muss, nach etwas zu verlangen, um die Kette von Aktion und Reaktion zu unterbrechen. So leicht kann man das Problem aber leider nicht lösen, da bloße Existenz unseres Körpers schon Verlangen erzeugt; das Verlangen zu atmen, zu essen etc.

Da wir unser Verlangen nicht einfach auslöschen können, müssen wir lernen, es zu spiritualisieren. Durch das Spiritualisieren des Verlangens werden unsere Handlungen gut und erhaben, wodurch der Geist erhoben wird. Wenn die Reaktion einer guten Handlung zu uns zurückkommt, wird sie uns noch einmal erheben. Karma sind nicht nur die negativen Dinge, sondern auch all die guten Dinge, die uns passieren. Mit diesem Wissen können wir unsere Zukunft selbst bestimmen. Wenn du möchtest, dass es dir in der Zukunft gutgeht, musst du in der Gegenwart gute Handlungen ausführen. Dies gilt nicht nur für das nächste Leben, sondern auch ganz konkret für dieses. Wenn du in 10 Jahren gesund sein möchtest, musst du von jetzt an daran arbeiten.

Probiere, all deine Handlungen Gott zu widmen oder sie als Dienst an der Menschheit auszuführen, dann werden sie dir leichter fallen und dich geistig erheben. Das ist Karma-Yoga.

40. Auf diesem Pfad ist keine Anstrengung vergebens oder hat negative Folgen. Und schon ein wenig Praxis dieses Yogas behütet dich vor Furcht und Angst.

Sobald du anfängst, deine Handlungen in Richtung Karma-Yoga und selbstlosem Handeln auszurichten, wirst du merken, wie gut sich das anfühlt. Du wirst Freiheit und geistige Weite erleben. In unserer Gesellschaft wird leider das genaue Gegenteil propagiert. Alles zielt auf die Maximierung des eigenen Gewinns ab und erzieht uns zu „Ich-Bezogenheit". Dieser Egoismus hindert uns daran, die göttliche Fülle in uns wahrzunehmen, da wir uns mit den äußeren Hüllen von Körper, Beruf, Besitz usw. identifizieren.

Um uns von dieser Tendenz zu lösen, müssen wir Selbstlosigkeit üben. Krishna sagt in einem späteren Kapitel, dass Geschenke (oder selbstloses Handeln) zur richtigen Zeit am richtigen Ort an die richtige Person gemacht werden sollen. Das erinnert uns daran, dass wir nicht unseren gesamten Besitz weggeben sollen, wenn wir selbstloses Handeln üben wollen. Wir haben unsere Verpflichtungen, denen wir nachkommen müssen. Als Familienvater muss ich dafür sorgen, dass meine Familie ein Dach über dem Kopf und genug zu essen hat, etc. Übe Selbstlosigkeit in einem angemessenen Rahmen. Fange bei den Personen an, die dir nah sind, wie Familie und Freunden. Und dann gib, was dir am wichtigsten ist, gib Liebe, Zuneigung, Aufmerksamkeit, hilf und unterstütze sie.

Meister Sivananda hat diesen Prozess so wundervoll zusammengefasst: „Diene, liebe, gib, reinige dich, meditiere und verwirkliche das Selbst." Das ist das Geheimnis, wie du den Geist reinigen kannst. Wenn du dienst, liebst und gibst, wird das deinen Geist reinigen und erheben, dann wirst du in der Lage sein zu meditieren und das Erleben des höchsten Selbst wird wie von selbst kommen.

41. In diesem Yoga wird der Wille stark auf ein Ideal gerichtet. Wenn dem Menschen richtige Unterscheidungskraft fehlt, so wird sein Geist unendlich vielen Zielen hinterherrennen.

Das Verlangen hat direkten Einfluss auf unsere Gedanken, Energie und Willen. Es formt unseren Charakter und unsere Persönlichkeit. Wenn Verlangen von Lust, Gier, Ärger, Eifersucht, Neid und Furcht hervorgerufen werden, stören sie die Ruhe des Geistes und leiten uns so von dem Ziel der Befreiung fort. Befreiung im spirituellen Sinn ist die Freiheit von den Auswirkungen unserer Handlungen oder Karma. Diese Befreiung erreicht man, wenn man den Zustand erreicht, in dem man das Selbst, die Seele, den Atman direkt erlebt.

42. Diejenigen ohne richtige Unterscheidungskraft mögen die Schriften zitieren, verstehen aber nicht ihre innerste Wahrheit.

Die innerste Wahrheit der Schriften zeigt uns den Weg zur Befreiung. Sie erklären und beschreiben die höchste Wirklichkeit und das Erleben unserer göttlichen Natur. Menschen ohne richtige Unterscheidungskraft können nicht zwischen Wirklichkeit und Illusion unterscheiden. Deshalb können sie die innerste Wahrheit der Schriften auch nicht verstehen. Sie werden die Schriften einfach nur zitieren. Meister Sivananda nennt dies das „Erbrechen" von Information.

Nimm dir die Zeit, über das Gehörte nachzudenken, meditiere über die Bedeutung, dann wirst du auch in der Lage sein, die wahre Bedeutung zu verstehen, so dass es deinen Geist erheben kann.

43. Sie werden von irdischen Verlangen gequält und lechzen nach himmlischen Vergnügen. Sie sind sehr gelehrt und lehren komplizierte

Rituale, die dem Ausführenden Vergnügen und Macht bringen sollen. Sie verstehen nicht, dass die Frucht dieser Taten die ununterbrochene Wiedergeburt ist,

Auf dem spirituellen Pfad gibt es viele Lehrer, die die höchste Realität selbst noch nicht erfahren haben. Ihr Verständnis vom spirituellen Weg und seinem Ziel ist sehr oberflächlich und verursacht viele Vorurteile in anderen Menschen. Ihre Handlungen und Lehren werden (wenn auch nicht bewusst) von selbstsüchtigen Motiven geleitet, wodurch sie Karma kreieren und an das Rad von Geburt und Tod gefesselt bleiben. Selbst das Streben nach dem Himmel ist eine selbstsüchtige Handlung.

Aus yogischer Sicht ist das Streben nach dem Erfahren der eigenen Göttlichkeit die einzige Handlung, die kein Karma produziert. Wenn man das höchste Selbst erfährt, verschwindet alle Unwissenheit. Du musst das Selbst nicht entwickeln oder erreichen, du bist das Selbst zu jeder Zeit. Du musst nur die ganzen Schleier lüften, die deinen Geist verhüllen.

Wir alle sind göttlich, genau genommen sind wir alle der gleiche eine Gott. Aber die Schleier über unserem Geist, die Kraft der Illusion hindern uns daran, dies wahrzunehmen.

44. da ihr Geist, beeinflusst von solchen Lehren, nach Macht und Vergnügen dürstet und ihm deshalb die Fähigkeit zu Entwicklung von Konzentration und die Kraft des Willens fehlt, der zu Samadhi führt.
45. Die Veden handeln von den drei Gunas. Du, Arjuna, musst die Gunas überwinden. Erhebe dich über die Paare der Gegensätze und verweile im Zustand der Ausgeglichenheit. Sorge dich nicht um das Erlangen von Besitztum und Reichtümern, sei gefestigt im reinen Selbstbewusstsein.

Die drei Gunas sind die drei Kräfte der Natur, Sattwa, Rajas und Tamas; sie existieren in jedem Teil der Schöpfung. Sattwa repräsentiert Harmonie, Ausgeglichenheit und Schönheit. Rajas ist die Kraft ungerichteter Handlungen, und Tamas ist der Zustand der Dunkelheit, Dummheit und Trägheit. Der Hauptzweck der Yogapraktiken ist es, Kontrolle über den Geist zu bekommen und die Gedankenwellen zur Ruhe zu bringen, so dass man das Höchste Selbst erfahren kann. Um dies zu erreichen, muss man die Kräfte der Gunas transzendieren, da sie den Geist auf der Ebene der Dualität gefangen halten. Um aus dem Zustand von Tamas zu kommen, müssen wir Rajas anwenden. Wenn

Rajas Tamas entfernt hat, müssen wir nach Sattwa streben und darin fest begründet werden. Aber selbst diesen Zustand der Harmonie und Ausgeglichenheit müssen wir hinter uns lassen, indem wir immer wieder probieren, in die Quelle der Göttlichkeit einzutauchen.

Solange der Geist noch von den Gegensatzpaaren beeinflusst wird, können wir den Zustand der Ruhe und Gelassenheit nicht erreichen. Deshalb müssen wir uns durch die Praxis von Konzentration und Haftungslosigkeit über sie erheben.

Das Verlangen nach Besitz und Reichtümern kommt aus dem Gefühl der Leere in uns. Wir haben das Gefühl, dass äußere Dinge uns Sicherheit und Zufriedenheit bringen können, und glauben, dass wir diese Dinge wirklich brauchen. Wir häufen unseren Besitz an, da wir nicht das Vertrauen haben, dass auch in der Zukunft für uns gesorgt sein wird. Diese Furcht und das fehlende Vertrauen beunruhigen den Geist sehr stark, so dass wir uns mehr und mehr an das Materielle verhaften. Auch Jesus hat uns ganz klar gesagt: „Wo dein Schatz ist, da ist auch dein Herz." Um deinen Geist ruhig und konzentriert zu halten, musst du deinen Schatz in Gott, in deinem Höchsten Selbst finden. Lass den Geist nicht wahllos in der materiellen Welt umherwandern. Wähle sehr bewusst, welchen äußeren Einflüssen du dich aussetzt, so dass es dich erhebt und zufrieden macht.

46. Für den erleuchteten Seher sind die Veden genauso überflüssig wie ein kleiner Wasserbehälter bei einer Überflutung.

Oftmals wurde Meister Sivananda von Schriftgelehrten besucht, die sehr angefüllt von ihrem Ego waren. Meister Sivanda fragte sie dann, ob sie „BP-Yoga" kennen würden? Natürlich konnten sie nicht zugeben, dass sie diesen Yoga nicht kannten, und stimmten zu, „BP-Yoga" zu machen. Daraufhin brachte Meister Sivananada sie zum nächstgelegenen Krankenhaus und sagte: „Gut, nun macht BP-Yoga und reinigt die Bettpfannen." Die Schriftgelehrten waren schockiert, da sie aus der Brahmanen-Kaste kamen und solche Arbeiten, nach ihrem Verständnis, nicht ausführen durften. Sivananda wies sie nur darauf hin, dass das genau der Grund sei, wieso sie die Erleuchtung nie erreichen würden. Sie müssten sich von ihren falschen Vorstellungen lösen und ihr Ego besiegen, sonst wären alle ihre spirituellen Praktiken wirkungslos.

Der erleuchtete Weise, der sein Bewusstsein befreit hat, kennt die Wahrheit und braucht keine Anweisungen und Schriften mehr. Nun kann er sie einfach lesen, um sich daran zu erfreuen.

> 47. Du hast das Recht, zu arbeiten, aber keines über die Früchte, die daraus entstehen. Lasse nicht die Früchte deiner Taten die Motivation für die Arbeit sein, aber gib dich auch nicht der Faulheit hin.

Diese Anweisungen sind nicht für den gewöhnlichen Menschen bestimmt, sondern nur für den Suchenden auf dem Weg zur Befreiung. Wenn man kein Recht auf die Früchte seiner Arbeit hat, dann werden sie auch nicht die Motivation für die Arbeit sein. Nun magst du dich vielleicht fragen, wieso du überhaupt arbeiten solltest, und darin liegt die Gefahr für den normalen Menschen. Deshalb warnt Krishna Arjuna, sich auch nicht der Faulheit hinzugeben.

Um auf dem spirituellen Pfad voranzukommen, musst du sehr dynamisch sein. Aber du musst diese Kraft nutzen, um dich zu befreien und nicht tiefer in die Gefangenschaft der Welt zu sinken. Die meisten tatkräftigen Menschen nutzen ihre Fähigkeiten zur Erfüllung ihrer eigenen Bedürfnisse. Dies erzeugt mehr Unruhe und Verwirrung im Geist und wird sie mehr an ihr Ego und diese Welt binden. Sie werden sicherlich keinen Geistesfrieden finden.

Wenn du jedoch auf dem spirituellen Weg voranschreiten möchtest, musst du dich von den Früchten deiner Arbeit lösen. Erledige deine Arbeit so gut wie möglich, ganz egal, was deine Arbeit ist, und siehe die Früchte als eine Darbringung an Gott oder die Menschheit an. Auf diese Weise wirst du deinen Geist trainieren, Konzentrationskraft aufbauen und zugleich reinigen. Dies führt zu unmittelbarer Zufriedenheit.

> 48. Halte bei jeder Handlung deinen Geist auf das Höchste gerichtet. Entsage den Früchten, die daraus entstehen. Bleibe ruhig im Geist bei Erfolg und Versagen; Yoga ist Ruhe und Ausgeglichenheit des Geistes.

Sei ein Werkzeug in Gottes Händen! Wenn du dich Gott hingibst und dich als ein Instrument Gottes ansiehst, dann wirst du nicht mehr das Gefühl haben, selbst zu handeln, sondern dass göttliche Energie durch dich hindurchfließt und die Handlungen ausführt.

Von Geburt an werden wir programmiert, glücklich zu sein, wenn wir erfolgreich sind, und niedergeschlagen bei Misserfolg. Eltern und Lehrer belohnen uns, wenn wir etwas nach ihren Vorstellungen „richtig“ gemacht haben, und weisen uns zurecht, wenn wir sie enttäuschen. Dadurch wird diese Gewichtung von richtig und falsch, gut und schlecht tief in uns verankert und bestimmt danach den restlichen Verlauf unseres Lebens. Der Geist bleibt in diesem System von gut und schlecht gefangen und wird deshalb ständig von den Gegensatzpaaren hin- und hergeworfen. Um den Geist zur Ruhe zu bringen, müssen wir diese Muster sehr sorgfältig entfernen und durch neue ersetzen. Wenn wir uns als Instrument Gottes ansehen, warum sollten wir dann von dem Ergebnis der Arbeit berührt sein?

Yoga ist Ausgeglichenheit und Ruhe des Geistes. Wenn der Geist zur Ruhe kommt, identifizieren wir uns mit unserem wahren Selbst, der Göttlichkeit. Wenn der Geist unruhig ist, identifizieren wir uns mit den Gedankenwellen im Geist.

> 49. Arbeit, die voller Besorgnis über die Ergebnisse verrichtet wird, ist viel schlechter als die, die mit ruhigem Geist, dem Höchsten gewidmet, verrichtet wird. Suche Zuflucht im Wissen über Brahman. Wer seine Arbeit aus selbstsüchtigen Motiven verrichtet, wird leiden.

Wenn der Geist unruhig und gestresst ist, kann man sich nicht auf seine Aufgaben konzentrieren und deshalb seine Pflicht nur schlecht erfüllen. Wenn du dich um die Ergebnisse deiner Arbeit sorgst, verschwendest du viel Energie in diese Emotionen und kannst dich deshalb schlechter konzentrieren. Wenn die Emotionen den Geist blockieren, hast du nicht mehr den vollen Zugang zu deinem Wissen und deinen Fähigkeiten und wirst deine Arbeit schlechter ausführen. Wenn du dich als Werkzeug Gottes ansiehst und der Geist deshalb ruhig und konzentriert ist, dann kann die Inspiration fließen. Deshalb tue immer dein Bestes und überlasse den Rest Gott.

Suche das Wissen über das Selbst, das höhere Wissen über dich selbst. Wenn du den Zustand erreichst, in dem du dich mit deinem wahren Selbst identifizierst, dann werden die Handlungen einfach durch dich hindurchfließen, zum Nutzen der Menschheit. Je mehr du dich mit dem höheren Selbst identifizierst, desto selbstloser wirst du.

Als Mutter Teresa gefragt wurde, ob sie glücklich sei, all diesen Menschen zu helfen, antwortete sie: „Ich helfe niemanden, ich diene nur meinem Gott." Dies ist der Ausspruch einer erleuchteten Seele! Je mehr du dich mit Brahman identifizierst, desto erfüllter wirst du dich fühlen. Es wird dir an nichts mangeln.

Die meisten Menschen sind unglücklich, weil sie aus selbstsüchtigen Motiven arbeiten. Sie probieren, sich oder anderen etwas zu beweisen, oder wollen die Früchte ihrer Arbeit selbst ernten. Mutter Teresa hat sich sicherlich nie über ihre Arbeit beklagt oder um eine Gehaltserhöhung gebeten, obwohl sie am

Ende ihres Lebens sehr viel Schmerzen erlitten hat. Aber ihre Handlungen waren durch selbstlose Motive gesteuert, wodurch ihr Geist transformierte und sie zu einer Heiligen wurde.

> 50. Wenn der Geist ruhig und ausgeglichen bleibt, kannst du dich von den Fesseln der Tugend und Untugend in diesem Leben befreien. Deshalb widme dich dem Yoga, da Yoga die Kunst der Handlung ist.

Du kannst nur vollkommen verhaftungslos zu den Ergebnissen deiner Handlungen werden, wenn du den Zustand der Erleuchtung erreichst. Dann gibt es nichts mehr für dich zu erreichen. Nun wirst du wirklich vollkommen frei mit deinen Handlungen sein, da jegliches Verlangen in dir erfüllt ist. Kannst du dir vorstellen, wie gut es sich anfühlen muss, frei von Verlangen zu sein und dich immer erfüllt zu fühlen? Deshalb gib dich voll und ganz dem Yoga hin, da Yoga dir den Weg zu diesem Zustand zeigen kann.

> 51. Die Weisen, die dieses Wissen besaßen, entsagten allen Früchten ihrer Handlungen und erreichten die Erleuchtung. Dadurch befreiten sie sich von den Fesseln der Wiedergeburt und erreichten den Zustand, der jenseits von allem Bösen ist.
> 52. Wenn sich dein Intellekt von allen Täuschungen befreit hat, wirst du gleichmütig gegenüber dem bereits Gehörten und dem, was du noch hören wirst.

Durch richtige Analyse wirst du in der Lage sein, die vergängliche Natur dieser Welt zu erkennen und zu verstehen. Du wirst verstehen, dass, was auch immer du durch deine Sinne erlebst, nicht die Wirklichkeit ist. Wenn dein Intellekt durch richtige Analyse und Verständnis gereinigt ist, wirst du die Illusion dieser Welt verstehen und dich von ihr befreien. Je mehr du das Selbst in seiner Klarheit erlebst, desto mehr wird sich dein Geist von dem Gehörten oder noch zu Hörenden abwenden. Die Sinneseindrücke werde dich immer weniger bewegen, da du mehr und mehr die wahre Natur des Seins erlebst.

> 53. Im Moment ist dein Geist durch unterschiedliche Ideen und Interpretationen der Schriften verwirrt. Wenn der Geist kontinuierlich und ungestört in der Kontemplation über Atman bleiben kann, dann wirst du Yoga (die Selbstverwirklichung) erreichen.

Arjuna fragte:

54. O Krishna, wie kann man einen Menschen erkennen, der fest in Brahman verankert ist? Wie spricht dieser Erleuchtete? Wie sitzt er?

Arjunas Interesse ist nun geweckt und er will Klarheit darüber bekommen, wie er erkennen kann, ob jemand den Zustand der Erleuchtung erreicht hat.

Wir haben alle möglichen Fantasien darüber, wie ein erleuchteter Mensch sich zu verhalten hat. Wir stellen uns vor, dass er einen Heiligenschein haben muss und dass alle möglichen wilden Tiere zu ihm kommen und bei ihm bleiben. Mit diesen Vorstellungen gehen wir dann auf Heiligensuche. Aber können wir einen heiligen Menschen wirklich erkennen?

Krishna gibt Arjuna einige Hinweise darauf, wie ein Erleuchteter sich verhalten wird, aber nicht, um ihn dann zu einem Detektor für Erleuchtete zu machen, sondern um ihm zu zeigen, dass sich ein Erleuchteter auf viele verschiedene Arten verhalten kann, die nicht unseren Vorstellungen und Fantasien entsprechen.

Der gesegnete Herr sprach:

55. Wer sein Verlangen vollkommen hinter sich lässt und zufrieden ist mit der Wonne des Selbst, den nenne ich erleuchtet.

Wenn man den Zustand der Fülle erreicht hat, bleibt kein Verlangen mehr offen. Man ist die Fülle selbst.

56. Wer durch Widrigkeiten nicht ins Schwanken kommt, wer nicht dem Vergnügen hinterherläuft, wer verhaftungslos, frei von Furcht und Zorn ist, den nenne ich einen erleuchteten Seher.

Die erleuchtete Seele identifiziert sich nicht mit den Gegensatzpaaren. Der Seher sieht sie als einen Segen an, an denen er sich selbst gut beobachten kann, um daran zu wachsen.

57. Wer vollkommen verhaftungslos ist, im Glück nicht jubelt und im Unglück nicht weint, ihn nenne ich erleuchtet.

Wenn man sich nicht mehr mit Körper, Geist, Emotionen und Intellekt identifiziert, kann man sich auch nicht mehr mit Glück und Unglück identifizieren.

Man hat den Zustand der Dualität hinter sich gelassen. Der Geist bleibt ruhig und ausgeglichen zu jeder Zeit.

> 58. Wer seine Sinne zurückzieht von den Sinnesobjekten, wie die Schildkröte ihre Glieder, den nenne ich erleuchtet.

Wir kommen mit den Sinnesobjekten in Berührung, da unser Geist durch die Sinne nach außen fließt. Dadurch werden Begierden erzeugt, die Handlungen hervorrufen. Wenn man Kontrolle über den Geist bekommt, kann man die Sinne von der äußeren Welt zurückziehen, so wie die Schildkröte ihre Glieder zurückzieht. Ebenso wirst du Kontrolle über deine Begierden und Verlangen bekommen.

> 59. Der abstinent Lebende unterdrückt sein Verlangen, aber das Verlangen bleibt in ihm. Wenn ein Mensch in die Wirklichkeit eintritt, lässt er das Verlangen hinter sich.

Viele Menschen, die probieren, ein asketisches Leben zu leben, sind oft nicht glücklich und zufrieden. Sie beklagen sich oft und leben ein unglückliches Leben, da ihre unterdrückten Wünsche und Begierden unterbewusst an ihnen nagen. Damit die Entsagung oder das Loslassen von bestimmten Tendenzen sich nicht negativ auf uns auswirkt, muss sie natürlich geschehen. Das Verlangen muss von dir abfallen. Dies kann nur geschehen, wenn du durch richtige Unterscheidungskraft die Nachteile in einem Verlangen erkennst. Du wirst nur aufhören, Fleisch zu essen, wenn du die negativen Wirkungen des Fleischkonsums spüren kannst oder es ethisch-moralisch nicht mehr vertreten kannst. Wenn du ein echter „Fleischfresser" bist, wirst du dir der schlechten Gesundheit, die diese hervorruft, nicht bewusst sein. Wenn du dann aber über die Vorzüge der vegetarischen Ernährung hörst und dich davon angesprochen fühlst, dann wirst du es vielleicht ausprobieren. Erst dann wirst du merken, wie viel besser du dich fühlen kannst, wie Körper und Geist es dir danken werden. Dann wird es dir ganz leicht fallen, das Fleischessen sein zu lassen. Nach einiger Zeit wird dich dann sogar der Geruch von Fleisch abstoßen. Wenn du diesen Zustand aber noch nicht erreicht hast und das Verlangen nach Fleisch einfach unterdrückst, wirst du irgendwann sicherlich wieder zugreifen.

Genauso ist das auch mit dem asketischen Weg, man kann sich nicht von der Welt abwenden, wenn man nicht wirklich den Punkt erreicht hat, an dem man genug von ihr hatte. Es erfordert ein hohes Maß an Verständnis, Wissen und Erfahrung auf dem spirituellen Weg.

> 60. O Arjuna, selbst der Geist, der den Weg kennt, kann davon abgelenkt werden.
> 61. Wer die widerspenstigen Sinne kontrolliert, den Geist sammelt und auf mich richtet, den nenne ich erleuchtet.

Nur weil du den Weg kennen magst, heißt das noch nicht, dass du sicher am Ziel angekommen bist. Schon so viele Menschen sind vom spirituellen Weg abgekommen, da sie keine richtige Führung hatten oder einfach noch nicht bereit dafür waren. Deshalb müssen wir unseren spirituellen Fortschritt sehr sorgsam behüten. Nur wenn man den Zustand der Erleuchtung erreicht hat, ist man wirklich sicher.

> 62. Wenn man an Sinnesobjekte denkt, entsteht Verhaftung, aus der Verhaftung entsteht ein Verlangen und aus Verlangen wird Zorn.
> 63. Aus Zorn entsteht Täuschung; durch die Täuschung kommt der Verlust der Erinnerung. Der Verlust der Erinnerung führt zur Zerstörung der richtigen Unterscheidungskraft. Die Zerstörung der richtigen Unterscheidungskraft ist sein Verderben.

Hier beschreibt Krishna den Prozess der Degradierung des Geistes; er zeigt, wie einfach man vom Pfad zur Erleuchtung abkommen kann. Die Sinne haben so viel Macht über uns, aber wie können wir verhindern, dass sie uns runterziehen? Du musst verstehen, wie dieser Prozess beginnt, damit du ihn aufhalten kannst. Die Erniedrigung des Geistes beginnt mit einem Gedanken, einem Vritti. Der Gedanke kommt auf, und wenn du nicht etwas unternimmst, nimmt er ein eigenes Leben an. Stelle dir nur einmal vor, dass du plötzlich an Eiscreme denkst. Wenn du nichts unternimmst und diesen Gedanken im Kopf sein lässt, wird das Eis sehr schnell ein Schild tragen, das sagt: „Iss mich!" Wenn du diesen Gedanken loslassen kannst, wird er in der Dunkelheit des Geistes verschwinden. Wenn du ihm aber ein bisschen Energie gibst, wird daraus ein Verlangen werden, das nach Handlung schreit.

Wenn wir über Sinnesobjekte nachdenken, verhaften wir uns an sie. Durch permanentes Nachdenken geben wir dem daraus entstehenden Verlangen Energie. Genauso funktioniert das auch mit den Emotionen. Wenn du dir immer wieder einredest, dass du traurig und niedergeschlagen bist, dann wird sich dieser Eindruck in dir festigen und manifestieren. Wir können dieses Wissen nun für uns nützlich machen und den Aussprüchen der Schriften und Heiligen folgen, die uns sagen, dass wir das höchste Selbst sind, absolutes Sein, Wissen und Glückseligkeit. Trainiere den Geist darauf, sich auf das Göttliche zu konzentrieren, so dass sich diese gute Energie in dir manifestieren kann.

Der erleuchtete Mensch wird sich den negativen Gedanken nicht hingeben. Er untersucht sie und fragt sich, ob sie ihm behilflich sein werden. Wenn nicht, lässt er sie ziehen, ohne ihnen Energie zu geben.

> 64. Aber der Mensch, der sich selbst kontrolliert, der seine Sinne unter Kontrolle hält, während er sich in der Welt bewegt und frei von Verhaftung und Abneigung ist, erlangt Frieden.
> 65. In dem Frieden enden alle Sorgen. Sein stiller Geist wird sehr bald in dem Frieden gefestigt sein.
> 66. Der Mensch mit unruhigem Geist hat kein Wissen über das Selbst. Für den unruhigen Geist ist Meditation nicht möglich. Wer nicht meditiert, kann keinen Frieden erfahren. Wie kann ein Mensch, der keinen Frieden hat, glücklich sein?

Um Zufriedenheit zu erlangen, brauchen wir Frieden. Um Frieden zu haben, brauchen wir geistigen Frieden, und den kann man nur durch Meditation und die Reinigung des Geistes erreichen.

> 67. Die Unterscheidungskraft des Geistes, der im Kielwasser der wandernden Sinne fährt, wird schnell hinfortgespült, so wie ein Boot durch den Wind von seinem Kurs abgebracht wird.

Diese Analogie zeigt uns, wie machtvoll die Sinne auf einen untrainierten Geist wirken.

> 68. Deshalb, o mächtiger Arjuna, nenne ich den, der seine Sinne beruhigen kann, erleuchtet.
> 69. Der kontrollierte Geist ist wach im Wissen über den Atman. Was für den Seher heller Tag ist, ist für die Unwissenden wie dunkle Nacht. Die Unwissenden sind wach in ihrem Sinnesleben, das sie als Tageslicht betrachten. Für den Seher ist das dunkle Nacht.

Was Tag für den Yogi ist, ist Nacht für den normalen Menschen und umgekehrt. Dies bedeutet nicht, dass der Yogi nachtaktiv ist, sondern dass er eine andere Wahrnehmung hat. Die meisten Menschen erfreuen sich daran, abends auszugehen, für den Yogi ist es aber eher schmerzhaft, unter so vielen Leuten, Lärm, Rauch etc. zu sein.

Swami Vishnu-Devananda wollte einmal als Friedensmission mit seinem Flugzeug von Israel nach Ägypten fliegen. Als er in Kairo landete, wurde er dort von der Polizei erwartet und ins Gefängnis gesperrt, da sie ihn für einen Terroristen hielten. Als sie herausfanden, dass er ein harmloser Mönch auf einer Friedensmission war, wollten sie ihr Versehen wieder gutmachen und luden ihn ein, an Kairos Nachtleben teilzuhaben. Als sie ihn in eine Diskothek brachten, flehte Swamiji sie an, ihn wieder ins Gefängnis zu bringen, da er dort zumindest seine Ruhe haben würde.

> 70. Verlangen fließt in den Geist des Sehers, aber er bleibt davon ungestört, so wie Wasser ununterbrochen aus allen Richtungen in den Ozean fließt und der Ozean ungestört bleibt. Der Seher kennt Frieden, aber der Mensch, der seine eigene Lust anstachelt, wird niemals Frieden finden.

Der Erleuchtete wird hier mit einem Ozean verglichen, sein Geist bleibt ungestört. Der normale Mensch ist im Vergleich hierzu wie eine Tasse; jede Kleinigkeit bringt ihn aus dem Gleichgewicht. Schon ein falsches Wort kann seine Emotionen um 180 Grad drehen, besonders wenn man auf einer sehr emotionalen Ebene lebt.

Probiere, wie ein Ozean zu sein. Strebe danach, wie ein erleuchteter Yogi zu sein. Wenn du einmal im Ozean des Selbst fest verankert bist, wird dich nichts mehr erschüttern können.

> 71. Er kennt Frieden, weil er alle Verlangen verstoßen hat. Er lebt ohne Verlangen, frei vom Ich-Gedanken, frei von Stolz.
> 72. Dies ist der Zustand der Erleuchtung in Brahman, o Arjuna. Nachdem der Yogi dies erreicht hat, wird er nicht mehr der Täuschung verfallen. Wenn er darin tief verankert ist, selbst im Moment des Todes, so lebt er in dieser Erleuchtung und erlangt Einheit mit Brahman.

Dieser Abschnitt gibt viele Hinweise über den Zustand der Erleuchtung, so dass wir uns gut daran messen können, um zu sehen, wo wir uns auf dem spirituellen Pfad befinden. „Wo sind meine Stärken und Schwächen, was kann ich tun, um mich weiter zu erheben?“ Wenn man diesen Richtlinien folgt, hilft es, den Geist zu formen und den Zustand der Transzendenz zu erreichen.

So behandelt die glorreiche Bhagavad Gita, die Wissenschaft der Ewigkeit, die Schrift über den Yoga, der Dialog zwischen Shri Krishna und Arjuna über das Wissen des Selbst, das zweite Kapitel mit dem Titel: „Sankhya-Yoga”.

KAPITEL 3: KARMA-YOGA

Arjuna:

1. O Krishna, wenn du das Wissen über Brahman als besser erachtest als jegliche Handlung, wieso sagst du mir dann, dass ich diese fürchterlichen Taten begehen soll?
2. Ich bin durch diese widersprüchlichen Aussagen verwirrt. Deshalb zeige mir ganz deutlich den einen Weg, mit dem ich das höchste Ziel erreichen kann.

Arjunas Interesse ist erwacht, deshalb beginnt er Fragen zu stellen. Da sein Geist aber immer noch verwirrt ist, stellt er diese Fragen nicht, um mehr über dieses Thema zu hören, sondern weil er immer noch nach einem Ausweg sucht. Deshalb fragt er Krishna, wieso er handeln soll, wenn Krishna das Wissen über Brahman als besser ansieht. Arjuna versteht noch nicht, dass Krishna hier über einen Geisteszustand spricht, in dem man seine wahre Natur erlebt. Nur durch das Erleben des transzendentalen Zustandes kann man wirklich Wissen über Brahman erhalten.

Arjuna bittet Krishna, ihm den einen Weg zu zeigen, wie er sich verhalten soll und nach dem er handeln soll. Das spiegelt den Zustand wider, in dem sich unser Geist meistens befindet. Wir wollen nicht zu viel denken und Entscheidungen fällen müssen. Wir möchten, dass uns jemand an die Hand nimmt und führt, so dass wir einfach hinterherlaufen können. Wenn wir ein Problem oder eine Krankheit haben, dann wollen wir die „magische Pille", die alles wieder in Ordnung bringt. Wir akzeptieren die Beschränkungen, die wir uns selbst auferlegen, und bleiben auf einem viel niedrigeren emotionalen, körperlichen und geistigen Stand stecken, als wir eigentlich erreichen könnten.

Wenn du dich wirklich weiterentwickeln möchtest, musst du dich von deiner Trägheit, Krankheit und deinem Unglücklichsein befreien und aktiv werden. Natürlich brauchst du dazu eine richtige Anleitung und jemanden, der dir sagt, was du tun musst, aber in die Tat umsetzen musst du es selbst.

> **Krishna:**
> 3. Wie bereits gesagt, kann ein Aspirant auf zwei unterschiedlichen Wegen die Erleuchtung erreichen. Der intellektuelle Mensch sollte den Weg des Wissens wählen und der aktive Mensch den Weg der selbstlosen Handlung.

Krishna zeigt noch einmal die beiden Wege zur Erleuchtung auf: den Weg des Wissens und den Weg der Handlung. Die meisten Menschen fühlen sich anfangs eher zu dem Weg des Wissens hingezogen, da er leichter scheint und scheinbar weniger Anstrengung erfordert. Man muss sich aber gut vorbereiten, um den Weg des Wissens zu gehen. Der Geist muss bereits gereinigt, ruhig und diszipliniert sein. Wenn dies nicht der Fall ist, wird das intellektuelle Wissen, das man anhäuft, den Geist eher verwirren und mit mehr falschen Vorstellungen beladen. Ich sehe diese Tendenz immer wieder, wenn Menschen zu mir in den Ashram kommen, um zu lernen. Sie glauben, dass sie ihren Geist bereits gut unter Kontrolle haben, können aber kaum still sitzen, wenn wir meditieren. Sie verstehen oft genau das Gegenteil von dem, was ich ihnen beibringen will.

Um den Geist auf den Weg des Wissens vorzubereiten, musst du den Weg des selbstlosen Handelns nutzen. Hier noch einmal Meister Sivanandas wundervolle Zusammenfassung dieses Weges: „Diene, liebe, gib, reinige dich, meditiere und verwirkliche."

Durch Dienen, Lieben und Geben (selbstloses Handeln) wird der Geist gereinigt, dann wirst du in der Lage sein zu meditieren und die Verwirklichung, das Erleben Gottes, wird der natürliche Effekt davon sein.

> 4. Weder kann man die Handlungslosigkeit durch das Aufgeben von Handlungen erreichen, noch kann man allein durch das Ablegen eines Gelübdes der Entsagung die Vollkommenheit erreichen.

Handlungslosigkeit ist ein Zustand, den man erreicht, wenn der Geist gereinigt ist. Dann werden die Handlungen nicht mehr von selbstsüchtigen Motiven geleitet, sondern kommen von einem selbstlosen Verlangen, Gott und der Menschheit zu dienen.

Genauso sollte man verstehen, dass, wenn man das Mönchsgelübde ablegt (mit dem Ziel, sein ganzes Leben auf den Weg zur Erleuchtung auszurichten), dies auch nur der erste Schritt ist. Echte Entsagung (Sanyas) kann nur durch ein sehr hohes Maß an Anstrengung und Disziplin erreicht werden. In diesem

Geisteszustand wird es ganz natürlich, sich von der Welt abzuwenden und sich voll und ganz auf Gott zu konzentrieren.

> 5. Eigentlich kann man nicht einen Moment verweilen, ohne eine Handlung auszuführen. Alle Lebewesen sind hilflos den Kräften der Gunas ausgeliefert, so dass sie handeln müssen.

Wir haben bereits ein bisschen über die drei Gunas, die Kräfte der Natur, gesprochen. Wenn die Gunas in ein absolutes Gleichgewicht kommen, dann kommt der Geist, und damit das Erleben der äußeren Welt, zum Stillstand; wir erleben unsere göttliche Natur. Bis wir diesen Zustand der Erleuchtung erreichen, bleiben die Gunas jedoch aktiv und erzeugen Gedankenwellen, die wiederum schon eine Form der Handlung sind. Wir können nur aufhören zu handeln, indem wir in den transzendentalen Zustand eintauchen, bis dahin bleiben wir den Wirkungen der Gunas ausgeliefert.

> 6. Derjenige, der sich physischer Handlungen enthält, seinem Geist aber erlaubt, an die Objekte des sinnlichen Vergnügens zu denken, betrügt sich selbst und ist ein Heuchler.

Um dich von der Welt oder bestimmten Aspekten der Welt lösen zu können, musst du ihr gegenüber Leidenschaftslosigkeit entwickeln. Um Leidenschaftslosigkeit zu entwickeln, musst du dir der negativen Wirkungen auf dich bewusst werden. Man muss sich seines Körpers, Geistes und seiner Emotionen sehr bewusst werden, damit man die Wirkung bestimmter äußerer Einflüsse wahrnehmen kann. Stelle dir einmal vor, dass du eines Morgens mit schrecklichen Kopfschmerzen aufwachst, dir ist übel und schwindelig. Nun kannst du diesen Zustand einfach hinnehmen oder beten, dass so etwas nie wieder passieren wird, oder du kannst Gott beschimpfen, weil er dich in eine so miserable Lage gebracht hat. Eine andere Möglichkeit wäre aber, herauszufinden, warum du dich so fühlst. Meistens sind die Antworten dazu sehr einfach, da unser körperliches und geistiges Befinden immer eine Reaktion vorangegangener Handlungen ist. Denke darüber nach, was du am Tag zuvor gegessen hast oder ob du warm genug angezogen warst oder vielleicht einfach zu viel Alkohol getrunken hast.

Je mehr du dich mit den Verbindungen deiner Handlungen und deinem körperlich-geistigen Wohlbefinden auseinandersetzt, desto mehr wirst du dir der verschiedenen Reaktionen in dir bewusst werden. Du wirst sehr schnell feststellen, welche Handlungen Leid und Unwohlsein in dir erzeugen und dadurch eine Abneigung dagegen. Auf diese Art kommst du sehr schnell zur Quelle deines Leidens und kannst sie beseitigen.

Wenn du aber nur sagst, dass du etwas aufgibst, geistig aber ständig danach verlangst, dann betrügst du dich selbst.

> 7. Der wirklich bewundernswerte Mensch jedoch kontrolliert seine Sinne durch die Kraft seines Willens. All seine Handlungen werden selbstlos ausgeführt und führen entlang des Pfades zur Einheit mit Brahman.

Der wirklich bewundernswerte Mensch kontrolliert seine Sinne durch die Kraft des Willens. Dies erfordert einen ungemein starken Geist, welchen du nur durch intensive Praxis und richtige Führung bekommen kannst. Am Anfang kostet es sehr viel Mühe, die Sinne zu kontrollieren. Je mehr du jedoch mit dieser Praxis voranschreitest und dir der positiven Auswirkungen bewusst wirst, desto einfacher wird es. Im Laufe der Zeit wird das Kontrollieren der Sinne ganz natürlich werden und gar keine Anstrengung mehr kosten.

Der beste Weg, dort hinzukommen, ist, alle Beweggründe deiner Handlungen zu spiritualisieren, so dass dich jede Handlung erhebt und näher an den Zustand der Perfektion heranbringt. Wenn Handlungen zum Wohle anderer sind, hilft dir das, dich von Habsucht und Selbstbezogenheit zu befreien. Nur wenn du dich von der niederen Natur befreien kannst, wirst du in der Lage sein, Brahman zu erleben.

> 8. Handle mit Selbstkontrolle. Handlung ist besser als Trägheit. Wenn du faul bist, kannst du noch nicht einmal den eigenen Körper erhalten.

Wie bereits erwähnt, geht es auf dem spirituellen Pfad vor allem darum, den Geist in einen Zustand der Ruhe, Harmonie und Klarheit zu bringen. Unser größtes Hindernis liegt hierbei in unserer eigenen Trägheit, dem Tamas. Um das Tamas zu beseitigen, müssen wir bewusst und diszipliniert aktiv werden. Unsere Handlungen reflektieren unseren Geisteszustand, deshalb können wir an den Ergebnissen erkennen, welches Guna vorherrschend war, und dann die nötigen Veränderungen machen. Manchmal ist es schwer, das eigene Tamas zu erkennen, deshalb ist es für den spirituellen Pfad unablässlich, einen Guru zu haben. Er kann dir den richtigen Weg weisen und dir deine Schwachstellen zeigen, so dass du nicht darüber stolperst.

> 9. Die Welt ist durch Handlungen gefangen, es sei denn, sie werden zu Ehren Gottes ausgeführt. Deshalb widme Gott all deine Handlungen, frei von jeglicher Anhaftung.

Das Gesetz des Karma besagt, dass jede Handlung eine Reaktion hervorruft. Die Früchte der Handlungen, die Reaktionen, kommen immer zu dem zurück, der die Handlung ausgeführt hat. Durch unser ständiges Handeln und den ununterbrochenen Fluss der zurückkehrenden Reaktionen ist unser Geist ständig in Bewegung. So lange der Geist jedoch in Bewegung bleibt, können wir Gott nicht in seiner Fülle erleben und bleiben an die Dualität gebunden. Deshalb ist die Welt durch ihre eigenen Handlungen gefangen.

Es gibt aber einen Ausweg aus dieser Situation. Der erste Schritt hierzu ist, dass du das Gefühl haben musst, in dieser Welt, diesem Geisteszustand gefangen zu sein. Du musst unzufrieden sein mit dem, was du weißt, sonst wirst du nicht die nötige Anstrengung leisten, etwas zu verändern. Wenn du dich nun auf den Weg machen möchtest, musst du den Rishis, Yogis und den Lehren der Schriften vertrauen. Sie sagen immer wieder, dass der einzige Weg aus dieser Gefangenschaft das Erleben unserer wahren Natur, der Göttlichkeit, ist. Krishna zeigt uns hier einen sehr leichten und effektiven Weg, dort hinzukommen: „Führe all deine Handlungen als eine Form des Gottesdienstes aus, frei von jeglicher Anhaftung."

Gottesdienst bedeutet nicht, dass man hie und da eine Kerze anzündet und eine Spende macht. Es bedeutet, dass du deine Handlungen selbstlos ausführst, zum Wohle der Menschheit. Erinnere dich daran, dass du nicht, ohne ein Verlangen zu haben, handeln wirst. Die Frage ist nur, was dieses Verlangen steuert? Ist es ein selbstloses oder selbstsüchtiges Verlangen? Wenn es selbstlos ist, wird es dich nicht binden.

> 10. Am Anfang erschuf Gott die Menschheit zusammen mit ihrer Pflicht. Er sagte: „Erfülle deine Pflicht und es soll dir gut ergehen. Das gute Erfüllen der Pflicht wird all deine Wünsche befriedigen, so wie Kamadhenu, der Wunscherfüller."

Jeder Mensch wird mit seinen eigenen Eigenschaften, Tendenzen, Vorlieben, Verlangen und Talenten geboren. So können zwei Kinder im gleichen Elternhaus unter den gleichen Bedingungen aufwachsen, sich aber vollkommen unterschiedlich entwickeln; der eine kann ein Yogi werden und der andere ein Trinker.

Wir werden auch mit unserer eigenen Pflicht geboren, unsere Talente zum Wohle der Menschheit einzusetzen. Die indischen Schriften beschreiben dies wunderschön mit dem Kasten-System, welches die menschlichen Tendenzen in vier Kategorien unterteilt. Jedes Individuum bringt diese Tendenzen oder Samskaras (Eindrücke aus vergangenen Reinkarnationen) als Arbeitspensum für die gegenwärtige Reinkarnation mit, um daran zu wachsen, den Geist weiter zu erheben und so Stück für Stück näher an den Zustand der Perfektion zu kommen. Manche Menschen fühlen sich zu einem kontemplativen Leben hingezogen und richten ihr ganzes Sein auf das Studium und die Lehren des höchsten Wissens aus. Sie sind die Lehrer und Priester, die wir im Kasten-System Brahmanen nennen. Andere haben das innere Verlangen, die Gesellschaft zu leiten und zu beschützen, sie werden Kshatriyas genannt. Vaishnavas sind Menschen, die einen Hang zum Geschäftlichen haben. Und die vierte Gruppe, die Shudras, sind die Menschen, die ihre Aufgaben im Dienst an den Menschen sehen. In diese Gruppe fallen Ärzte, Diener, Arbeiter etc. Die Schriften sagen ganz deutlich, dass diese Gruppen gleich wichtig für eine gesunde Gesellschaft sind und dass jeder Mensch, egal, in welcher Kaste er ist, das höchste Ziel, die Erleuchtung, durch das Erfüllen seiner Pflicht erreichen kann. Sie sagen auch, dass jeder Mensch seine Kaste, seine Bestimmung durch seine inneren Tendenzen finden wird und nicht dadurch, in welche Familie er geboren wird. Unglücklicherweise ist dieses Ideal mit der Verschlechterung des menschlichen Bewusstseins über die Jahrtausende hinweg zu einem verabscheuungswürdigen Zustand gekommen, indem Menschen von Geburt an in Schubladen gesteckt werden, aus denen sie sich nie mehr befreien können.

Für deinen eigenen spirituellen Fortschritt denke einfach immer daran, dass es keinen Unterschied macht, ob du Gehirnchirurg oder Tellerwäscher wirst. Es kommt nur darauf an, dass du deine Pflicht gut erfüllst, so dass du deinen Geist immer weiter erheben kannst und dich weiterentwickelst. Je mehr du dich spirituell entwickelst, desto mehr wirst du dich zufrieden und erfüllt fühlen, wie Kamadhenu, der Wunscherfüller.

11. Dadurch ernährst du die Götter, und die Götter werden dafür dich ernähren. Während ihr euch so gegenseitig nährt, wirst du das höchste Wohl erreichen.

Die Götter, über die Krishna hier spricht, sind die Gesetze der Natur oder die göttliche Intelligenz, die auf allen Ebenen der Schöpfung regieren. Diese Götter existieren auf der äußerlichen und geistigen Ebene. Wenn du gute Gesundheit erlangen möchtest, so musst du die Gesetze, die zu guter Gesundheit führen, kennen und befolgen. Dies wird die Götter (die Energien) in dir nähren und sie werden dich deshalb mit guter Gesundheit, Zufriedenheit und Wohlbefinden nähren.

Diese Regeln gelten für das gesamte Universum. Wenn du Tomaten pflanzen möchtest, musst du die Regeln befolgen, die die Tomaten brauchen, um wachsen zu können, etc.

Nur wenn wir diese Götter nähren, werden sie uns etwas zurückgeben.

> 12. Gefalle den Devas und deine Wünsche werden erfüllt. Wer sich aber der Großzügigkeit der Devas erfreut, ohne ihnen Opfer darzubringen, ist ein echter Dieb.

Leider ist Letzteres genau das, was wir heutzutage mit unserer Natur machen. Wir beuten sie aus, indem wir nehmen und nehmen, ohne jemals etwas zurückzugeben. Wir erschöpfen die Erde mit unseren Monokulturen und behandeln Tiere wie Dinge, um den Profit zu maximieren. Selbst um unseren eigenen Körper kümmern wir uns nicht richtig. Wir erfreuen uns der Geschenke der Natur, der Götter, ohne jegliche Dankbarkeit zu empfinden. Dies ist Diebstahl im höchsten Maße; es hinterlässt negative Eindrücke im Geist und erzeugt schlechte Reaktionen, die irgendwann wieder zu uns zurückkommen. Wenn du diese Gesetze jedoch verstehst und Dankbarkeit für alles, was du bekommst, entwickelst, dann kannst du lernen, Gott in jedem Teil der Schöpfung zu sehen. So kannst du beispielsweise üben, Gott in einem Baum zu sehen, sieh, wie selbstlos er seine Früchte, Schatten und Zuflucht gibt. Oder sieh Gott in der Sonne, die ihr Licht und ihre Energie bereitstellt, damit Leben auf diesem Planeten existieren kann.

Auf diese Art kannst du wirklich jeden Moment deines Lebens spiritualisieren und das Gefühl der Einheit mit der Schöpfung erreichen.

> 13. Die Rechtschaffenen, die die Überreste der Opfer verzehren, sind frei von Sünde. Aber die Gottlosen, die ihr Essen nur für sich selbst kochen, sündigen, während sie essen.

Es gibt ein wunderschönes vedisches Gebet, das wir immer vor dem Essen rezitieren, es sagt:

> OM, geliebte Mutter Natur,
> Du bist hier auf unserem Tisch als Nahrung.
> Unendlich großzügig;
> Wohltäterin für alle.
> Bitte, gewähre uns Gesundheit und Kraft,
> Weisheit und Leidenschaftslosigkeit,
> damit wir anhaltenden Frieden und Wonne finden können
> und diese mit der Welt teilen können.
>
> Mutter Natur ist meine Mutter,
> mein Vater ist der Herrscher über alles,
> die ganze Schöpfung ist meine Familie,
> Das ganze Universum mein Zuhause.
>
> Ich opfere dieses Essen an OM,
> der universellen Wahrheit.
>
> Möge das ganze Universum mit
> Frieden und Freude, Liebe und Licht erfüllt sein.

Wenn du diese Einstellung der Nahrung gegenüber hast, wird sie sehr wertvoll für dich. Du wirst unermesslichen Segen aus der Nahrung ziehen, wenn du sie mit dieser Einstellung zu dir nimmst. Je mehr du das praktizierst, desto mehr wirst du wahrnehmen, wie Gott durch die Nahrung in dich kommt.

Wenn du das Essen einfach nur hinunterschlingst oder zu viel isst, dann wird sich das negativ auf dich auswirken, da du Körper und Geist korrumpierst und dich dadurch weiter von dem Zustand der Gotteserfahrung entfernst.

> 14. Die Körper der Lebewesen entstehen aus Nahrung und werden durch sie erhalten. Durch den Regen entsteht Nahrung. Durch Opfer kommt der Regen und die Opfer werden durch die Rituale dargebracht.
> 15. Diese Rituale sind in den heiligen Schriften, die aus dem ewigen Brahman entspringen, vorgeschrieben. Wisse deshalb, dass Brahman auf ewig in diesen Ritualen wohnt.

In der vedischen Tradition wurden die Menschen seid jeher dazu erzogen, das Göttliche in allem zu sehen und alles als die Gnade Gottes zu erkennen. Sie wussten, dass Gott als Regen kommt, um die Pflanzen zu nähren, so dass sie Nahrung für andere Lebewesen produzieren können. Es wird deinen Prozess der Transformation sehr beschleunigen und dein Leben glücklich und erfüllt werden lassen, wenn du dein Bewusstsein darauf trainierst, das Göttliche in allem zu sehen.

In den Veden wird beschrieben, dass Gott einen Teil seines Selbst geopfert hat, um dieses Universum zu erschaffen. Opfer ist also ein Teil dieses Universums. Man kann auch sagen, dass Opfer eines der Gesetze ist, die dieses Universum bestimmen. Wenn du etwas haben oder erreichen willst, musst du etwas anderes dafür aufgeben oder opfern. Wenn du geistreich und weise sein möchtest, dann musst du deine Dummheit und Unwissenheit opfern. Wenn du mutig und kraftvoll sein willst, dann musst du deine Feigheit und Zurückhaltung opfern. Wenn du an deinen eigenen Beschränkungen festhalten möchtest, dann musst du deine Freiheit opfern. Wenn du glücklich sein willst, dann musst du deine Traurigkeit opfern. Es ist wirklich so einfach!

Wir haben so viele falsche Vorstellungen in uns, die uns permanent hinunterziehen und gefangen halten; diese Gefangenschaft müssen wir opfern. Die meisten Menschen konzentrieren sich nur auf die negativen Aspekte ihres Lebens. Wie ein Mantra wiederholen sie ständig: „Ich bin traurig, unglücklich und krank!“ Und da sie sich so sehr darauf konzentrieren, verwirklicht es sich auch für sie. Natürlich möchte niemand traurig, unglücklich und krank sein, deshalb müssen wir diese falschen Vorstellungen über unser Sein opfern. Seit jeher sagen die Rishis und Yogis: „Du bist Das“, oder mit anderen Worten: „Du bist Gott“. Wenn du Gott bist, wie kann es dir dann schlecht gehen? Opfere dein Verständnis, dass du dieser Körper bist, und zwinge dich zu verstehen, dass du Gott bist. Zufriedenheit, Gesundheit und Freude werden nur ein paar Nebenwirkungen sein von all den schönen Dingen, die du erleben wirst.

16. Wer diesen Vorschriften nicht folgt, ein sündvolles Leben führt und sich an der Lust ergötzt, lebt sein Leben umsonst, O Arjuna!
17. Wer das Selbst erfährt, erlebt Fülle und ist deshalb nicht mehr verpflichtet zu handeln.
18. Der Yogi, der sich am Selbst erfreut, gewinnt nichts mehr, wenn er handelt, noch verliert er, wenn er auf Handlungen verzichtet. Er ist unabhängig von allem und jedem.

> 19. Deshalb sollst du deine Pflicht immer verhaftungslos ausführen. Durch Arbeit ohne Sorge um die Ergebnisse erreicht man den höchsten Zustand.
> 20. Janaka und andere haben den Zustand der Perfektion erreicht, indem sie ihre Pflicht auf diese Weise erfüllt haben. Deine Motivation zur Arbeit sollte darin bestehen, dass du anderen ein gutes Beispiel auf dem Pfad der Pflichterfüllung sein willst.

Wie bereits erwähnt, wird selbstloses Handeln, als Gottesdienst ausgeführt, helfen, den Geist zu reinigen, und dich zum Erleben deiner eigenen Göttlichkeit führen. Wenn du diesen Zustand erreichst, wirst du Sampoorna oder absolute Fülle erleben. Alles Verlangen und alle Wünsche werden verschwinden und du wirst von allen Fesseln befreit sein.

Die meisten Menschen sind so gestresst in ihrem Leben und sind so verhaftet an die Resultate ihrer Arbeit, dass ihr Geist nicht mehr frei funktionieren kann. Sie verstricken sich mehr und mehr in der Mühle ihrer Gedanken und sinken tiefer in ihre falschen Vorstellungen und Illusionen.

Janaka, ein mächtiger König der indischen Geschichte, erreichte die Erleuchtung durch das Erfüllen seiner Pflicht im Sinne des Karma-Yoga. Kannst du dir die Verantwortung eines Königs in der damaligen Zeit vorstellen? Er war verantwortlich für die gesamte Gesellschaft und das Wohlergehen seiner Untertanen und hatte dadurch sicherlich viel zu tun. Da er all diese Verantwortung und Arbeit aber im Sinne des Karma-Yoga ausgeführt hat und die Ergebnisse, ein aufblühendes Königreich, nicht egoistisch auf sich selbst bezogen hat, erreichte er die Erleuchtung. Wenn er das in einem solchen Job tun konnte, dann können wir das auch!

Aber auch, nachdem man die Erleuchtung erreicht hat, sollte man nicht aufhören, seine Pflicht zu erfüllen. Nun kann man ein echtes Beispiel und Vorbild für andere sein. Krishna sagt: „Es gibt in dieser Welt nichts für mich zu erreichen und trotzdem handle ich, damit die Menschen meinem Beispiel folgen können."

> 21. Was auch immer ein bedeutender Mensch tut, dem werden die normalen Menschen folgen. Was er als Richtlinien etabliert, dem wird die Welt folgen.
> 22. O Arjuna, es gibt nichts in den drei Welten, das ich nicht bereits besitze oder erreichen muss. Und trotzdem handle ich.

23. Denn würde ich nicht unermüdlich handeln, so würde es die Menschheit mir in jeder Hinsicht nachtun.
24. Diese Welten würden untergehen, wenn ich nicht handeln würde; ich wäre die Ursache einer großen Verwirrung in den Kasten und der Zerstörung aller Wesen.
25. Während die Unwissenden mit Verhaftung arbeiten, sollten die Weisen verhaftungslos arbeiten, zum Wohle der Menschheit.
26. Der Weise sollte nicht den Geist der Unwissenden verwirren, die nach Handlung dürsten. Er sollte ein gutes Beispiel sein, wie Arbeit heilig wird, wenn das Herz des Arbeiters auf das höchste Ideal gerichtet ist.

Der erleuchtete Mensch trägt eine sehr hohe Verantwortung, da er durch sein Handeln ein Vorbild für den Rest der Menschheit sein soll. Er muss auch sehr genau aufpassen, welches Wissen er an welche Menschen zu welcher Zeit weitergibt. Wenn man einem Familienvater permanent über die Vorzüge des „Nichthandelns“ berichtet, so mag er das als eine Anregung, seinen Beruf aufzugeben, ansehen, um nur noch Meditation zu üben. Aber wer würde sich dann um seine Familie kümmern? Stattdessen sollte man den Familienvater inspirieren, seine Arbeit effektiver auszuführen und zu spiritualisieren. Als Familienmensch hat man wirklich die Möglichkeit, an sich zu arbeiten und sich weiterzuentwickeln, da man ständig mit Situationen konfrontiert wird, in denen man göttliche Eigenschaften wie Liebe, Geduld, Mitgefühl und Großzügigkeit entwickeln kann.

Deine Arbeit wird heilig, wenn Geist und Herz auf das höchste Ziel, das höchste Ideal gerichtet sind: Befreiung und Freiheit. Wenn dies deine Ziele sind, dann wird alles, was du tust, ein Mittel, dieses Ziel zu erreichen.

27. Alle Handlungen werden durch die Gunas ausgeführt. Der durch Egoismus verblendete Geist denkt: „Ich bin der Ausführende.“
28. Wer aber die Wahrheit über das Selbst, Karma, die Gunas und ihre Funktionen kennt, weiß, dass die Gunas als Sinne durch die Gunas als Sinnesobjekte wandern, und ist nicht verhaftet.
29. Die durch die Kräfte der Natur Verblendeten sind an Ergebnissen ihrer Handlungen verhaftet. Der Mensch mit vollkommenem Wissen sollte den Geist der Unwissenden nicht verwirren.
30. Wirf das Fieber der Unwissenheit ab. Höre auf, auf weltliche Belohnungen zu hoffen. Befreie dich von deinem Ego und hefte den Geist

auf den Atman. Widme mir all deine Handlungen und stehe auf und kämpfe.

Die drei Gunas, die Kräfte der Natur, regen unseren Geist permanent an. Durch falsche Identifizierung mit diesen Gedankenwellen sehen sich die meisten Menschen als die Ausführenden, die Ursache der Handlung an. Der erleuchtete Yogi versteht jedoch, dass nicht das Ego, sondern Gott durch die verschiedenen Schichten der menschlichen Persönlichkeit handelt.

Solange wir durch die Gunas verblendet sind, können wir das höchste Wissen über Brahman nicht verstehen. Deshalb sollte der Yogi sehr bewusst wählen, welches Wissen er wem gibt. Ein sehr tamassiger, fauler Mensch wäre sicherlich sehr beglückt, wenn man ihm über die Vorzüge des Nicht-Handelns erzählen würde, da das genau das ist, was er am liebsten tut, nämlich nichts. Es würde ihm aber nicht helfen, sich weiter zu entwickeln. Ein tamassiger Mensch muss lernen, effektiv zu arbeiten und produktiv zu werden, damit er sich aus dem tamassigen Zustand erheben kann. Wenn er dies geschafft hat, dann kann man ihm zeigen, wie er Rajas nutzen kann, um erfolgreich zu werden. Erst wenn er darin gefestigt ist, macht es Sinn, ihn über das Spiritualisieren seines Verlangens zu lehren, so dass er Sattwa erreichen kann. Das Bedürfnis, dies anzustreben, wird dann ganz automatisch als das Gefühl der inneren Leere kommen. Er wird anfangen, Fragen über den Sinn des Lebens zu stellen, und nach einem spirituellen Lehrer suchen. Solchen Menschen kann man Yoga, Asanas, Pranayama, Meditation und selbstloses Handeln beibringen. Sie sollten auch lernen, großzügig mit Zeit und Geld zu sein.

Die Gunas handeln die ganze Zeit, aber im Zustand von Sattwa sind wir nun in der Lage, unsere Bestimmung zu kontrollieren. Während Tamas und Rajas vorherrschen, werden wir von unserem Karma einfach mitgezogen und schaffen währenddessen immer mehr Karma. Wenn Sattwa vorherrscht, sehen wir die Weisheit im selbstlosen Handeln und können so verhindern, neues Karma zu erzeugen. Sei selbstlos, großzügig, wohltätig, liebend, vergebend und nett. Um dies zu erreichen, kann man leider nicht einfach einen Schalter umlegen, sondern muss diese Qualitäten immer wieder üben. Suche richtige Gesellschaft, die dich zu diesen Qualitäten inspiriert und sie dir vorlebt. Finde Menschen, die auch auf dem spirituellen Pfad sind, möglichst etwas mehr vorangeschritten als du selbst, damit du Anleitung und Inspiration bekommen kannst. Wenn du dich nur mit tamassigen und rajassigen Menschen umgibst, wird dich das eher runterziehen.

In Sattwa hat der Geist mehr Klarheit und Unterscheidungskraft, es wird dir leichter fallen, die richtigen Entscheidungen zu treffen, die dein Karma in die richtige Richtung lenken. Bis du diesen Zustand erreicht hast, folge den Anweisungen eines erleuchteten Gurus, der dich für deine Entwicklung angemessen führen kann.

Krishna weist Arjuna erneut an, das Fieber der Unwissenheit abzulegen und das Verlangen nach weltlichen Belohnungen aufzugeben. Wenn die weltlichen Belohnungen dein Ego verstärken und dich gieriger, selbstbezogener und hasserfüllter machen, ist das sicherlich kein Segen für dich; du gehst rückwärts. Wenn du aber so handelst, wie Krishna es vorgibt, und verstehst, dass du nur ein Instrument in Gottes Händen bist, wirst du dich weiterentwickeln. Dann wirst du sogar unter den extremsten Bedingungen kein Karma erzeugen.

31. Wer meine Lehren ununterbrochen, mit unerschütterlichem Vertrauen in die Tat umsetzt, wird von den Fesseln des Karma befreit.

Eine der wichtigsten Qualitäten eines spirituellen Schülers ist das unerschütterliche Vertrauen in die Lehren der Schriften und des Gurus. Nur wenn der Geist vom Zweifel an den Lehren befreit ist, kann man das Wissen aufnehmen und verinnerlichen, so dass die Transformation stattfinden kann. Der Guru wird es dir möglich machen, die Schriften zu verstehen, so dass du sie gemäß deines Entwicklungsstandes in die Tat umsetzen kannst. Du solltest dankbar sein für die Zeit und Liebe, die er in dich investiert. Wenn du diese Einstellung hast und wirklich lernen willst, dann steht deinem Fortschritt nichts im Wege.

Seine Lehren sollten deinem logischen Denken und den Lehren der Schriften aber nicht widersprechen. Du sollst nicht einfach schafsgleich folgen! Aber manchmal braucht es etwas Zeit, bevor du verstehst, was der Guru dich eigentlich lehren will, sei geduldig und habe Vertrauen. Habe Vertrauen in den Guru und die Schriften, sie wollen nur deinen Fortschritt. Erinnere dich daran, wie schwierig es war, das Konzept von 1 + 1 = 2 zu verstehen. Wie viel schwieriger ist es, das Grenzenlose, Allmächtige, Göttliche zu verstehen?

32. Wer aber meine Lehren bemängelt und sie nicht in die Tat umsetzt, ist verloren. Sie haben keine spirituelle Unterscheidungskraft und all ihr Wissen ist Einbildung.

Es gibt zwei Arten von Wissen, weltliches und spirituelles Wissen. Von einem höheren Standpunkt aus gesehen, ist alles weltliche Wissen nur eine Illusion, da es die höchste Wirklichkeit nicht widerspiegelt. Aber selbst spirituelles Wissen ist eine Illusion, wenn man es nicht in die Tat umsetzt und tatsächlich erlebt, was man zu verstehen glaubt. Yoga ist eine Wissenschaft, die man erleben muss; man muss sie in die Tat umsetzen, um sie wirklich verstehen zu können.

33. Sogar der Weise handelt nach seinen eignen Neigungen. Alle Wesen folgen ihren Instinkten. Was kann eine äußere Beschränkung da ausrichten?

Deine inneren Tendenzen und Instinkte leiten deine Gedanken und Handlungen. Arjuna wurde dazu ausgebildet, Krieger zu sein und für Rechtschaffenheit zu kämpfen. Wenn er seinem inneren Drang gemäß, Menschen in Not zu beschützen, unterdrückt, wird er innerlich in Aufruhr geraten, da seine Tendenzen dies nicht zulassen werden. Er wird keinen inneren Frieden finden, weil er tief in sich genau weiß, dass er etwas Falsches tut.

Wenn du deine inneren Tendenzen und deine Pflicht erkennst, musst du sie auch ausführen. Das mag in manchen Situationen nicht so angenehm sein. Es ist aber das Einzige, was du tun kannst, um dich weiterzuentwickeln und den Zustand anhaltender Zufriedenheit zu erleben.

Genauso ist das auch mit äußeren Beschränkungen. Wenn du dich beispielsweise dazu entscheidest, das Mönchsgelübde abzulegen, und dein Orden das Zölibat vorschreibt, wirst du versuchen, die sexuelle Energie zu unterdrücken. Unterdrückung von inneren Tendenzen führt aber nie zum gewünschten Erfolg, sondern kommt immer an einer anderen Stelle wieder zu Tage, z.B. als Essstörung oder Schlafstörungen. Um deine inneren Tendenzen zu verändern, musst du sehr viel Disziplin haben und durch den Prozess der Veränderung gehen.

34. Es ist ganz natürlich, dass die Sinne sich zum Angenehmen hingezogen und vom Unangenehmen abgestoßen fühlen. Du sollst solchen Gefühlen nicht nachgeben, da sie Hindernisse zur Erleuchtung sind.

Wenn du den Zustand deines Geistes verbessern möchtest oder sogar die Erleuchtung anstrebst, musst du den Geist in einen ausgeglichenen Zustand bringen. Wir sind in dieser Welt immer den Gegensatzpaaren ausgesetzt (Hitze/

Kälte, Vergnügen/Schmerz, Sieg/Verlust etc.). Wenn du dem Geist erlaubst, von ihnen hin- und hergezerrt zu werden, wird er nie zur Ruhe kommen. Deshalb warnt Krishna Arjuna, dass er sich diesen Gefühlen nicht hingeben darf.

> 35. Es ist besser, in deiner eigenen Pflicht strebsam zu sein, als die Pflicht eines anderen perfekt zu erfüllen. Selbst wenn du stirbst, während du deine Pflicht erfüllst, ist nichts verloren. Wenn du versuchst, eines Anderen Dharma zu erfüllen, erzeugst du Furcht und Unsicherheit.

Wie oft probiert unser Geist, uns davon zu überzeugen, dass das Gras auf der anderen Seite grüner ist? Viele Leute wechseln ständig ihren Beruf, weil sie denken, etwas Besseres gefunden zu haben. Sie werden aber nie richtig erfolgreich, weil sie nie genug Zeit investieren, um gut zu werden. Ihr Geist springt von einem zum anderen. Genauso wechseln viele Menschen sehr oft ihre Partner, und Mütter wollen nicht mehr Mütter sein, sondern arbeiten gehen. Darin besteht eine große Gefahr für die Gesellschaft. Wir müssen lernen, unsere Pflicht zu erkennen, und sie ausführen, damit die Gesellschaft reibungslos funktionieren kann.

Wenn du ein Arzt bist, sei ein Arzt, versuche dich nicht als Elektriker, nur weil du glaubst, dass das vielleicht leichter ist. In Krishnas Zeit war das sehr deutlich ausgelegt. Die Menschen wurden als Kshatriya, Sudra, Vaishnava oder Brahmane geboren. Sie wuchsen in der jeweiligen Tradition auf und erlernten den Beruf, den sie danach ausführten. Brahmanen wuchsen in einem Brahmanen-Haushalt auf, Kshatriyas in einem Kshatriya-Haushalt etc. Als meine Tochter 3 Jahre alt war, konnte sie alle Mantras singen, die wir sangen. Es war ganz natürlich für sie, da sie ständig davon umgeben war. Sie musste sich nicht anstrengen, die Mantras, Yoga, oder die Rituale zu lernen. Sie wurde in diese Umgebung hineingeboren, deshalb wird sie alles über diesen Weg wissen.

Andere Menschen, die zu uns in den Ashram kommen, sind von Natur aus vielleicht Kshatriyas oder Shudras und müssen sich dann sehr anstrengen, diesen Weg zu erlernen. Wenn meine Tochter fortfährt, diesen Weg zu beschreiten, wird ihr Weg sehr leicht und erfreulich für sie werden, weil sie dann ihren inneren Tendenzen folgt. Sollte sie jedoch beschließen, dass das Brahmanentum zu langweilig für sie ist, weil sie einen Händlerberuf ergreifen will, dann wird das Unruhe und Stress in ihrem Geist erzeugen. Sie wird in dem Beruf nie erfolgreich werden, ohne sehr große Anstrengung zu leisten. Sie muss die Gesetze des Handels lernen, was für sie sehr schwer sein könnte. Eine andere Person, die in einer solchen Familie aufgewachsen ist, wird diese Probleme nicht haben. Wenn man probiert, etwas zu tun, das nicht in seiner Natur liegt, ist man in Gefahr, den spirituellen Fortschritt zu verhindern, weil der Geist weniger Chancen hat, zur Ruhe zu kommen und sich auf Gott zu richten.

Arjuna fragt:
36. Krishna, was treibt einen Menschen dazu, gegen seinen Willen Sünde zu begehen, als ob er dazu gezwungen wurde?

Wir erleben das immer wieder in unserem Leben, wir wissen, dass etwas nicht richtig ist, und tun es trotzdem, als ob wir dazu gezwungen würden.

Krishna sagt:
37. Wut und Begierde sind zwei Eigenschaften des Rajas. Sie sind voller Sünde und allesverschlingend. Erkenne sie als deine Feinde in dieser Welt.
38. So wie das Feuer von Rauch, der Spiegel von Staub und der Embryo von der Gebärmutter verhüllt ist, so ist der Atman versteckt unter der Begierde.
39. O Arjuna, Weisheit ist durch den immerwährenden Feind des Weisen, das Verlangen, verhüllt, welches so unersättlich ist wie Feuer.

Wir verstehen nun, dass das vorherrschende Guna bestimmen wird, welche Art der Handlung wir ausführen werden. Wenn Rajas vorherrscht, werden Zorn und Begierde sehr oft unsere Handlungen bestimmen, da sie die Eigenschaften von Rajas sind. Durch die Unreinheiten in Geist, Intellekt und Sinnen wird weiter Öl ins Feuer gegossen, so dass Zorn und Begierde noch stärker werden, der Geist noch mehr verblendet wird und dadurch der Atman noch stärker verschleiert wird.

Um dies zu verhindern, musst du nach etwas streben, das den Geist erhebt. Frage dich zu jeder Zeit, ob deine Handlungen dir helfen, dich weiterzuentwickeln.

40. Es heißt, dass sie in Sinnen, Geist und Intellekt wohnen. Sie täuschen den Bewohner des Körpers, indem sie die Weisheit verschleiern.
41. Deshalb musst du zuerst die Sinne kontrollieren, Arjuna, und dann dieses sündvolle Ding, das Verlangen, durch Wissen und Selbstverwirklichung töten.

> 42. Die Sinne sind den Sinnesobjekten überlegen. Der Geist ist den Sinnen überlegen, der Intellekt dem Geist. Und was ist dem Intellekt überlegen? Nur der Atman selbst.

Zuerst müssen wir lernen, die Sinne zu kontrollieren. Wähle sehr sorgfältig, welchen Eindrücken du dich aussetzt, und gib dich den Sinnesvergnügen nicht zu sehr hin. In unserer Gesellschaft ist die Philosophie leider genau umgekehrt: „Je mehr, desto besser." Wir folgen diesem Trend und denken, dass wir so Zufriedenheit und Fülle erreichen können. Stattdessen wird der Geist aber immer unruhiger und wir entfernen uns mehr von dem angestrebten Ziel.

Als Nächstes müssen wir uns um den Geist kümmern. Je mehr du den Geist unter Kontrolle bringst, desto weniger wird er den Sinnesobjekten hinterherlaufen. Um den Geist unter Kontrolle zu bringen, müssen wir richtige Unterscheidungskraft entwickeln. Wir müssen unterscheiden können, was uns auf dem spirituellen Pfad weiterhilft und was nicht. Nur so können wir den Atman enthüllen und unsere göttliche Natur erleben.

> 43. Wenn du ihn nun erkannt hast, der dem Intellekt überlegen ist und den Geist mittels des Willens bändigt, erschlage den schwer zu besiegenden Feind, das Verlangen.

Krishna sagt Arjuna noch einmal, dass nur das Erleben des Atman das Verlangen wirklich besiegen kann. Aber wenn man diesen Zustand erreicht, dann ist man frei von jeglicher Bindung.

So behandelt die glorreiche Bhagavad Gita, die Wissenschaft der Ewigkeit, die Schrift über den Yoga, der Dialog zwischen Shri Krishna und Arjuna über das Wissen des Selbst, das dritte Kapitel mit dem Titel: „Karma-Yoga".

KAPITEL 4: DER YOGA DER WEISHEIT

Krishna:

1. O du Feindebezwinger, nun habe ich dir den Yoga gezeigt, der zur unsterblichen Wahrheit führt. Ich habe ihn Vivaswat gelehrt, er hat ihn an Manu weitergegeben und Ikshaku hat ihn von Manu gelernt.
2. Und so haben ihn die Heiligen, in königlicher Folge, von Lehrer zu Lehrer weitergegeben, bis er verloren ging und für viele Zeitalter vergessen war.
3. Dieses Geheimnis habe ich dir heute enthüllt, weil du mein Freund und Schüler bist.

Krishna spricht hier über Karma-Yoga, was zum Erleben der unsterblichen Wahrheit führt, der Wahrheit, dass du Gott bist. Dieses Wissen wurde über die Zeitalter hinweg vom Guru zum Schüler weitergegeben. Der Guru lehrte den Schüler, bis dieser das höchste Ziel erreicht hatte und selbst zum Guru wurde. Wenn der Schüler aber nicht das höchste Ziel erreichte und aus seinem beschränkten Wissen heraus zu unterrichten begann, dann wurde die Lehre des Gurus unvollständig weitergegeben. Die Linie der sattwigen, erleuchteten Gurus wurde unterbrochen. Dieser Prozess des Abweichens von der höchsten Wirklichkeit, verursacht nur durch beschränktes Wissen im Lehrer, findet immer wieder statt. Das höchste Ziel der Erleuchtung zu erreichen ist wirklich eine große Errungenschaft. Man muss sein ganzes Leben auf dieses Ziel ausrichten und den Anweisungen des Gurus und der Schriften sehr genau folgen. Der Guru kann dem Schüler all sein Wissen geben, wenn dieser aber nicht bereit ist, das Wissen in seiner Fülle aufzunehmen, wird er zwar erhoben, wird die Erleuchtung aber nicht erreichen. Der Geist des Schülers muss offen und bereit für die Lehren des Gurus sein. Wenn sein Ego die reine Übermittlung des Wissens filtert und blockiert, wird er nur das hören und in die Tat umsetzen, was seiner verklärten Sicht des spirituellen Pfades entspricht. Dies wird ihm nicht dabei helfen, an den Teilen seiner Persönlichkeit zu arbeiten, die es wirklich brauchen. Viel wahrscheinlicher ist es, dass es ihn tiefer in seine falschen Vorstellungen und Illusionen hinabziehen wird.

Es gibt eigentlich nur zwei Situationen, in denen der Schüler wirklich für spirituelle Lehren bereit ist. In der ersten Situation ist der Schüler am Boden zerstört und kann nicht tiefer sinken. Da er sich vollkommen hilflos und durcheinander fühlt und schon alles andere erfolglos ausprobiert hat, um aus dieser Situation herauszukommen, wendet er sich der Spiritualität zu und hört den Lehren des Gurus aufmerksam zu. Im zweiten Szenario hat der Schüler seinen Geist durch yogische Techniken gereinigt und sein ganzes Leben auf das Erlangen der Erleuchtung ausgerichtet. Da sein Geist sehr ruhig und ausgeglichen ist, werden ihn die Lehren des Gurus begeistern, so dass er sie auch in die Tat umsetzen wird.

Die Linie der Weisen, über die Krishna hier spricht, war eine Linie von Heiligen, die zur gleichen Zeit auch Könige waren. Sie haben ihr göttliches Wissen genutzt, um ihr Königreich zu leiten und Frieden und Harmonie zu schaffen. Als die Linie der Weisen jedoch unterbrochen wurde und das Wissen verloren ging, ging nach und nach auch der sattwige Zustand in der Gesellschaft verloren. Das Resultat davon waren Chaos, Korruption und Gier, was zwangsläufig zum Krieg führte. Immer, wenn die Menschheit einen solchen Zustand der Verwirrung erreicht, inkarniert Gott, um die göttlichen Lehren und den Weg zur Befreiung aufs Neue zu zeigen. Einige der bekannteren Inkarnationen waren Rama, Krishna, Buddha und Jesus.

Arjuna:

4. Vivaswat wurde lange vor dir geboren. Wie soll ich glauben, dass du der erste warst, der diesen Yoga gelehrt hat?

Nachdem Krishna Arjuna die höchste Philosophie des Yoga erklärt hat und ihm den Weg zur Erleuchtung gezeigt hat, sagt er nun, dass er diesen Yoga schon Vivaswat gelehrt hat, der schon viele, viele Generationen vor Krishna gestorben war.

Diese Aussage regt natürlich Fragen in Arjuna an, da sein Geist immer noch verwirrt ist und er noch nicht das Absolute, Unveränderliche in Krishna erkannt hat.

Krishna:

5. Du und ich, Arjuna, haben schon viele Leben gelebt. Ich kann mich an alle erinnern, du nicht. Ich bin der Ungeborene, Unvergängliche, Herr allen Atems. Es scheint, dass ich geboren wurde, aber das ist nur meine

> Maya (Täuschung). Ich bin der Herr meiner Prakriti, der Kraft, die mich macht.

Die Schriften sagen, dass wir alle Teil des niemals endenden Rades von Geburt und Tod sind. Wir gehen durch unzählige Reinkarnationen, um Gottes gesamte Schöpfung zu erleben und die Dinge zu lernen, die wir brauchen, um unser göttliches Selbst zu enthüllen. Um unseren Geist zu schützen, hat Gott eine Sicherheitsvorkehrung eingebaut, so dass wir uns nicht voll an die vorhergegangenen Inkarnationen erinnern können. Da wir ständig Karma produzieren, werden wir wiedergeboren, um dieses abzuarbeiten. Wenn wir etwas Schlechtes getan haben, müssen wir wiederkommen, um es wieder gutzumachen. Wenn wir uns an die Taten vergangener Leben erinnern würden, würde das unser Handeln in dieser Reinkarnation beeinflussen und damit den Lernprozess beeinträchtigen. Wir können uns nicht daran erinnern, dass wir das Göttliche sind, da Maya, die Kraft der Illusion, den Geist bei jeder Verkörperung verwirrt.

Für Krishna trifft dies nicht zu. Er war sich seit seiner Geburt bewusst, dass er Gott war und alle göttlichen Fähigkeiten hatte. Deshalb sagt er: „Ich kenne die Vergangenheit und die Zukunft, du nicht.“

> 6. Obwohl ich nicht geboren wurde, unsterblich und der Herr aller Wesen bin, manifestiere ich, durch die Kraft meiner eigenen Maya, in einer sterblichen Form.
> 7. Wenn das Gute schwach wird und das Böse zunimmt, mache ich mir einen Körper.
> 8. In jedem Zeitalter komme ich wieder, um die Heiligen zu befreien, Sünde und das Böse zu zerstören und Rechtschaffenheit zurückzubringen.

Immer wenn der ethisch –moralische Zustand in der Gesellschaft so verdorben ist, dass das Böse die Yogis und spirituell Suchenden bedroht, inkarniert Gott, um sie zu beschützen und zu befreien. Durch die Lehren der ewigen Wahrheit hilft Gott der Menschheit, ihren Geist zu erheben und Rechtschaffenheit wiederherzustellen. Da wir die höchste Wahrheit nicht kennen, begehen wir Sünde. Von einem yogischen Standpunkt aus ist jede Handlung, die uns daran hindert, das Göttliche zu erleben, eine Sünde. Da durch die Verunreinigung unseres Geistes die meisten unserer Handlungen selbstsüchtige Motive haben, fallen fast all unsere Handlungen in den Bereich „Sünde“. Wenn Gott also inkarniert, um die Sünder zu zerstören, heißt das nicht, dass er uns alle umbringen will, sondern dass er uns durch seine Lehre den richtigen Pfad zeigen will. Aber wir müssen diese Lehre auch in die Tat umsetzen. Nichts kann unsere Sünde wegwaschen, außer unsere Handlungen.

> 9. Wer die Natur meiner Tätigkeit und meiner heiligen Geburt kennt, wird nach dem Tod nicht wiedergeboren, sondern kommt zu mir.
> 10. Furcht, Begierde und Zorn entfliehend, findet er Zuflucht und Schutz in mir. Von der Flamme meines Seins gereinigt, finden viele in mir ihr Zuhause.

Solange der Geist unwissend ist, werden wir ununterbrochen wiedergeboren. Wenn wir aber die Erleuchtung erreichen und unser Karma verbraucht ist, gibt es keinen Grund mehr für weitere Wiedergeburten. Krishna gibt uns das Versprechen, dass wir mit dem Ozean des Bewusstseins verschmelzen und eins mit dem Höchsten werden, wenn wir diesen Zustand erreichen. Eigentlich sind wir immer eins mit diesem Höchsten, erleben es aber durch die Verschleierung des Geistes nicht.

Wende dich ab von deinen niederen Emotionen (Begierde, Zorn, Gier, Neid und Furcht) und konzentriere dich auf Gott („suche Zuflucht in mir"). Dies wird deinen Geist reinigen und dich wieder zurück nach Hause bringen. Deine Reise durch das Rad von Geburt und Tod wird ein Ende finden.

> 11. Welchen Wunsch auch immer du mir in Verehrung bringst, ich werde ihn erfüllen. Welchen Pfad auch immer die Menschen beschreiten mögen, es ist mein Pfad. Wo auch immer die Menschen hingehen, es führt zu mir.

Nun magst du vielleicht denken, dass dir jeder Wunsch erfüllt wird. Du besuchst einen erleuchteten Meister, bringst ein paar Blumen und Obst und bittest um die Gewinnzahlen der Lotterie. Das wird sicherlich nicht passieren!

Krishna spricht hier über die Dinge, die wir wirklich anstreben, nicht bloß ein einfacher Wunsch, z.B.: Ich wünschte, ich könnte fliegen. Meistens ist dies nur eine kleine Tagträumerei, wenn dieser Wunsch aber zu einem unstillbaren Verlangen wird, dann wirst du auch fliegen lernen. Die Gebrüder Wright haben sich nicht einfach gewünscht zu fliegen. Tag und Nacht haben sie ihre ganze Aufmerksamkeit der Wissenschaft des Fliegens gewidmet, so dass Gott ihnen das nötige Wissen und Verständnis gewährte. Wenn deine Wünsche mit einem festen Willen, Anstrengung und ernsthafter Hingabe gepaart sind, dann wirst du auch erfolgreich sein.

> 12. Die meisten Menschen verehren die Götter, weil sie weltlichen Erfolg wollen. Der materielle Erfolg kann auf dieser Erde sehr schnell erlangt werden.

Wenn du einen Beruf erlernen möchtest und darin gut werden willst, dann wird sich dein Geist ständig mit diesem Thema beschäftigen. Dieses Wissen wird zu deinem Gott. Du musst den Regeln und Gesetzen dieses Gottes sehr genau folgen, damit du erfolgreich wirst. Wenn du Elektriker werden willst, musst du den Gott der Elektrizität verehren. Wenn du seine Regeln nicht befolgst, kannst du ein Feuer verursachen oder sogar sterben. Aber dieses weltliche, materielle Wissen ist sehr leicht zu erlernen und zu meistern, deshalb kann weltlicher Erfolg sehr leicht erreicht werden. Wenn du spirituelles Wissen möchtest, musst du den Geist viel mehr disziplinieren und ihn von fast allem abwenden, was uns die Gesellschaft lehrt. Du musst dich sprichwörtlich einer „Gehirnwäsche" unterziehen und die Verunreinigungen des Geistes herauswaschen, damit du neue, erhabenere Gedankenmuster formen kannst.

> 13. Ich habe die vier Kasten erschaffen, die zu den verschiedenen Typen der Gunas und des Karmas passen. Ich bin der Erschaffer. Aber du musst verstehen, dass ich unveränderlich und jenseits der Handlung bin.

Wie bereits erwähnt, beschreiben die Schriften vier Kasten: Brahmanen (Priester), Kshatriyas (Könige, Krieger, Polizei), Vaishyas (Landwirte, Händler) und Shudras (Handwerker, Diener).

Je nach der vorherrschenden Guna in uns fühlen wir uns zu bestimmten Berufen hingezogen. Brahmanen sollten in Sattwa gefestigt sein. Kshatriyas haben sehr viel Rajas in sich. Vaishnavas und Shudras etwas weniger Rajas. Das bedeutet aber nicht, dass ein Arbeiter nicht sehr sattwig und ein Krieger sehr tamassig sein kann. Es ist das vorherrschende Guna, das einen Menschen zu einer bestimmten Kaste hinzieht. Jede Kaste hat ihr eigenes Karma und Dharma (Pflicht).

Krishna sagt auch, dass, obwohl er Kasten und Gunas erschaffen hat, er davon unberührt bleibt. Um zu verdeutlichen, wie das geht, denke an einen Regisseur, der jede Handlung im Film bestimmt, vielleicht sogar darin mitspielt, von dem Film selbst aber vollkommen unberührt bleibt.

> 14. Handlung beschmutzt mich nicht. Ich habe kein Verlangen nach den Früchten meiner Handlungen. Ein Mensch, der diesbezüglich meine Natur versteht, wird niemals Sklave seiner eigenen Handlungen werden.

Lass uns noch einen Moment bei dem Beispiel des Filmes bleiben. Stelle dir vor, dass du ein Schauspieler bist, dem die Rolle eines sehr erfolgreichen Geschäftsmannes angeboten wird. In dem Film baust du ein Multi-Millionen-Dollar-Unternehmen auf, das die Welt vor ihrem sicheren Untergang bewahrt. Um diese Rolle wirklich überzeugend zu spielen, musst du diese Person „werden". Du musst wie dieser Geschäftsmann denken, handeln und fühlen. Aber wenn der Dreh des Filmes abgeschlossen ist, kannst du dann stolz darauf sein, die Welt gerettet zu haben? Kannst du dir mit dem Geld „deiner Firma" eine große Yacht kaufen? Natürlich nicht. Du wirst vollkommen losgelöst von den Früchten der Handlungen sein, die du in dem Film ausgeführt hast. Diese Handlungen werden dich nicht beschmutzen.

Genauso funktioniert das auch für Gott, wenn er inkarniert. Er wird gemäß der Form und Pflicht dieser Inkarnation handeln. Da er sich aber seiner göttlichen Natur bewusst ist, wird er von diesen Handlungen unberührt bleiben und auch nicht nach ihren Früchten verlangen. Da wir alle eine Inkarnation Gottes sind, kann und sollte das für uns genauso funktionieren. Probiere dich immer wieder daran zu erinnern und zu verstehen, dass du nur Teil eines Filmes bist und es deshalb gar keinen Sinn macht, dich an den Früchten deiner Handlungen anzuhaften; sie existieren nämlich gar nicht wirklich. Achte aber darauf, dass dich diese Einstellung nicht faul und ungenau macht. Nutze deine Handlungen, um den Geist zu reinigen und zu kontrollieren. Tue immer dein Bestes, damit du tatsächlich den Geisteszustand erreichen kannst, dass du jenseits dieser Inkarnation bist, dass du göttlich bist.

> 15. Da die Sucher nach Befreiung aus alter Zeit dies verstanden, konnten sie sich vollkommen sicher in Handlungen verstricken. Du musst deine Arbeit auch in diesem Sinne ausführen, genauso wie die Seher der alten Zeit.

Wenn du den Zustand der Erleuchtung erreicht hast, kannst du wirklich selbstlos handeln. Deshalb erfüllen selbst Inkarnationen Gottes, wie Rama, weiter ihre Pflicht, nachdem sie die Erleuchtung erreicht haben. Genauso wird auch Arjuna seine Pflicht erfüllen, nachdem er diesen Zustand erreicht hat. Im Moment versteht Arjuna nicht, wer sein Feind ist und wer auf der Seite der Rechtschaffenheit kämpft. Aber da er auf dem Schlachtfeld ist, ist es seine Pflicht zu kämpfen.

Uns geht das oft sehr ähnlich. Wie oft fragen wir uns, welchen Weg wir einschlagen sollen? Dieser Zweifel wird durch fehlende Klarheit im Geist hervorgerufen. Deshalb brauchen wir in solchen Momenten richtige Führung, die uns in die richtige Richtung lenkt.

Arjuna hatte niemals Zweifel darüber, was seine Pflicht war. Er hat schon so viele Schlachten gefochten und wusste immer, wer auf seiner Seite war und wer seine Feinde waren. In diesem Krieg jedoch sieht er Freunde, Verwandte und Lehrer auf beiden Seiten. Der einzige Weg, wie er sich aus diesem Dilemma befreien kann, ist, dass er seine Pflicht erkennt und sie erfüllt.

Die Weisen der alten Zeit verstanden den Prozess, der zur Befreiung führte, und konnten deshalb ihre Handlungen frei von Anhaftung ausführen. Wir müssen diesem Beispiel folgen und unsere Arbeit in diesem Sinne ausführen; verhaftungsfrei und als Erfüllung unserer Pflicht. Fühle dich als Instrument Gottes und lasse dich nicht von deinen Emotionen verwickeln. Arbeite nicht, um hinterher dafür gelobt zu werden, da die damit einhergehenden Emotionen deine Effektivität beinträchtigen werden. Du wirst auf diese Art nur Stress in dir hervorrufen und Probleme in dir erzeugen, die dich krank machen. Beobachte, wie die Gurus und Weisen ihre Arbeit ausführen, und folge ihrem Beispiel. Beobachte, wie sie ihr Leben gelebt haben und dadurch auf dem spirituellen Weg erfolgreich wurden. Krishna erzählt uns hier, wie er seine Pflicht erfüllt, um uns die Logik hinter einem solchen Handeln verständlich zu machen. Er zeigt uns, dass Handeln ohne Anhaftung uns von den Fesseln der Begierde, Gier, Zorn, Hass, Eifersucht und Neid befreit.

> 16. Was ist Handeln? Was ist Nichthandeln? Selbst die Weisen werden von diesen Fragen verwirrt. Deshalb werde ich dir erklären, was Handeln ist.
> 17. Du musst lernen, welche Arbeit du tun und welche du lassen sollst. Und wie du den Zustand erreichen kannst, indem du dich ganz besonnen von deiner Arbeit lösen kannst. Die wahre Natur der Handlung ist schwer zu verstehen.

Handlung findet ununterbrochen statt; es gibt nicht einen Moment, in dem es keine Handlung gibt. Sobald du im Mutterleib empfangen wirst, beginnst du zu handeln. Du wächst und dein Herz schlägt schon ab dem 22. Tag; wenn du geborenwirst, beginnst du zu atmen und du denkst ununterbrochen. Dies alles sind Handlungen und jede Handlung erzeugt eine Reaktion. Jede Ursache wird eine Wirkung haben, die wiederum Ursache für neue Handlungen sein wird. Das ist Karma, das Gesetz von Ursache und Wirkung. Wie bereits erwähnt, werden Handlungen durch Gedanken hervorgerufen, die ihren Ursprung im Verlangen haben. Wonach wir verlangen, hängt stark von unseren Samskaras (den Eindrücken aus vergangenen Leben) ab. Wir wollen den Zustand des Nichthandelns erreichen, da uns dies aus dem Zyklus von Aktion und Reaktion und damit vom Karma befreit. Alle Yogapraktiken zielen auf diesen Zustand ab. Handlung, die uns bindet, ist Karma, Handlung, die uns nicht bindet, ist Nichthandeln. Um den Zustand des Nichthandelns zu erreichen, müssen wir sehr genau unterscheiden, welche Handlungen wir ausführen können und welche wir sein lassen sollten. Du musst unterscheiden lernen, welche Handlungen dich langfristig gesehen erheben, so dass du dich weiterentwickelst, und welche nicht. Lerne, welche Handlungen dir helfen, mehr Sattwa in dir zu erzeugen und dem Wohle der Menschheit dienen.

> 18. Wer das Nichthandeln im Handeln und das Handeln im Nichthandeln sieht, ist wahrhaft weise. Selbst wenn er handelt, bleibt er in der Ruhe des Atman verankert.

Wenn ein Mensch handelt, dabei aber eigentlich nicht produktiv ist, dann ist das Nichthandeln im Handeln. Diese Art des Nichthandelns ist nicht erstrebenswert.

Wenn jemand ganz konzentriert und ausgeglichen seine Arbeit erledigt, wird er sehr effektiv und produktiv sein. Wenn der Geist harmonisiert ist, wird ihm die Arbeit leicht von der Hand gehen und keinen Stress in ihm verursachen, sein Geist bleibt ruhig. Das ist richtiges Nichthandeln im Handeln, danach solltest du streben.

Wenn jemand sich zur Meditation setzt, sein Geist aber ganz unruhig umherwandert, ist dies Handeln im Nichthandeln und natürlich nicht erstrebenswert. Wenn sich ein Yogi zur Meditation setzt, erzeugt er eine sehr starke Schwingung, die viele andere Menschen beeinflussen und inspirieren wird. Das ist das Handeln im Nichthandeln, das wir erreichen wollen.

Wenn du diese Unterschiede im Nichthandeln im Handeln und Handeln im Nichthandeln erkennen kannst und sie in die Tat umsetzt, wird dein Leben eine neue Qualität bekommen.

19. Die Seher sagen zu Recht, dass der weise ist, der ohne Begierde handelt und sich nicht nach den Früchten der Handlung sehnt. Seine Handlungen fallen von ihm ab, die Kette ist durchbrochen, geschmolzen durch die Flamme meines Wissens.

Weisheit bedeutet, dass du deine Handlungen so ausführst, dass sie den Geist nicht aufregen. Je ruhiger der Geist wird, desto schneller bewegst du dich auf Gott zu. Wenn du die ganze Zeit nur an die Ergebnisse deiner Arbeit denkst, verschwendest du sehr viel Energie, die du eigentlich auf deine Arbeit richten solltest. Das ist nicht sehr weise.

20. Wenn er sich von den Früchten abwendet, braucht er nichts. Der Atman allein genügt. Er handelt, ist aber jenseits der Handlung.

Wenn du durch das Erleben des Atman absolute Fülle empfindest, gibt es nichts mehr, wonach es dich verlangt. Und wenn es kein Verlangen mehr gibt, werden auch keine selbstsüchtigen Handlungen mehr entstehen. In diesem Zustand handelst du nur noch zum Wohle anderer.

21. Nicht hoffend, nichts begehrend, Körper und Geist zügelnd, nennt er nichts sein Eigen. Er handelt und erntet nichts Böses.

Alle Ursachen für Unruhe und Aufregung in unserem Geist werden durch Begierde, Hoffnung und Pläne hervorgerufen. Wenn du Körper und Geist zügelst, verlieren diese Ursachen ihren Grund und werden dadurch unwirksam. Du wirst den Zustand erreichen, in dem du absolute Fülle erlebst und deshalb kein Verlangen empfindest. Natürlich braucht man in diesem Zustand noch Nahrung und muss atmen, um den Körper zu erhalten, aber selbst dies geschieht zum Wohle der Menschheit.

22. Was auch immer Gottes Wille ihm gibt, nimmt er und ist zufrieden. Schmerz folgt Vergnügen, es belastet ihn nicht. Erfolg kommt nach Verlust, er bleibt unberührt. Auf wen sollte er neidisch sein? Er handelt, ist aber frei von der Handlung.

Wenn man in Harmonie mit den göttlichen Gesetzen ist und sich selbst als Instrument in den Händen Gottes sieht, gibt man sich den Handlungen einfach hin. Gleichzeitig ist man zufrieden mit dem, was man bekommt, und verlangt nicht nach mehr.

> 23. Für den Befreiten, der frei von Anhaftung ist, dessen Geist fest in der Weisheit verwurzelt ist und der im Sinne des Opferns handelt, werden alle Handlungen mit ihren Früchten aufgelöst.
> 24. Wenn die Fesseln gelöst sind, schlägt sein Herz in Brahman. Jede seiner Handlungen ist ein Dienst an Brahman, kann so eine Handlung Böses bringen? Brahman ist das Ritual, Brahman ist die Opfergabe, Brahman ist der, der in das Feuer von Brahman opfert. Wenn man Brahman in jeder Handlung sieht, wird man Brahman finden.

Wenn man sein höchstes Selbst vollkommen erfährt, versteht man, dass es keinen Unterschied zwischen den Objekten der Welt, seinen Mitmenschen und sich selbst gibt. Nun wird jedes Erlebnis, gleich welcher Natur es ist, ein Erleben Brahmans, der höchsten Wonne, der reinsten Form des Bewusstseins. Um diesen Zustand zu erreichen, musst du dein Bewusstsein darauf trainieren, dass Göttliche in allem zu erkennen. Beginne mit den Menschen, bei denen es dir leichtfällt, wie deinen Eltern, Partner, Kindern, Guru, etc. Wenn du das Göttliche hier sehen kannst, wird es dir auch leichter fallen, es in anderen Menschen zu erkennen.

> 25. Einige Yogis verehren nur die Devas. Andere sind, durch die Gnade des Atman, in der Lage, über die Einheit des Atman mit Brahman zu meditieren. Für sie ist der Atman eine Opfergabe, der in Brahman, dem Heiligen Feuer, geopfert wird.

Krishna beschreibt verschiedene Arten des rituellen Gottesdienstes. Manche verehren die Götter, um erfolgreich zu sein. Daran ist generell nichts auszusetzen, man muss erfolgreich sein, um in der Gesellschaft bestehen zu können. Aber das sollte nicht das einzige Ziel deiner spirituellen Praxis sein. Du solltest immer darauf aus sein, das höchste Ziel zu erreichen, so dass auch du in der Lage sein wirst, über die Einheit des Atman mit dem Brahman zu meditieren.

> 26. Manche ziehen ihre Sinne vom Kontakt zu den äußeren Sinnesobjekten ab. Für sie sind Hören und die anderen Sinne die Opfergabe und Selbstkontrolle das Opferfeuer.

Man muss sehr viel Disziplin aufbringen, um in der Lage zu sein, die Sinne von den Sinnesobjekten abzuziehen. Die Disziplin ist hier das Feuer, das die nach außen ziehende Wirkung der Sinne verbrennt, so dass der Geist ruhig bleiben kann.

> 27. Manche geben alle Handlungen der Sinne und der Lebenskraft auf. Für sie sind diese Handlungen und Funktionen die Opfergabe und die Praxis der Selbstkontrolle das Opferfeuer.

Manche Menschen können sich durch die blanke Überzeugung, dass diese Welt nicht real ist, von ihr abwenden. Die Selbstkontrolle, nicht von der Illusion dieser Welt gefangen genommen zu werden, wird ihr Opferfeuer, welches ihre Leidenschaftslosigkeit der Welt gegenüber noch vergrößert. Sie werden sich zu nichts in dieser Welt hingezogen fühlen, so dass auch keine Verlangen in ihnen entstehen und sie zu Nichthandelnden werden.

> 28. Es gibt andere, deren Verehrung sich als Aufgeben von Sinnesobjekten und materiellem Besitz ausdrückt. Andere geben sich der Entbehrung und den spirituellen Praktiken hin. Andere verehren durch die Praxis von Raja-Yoga. Andere, die nach Perfektion suchen und strikte Regeln befolgen, lernen und meditieren über die Wahrheiten der Schriften als Form des Gottesdienstes.
> 29. Andere wollen Kontrolle über die Lebenskraft erlangen und üben deshalb Atemübungen – Einatmung, Ausatmung und das Atemhalten.

Hier wird der Weg des Hatha-Yoga beschrieben, in dem man durch die Kontrolle des Atems Kontrolle über den Geist erlangt. Dies erreicht man vor allem durch Atemübungen. Wenn man vollkommene Kontrolle über den feinstofflichen Atem, das Prana bekommt und dadurch in der Lage ist, den Fluss des Prana zu stoppen, dann wird auch der Geist zum Stillstand kommen. Und wenn der Geist stehen bleibt, erlebt man den Zustand der Erleuchtung.

> 30. Andere martern den Körper durch Fasten, um die sinnlichen Verlangen zu schwächen und dadurch Selbstkontrolle zu erhalten. Sie alle verstehen die Bedeutung des rituellen Verehrens. Durch diese Verehrung werden ihre Sünden verschwinden.
> 31. Sie essen Nahrung, die in den heiligen Ritualen gesegnet wurde. Dadurch erreichen sie die Unsterblichkeit und den ewigen Brahman.

> Wer Gott nicht verehrt, kann in dieser Welt nicht glücklich werden. Was kann er dann von den nächsten erwarten?

Was ist gesegnete Nahrung? Es ist die Wirkung deines Sadhana, deiner spirituellen Praxis. Schritt für Schritt wirst du dich und dein Verständnis erheben, bis du den Zustand der Unsterblichkeit erreichst. Unter Unsterblichkeit verstehen wir in diesem Zusammenhang den Zustand, in dem du dich mit deinem höheren Selbst identifizierst und dich von deinem niederen Ego befreist.

Den Geisteszustand, den du in diesem Leben hast, wirst du auch im nächsten Leben haben. Nur wenn du jetzt etwas veränderst, wird es auch im nächsten Leben besser werden. Das Schöne daran ist, dass es auch das jetzige Leben verbessern wird.

> 32. All diese und noch viele weitere Formen der Verehrung werden in den Schriften beschrieben. Sie alle erfordern Handlung. Wenn du dies vollkommen verstehst, wirst du in Brahman befreit werden.

Wir haben nun gelernt, dass Handlung uns entweder befreien oder noch fester binden kann. Durch richtiges Verständnis und Wissen werden Handlungen dich näher zur Befreiung und Brahman bringen. Ohne richtiges Verständnis wirst du dich rückwärts bewegen. Du wirst den Geist nutzen, um dich weiter zu binden und tiefer in die Illusion dieser Welt zu versinken.

> 33. Die Form der Verehrung, die aus der Kontemplation über Brahman besteht, ist der rituellen Verehrung mit materiellen Opfern überlegen. Die Belohnung jeder Handlung sollte in der Erleuchtung gefunden werden.

Alle Rituale und spirituellen Praktiken, die wir ausführen, sollten auf das höchste Ziel ausgerichtet sein. Alles, was du tust, sollte dich etwas mehr erheben und dazu dienen, mehr Konzentration und Hingabe zu entwickeln.

Meditation ist die höchste Form der Verehrung, da der Geist in diesem Zustand vollkommen auf Gott gerichtet ist und mit dem Objekt der Meditation verschmilzt.

> 34. Diese erleuchteten Seelen, die die Wahrheit erfahren haben, werden dich über Brahman lehren, wenn du dich vor ihnen verneigst, ihnen Fragen stellst und als Schüler dienst.

Man muss auf dem spirituellen Pfad sehr bewusst nach echtem, sattwigen Wissen über Brahman suchen. Nur die erleuchteten Meister können dir dieses Wissen vermitteln. Aber du musst Bereitschaft und Enthusiasmus zeigen. Du musst ihnen bescheiden gegenübertreten (dich verneigen), um deine Wertschätzung ihres Wissens zu zeigen, ihnen Fragen stellen und als Schüler dienen, um den Geist weiter zu reinigen und Anweisungen zu erhalten. Wenn der Guru diese Einstellung in dir sieht, wird er dich jederzeit unterrichten wollen. Wenn du keine Begeisterung zeigst, wird der Guru sich auch nicht inspiriert fühlen, dich zu unterrichten.

Manche Menschen glauben, dass sie den Guru durch ihre Fragen testen müssen. Jeden Guru, den sie treffen, fragen sie die gleichen Fragen. Sie setzen aber nie etwas davon in die Tat um und bleiben deshalb auf der Stelle.

Spirituelle Schüler sind Menschen, die ein brennendes Verlangen haben, sich zu entwickeln, deshalb sind sie bereit, sehr diszipliniert zu arbeiten. Sie setzen die Anweisungen des Gurus in die Tat um.

35. Wenn du die Erleuchtung erreicht hast, wird dich die Unwissenheit nicht länger verblenden. In dem Licht dieses Wissens wirst du die gesamte Schöpfung in deinem eigenen Atman und mir erkennen.

Wenn man Brahman erlebt, gibt es nur noch das Einssein und keine weiteren Modifikationen. Im Licht dieses Wissens gibt es keine Dualität mehr.

36. Selbst wenn du der übelste Sünder wärst, würde dich dieses Wissen allein, wie ein Boot, über all deine Sünden tragen.

Wie bereits erwähnt, wird jede Handlung, die dich weiter vom Erleben deiner Göttlichkeit entfernt, als Sünde angesehen. Diese Handlungen erzeugen Karma, welches wieder zu dir zurückkommen muss, damit du deine Lektionen lernen und dich weiter entwickeln kannst. Deshalb musst du immer wiedergeboren werden. Das Wissen über Brahman wird dich jedoch über die Auswirkungen des Karmas erheben, so dass du das Karma nicht mehr erleben musst. Es wird dich über alle „Sünden" erheben.

Wenn der Wendepunkt in deinem Leben kommt, an dem du dich von deinem „sündvollen" Leben abwenden möchtest, ist es nicht mehr wichtig, was du vorher gemacht hast. Wenn du beginnst, dein Leben auf Gott auszurichten mit dem Ziel, dein Bewusstsein zu erheben, wird der Prozess der Verwandlung eingeleitet. Jetzt musst du nur noch auf dem Weg bleiben und die nötige Anstrengung leisten, ihn zu beschreiten.

> 37. Das lodernde Feuer verwandelt Holz in Asche. Das lodernde Feuer des Wissens verwandelt alles Karma in Asche.
> 38. Es gibt auf der Erde keine bessere Reinigung als das Wissen. Wenn man die Perfektion des Yoga erreicht, erkennt man das Wissen in seinem Herzen.

Yoga ist hier gleichzusetzen mit dem Zustand der Erleuchtung.

> 39. Der Mensch mit Vertrauen, dessen Herz hingebungsvoll und dessen Sinne gemeistert sind, findet Brahman. Erleuchtet geht er direkt zum Höchsten, dem Frieden jenseits der Leidenschaft.
> 40. Der Unwissende, Ungläubige und Zweifler geht seiner Zerstörung entgegen. Wie kann er sich dieser Welt erfreuen, oder der nächsten, oder der Zufriedenheit?

Du musst unerschütterliches Vertrauen in die Lehren der Schriften und Gurus haben, da du sonst keine Hingabe zum Weg oder zu Gott entwickeln kannst. Du wirst deine Praxis nur halbherzig ausführen und nicht von der Stelle kommen.

Wenn Unwissenheit vorherrscht, wirst du ununterbrochen an den Lehren des Gurus zweifeln und nichts wirklich in die Tat umsetzen. Wenn du kein Vertrauen hast, wirst du ständig befürchten, dass der Guru dich einer Gehirnwäsche unterzieht, und kannst nicht lernen. Dann ist es besser für dich, fortzugehen und weder deine noch seine Zeit zu verschwenden. Es ist sehr schwer, das eigene Ego loszulassen und dich von all den Fantasien und Erwartungen zu lösen. Der sattwige Guru wird versuchen, dir dabei behilflich zu sein und dir den Weg zur Befreiung zu zeigen. Er wird nie probieren, dich zu binden, denn das wäre das genaue Gegenteil von Befreiung.

Krishna sagt auch, dass wir in dieser Welt keine Zufriedenheit und Freude finden werden, wenn wir nicht dem spirituellen Pfad folgen. Wahre Freude kann nur durch das Zur-Ruhe-Bringen des Geistes entstehen.

41. Wenn man durch die Yogapraxis ohne Verlangen handeln kann, wenn die eigenen Zweifel beseitigt sind, da man Brahman kennt, wenn sein Herz fest im Atman verankert ist, kann einen nichts mehr binden.
42. Ich kann immer noch sehen, dass du tief im Herzen Zweifel hast, die durch Täuschung hervorgerufen werden. Du zweifelst an der Wahrheit des lebenden Atman. Wo ist dein Schwert der richtigen Unterscheidungskraft? Zieh es und schlage diese Täuschung in Stücke. Dann erhebe dich, oh Sohn Bharatas, und bekenne Farbe im Karma-Yoga.

Krishna sieht, dass Arjunas Geist immer noch verwirrt und voller Zweifel ist. Deshalb rät er ihm, die einzige Waffe zu nutzen, die in dieser Situation helfen kann, das Schwert der richtigen Unterscheidungskraft. Sobald Arjuna Klarheit erlangt, wird er bereit sein, seine Pflicht im Sinnes des Karma-Yoga zu erfüllen.

So behandelt die glorreiche Bhagavad Gita, die Wissenschaft der Ewigkeit, die Schrift über den Yoga, der Dialog zwischen Shri Krishna und Arjuna über das Wissen des Selbst, das vierte Kapitel mit dem Titel:
„Der Yoga der Weisheit".

KAPITEL 5: DER YOGA DER ENTSAGUNG

Arjuna sagte:

1. O Krishna, du preist die Entsagung der Handlungen sehr hoch, rätst mir aber, dem Yoga der Handlung zu folgen. Sage mir bitte ganz genau, welches von beiden besser ist.

Selbst ein so hochqualifizierter Schüler wie Arjuna hat es noch nicht ganz verstanden. Sei also unbesorgt, wenn auch du noch etwas verwirrt bist.

Obwohl Krishna ihm schon mehrfach gesagt hat, dass man den Zustand der Entsagung der Handlungen nicht erreichen kann, indem man einfach aufhört zu handeln, hat Arjuna es noch nicht ganz verstanden.

Nur durch richtig ausgeführte Handlungen kann man den Zustand des Nichthandelns erreichen. Der Geist muss zuerst durch richtiges Handeln und Erfüllen der eigenen Pflicht im Sinne des Karma-Yoga gereinigt werden.

Arjunas Frage zielt aber eigentlich auf etwas anderes, er sucht noch immer nach einem Ausweg. Aber was auch immer er versuchen wird, es führt kein Weg daran vorbei, seine Pflicht zu erfüllen. Dies gilt für jedes Lebewesen, wir müssen unsere Pflicht erfüllen, und wenn wir versuchen, dies zu vermeiden, wird die Pflicht immer wieder zu uns zurückkommen, bis wir sie erledigt haben.

Der gesegnete Herr sprach:

2. Handlung richtig entsagt und Handlung richtig ausgeführt führen beide zum höchsten Gut. Aber von den beiden ist der Yoga der Handlung dem Entsagen der Handlungen überlegen.

Wenn du richtige Unterscheidungskraft hast, wird das richtige Entsagen der Handlungen Freiheit bringen. Du wirst Handlungen entsagen, die dich runterziehen und den Geist beschmutzen. Wenn du deine Pflicht selbstlos ausführst, bringt auch dies Freiheit: Freiheit von Selbstsucht, Gier und den niederen Emotionen. Beide sind besser als das bloße Aufgeben von Handlungen, da dies meist ein Hinabsinken in Tamas mit sich bringt.

> 3. Wer weder hasst noch Verlangen hat, ist ein Sanyasin (ein Entsagender). Von den Gegensatzpaaren befreit, o mächtig bewaffneter Arjuna, befreit er sich leicht von allen Fesseln.

Die Abwesenheit von Begierde und Hass lässt die Entsagung sehr fest verwurzeln; sie wird nicht mehr schwanken. Wenn Begierde und Hass den Geist bedecken, wirst du nicht in der Lage sein, der Welt zu entsagen und den Geist zu beruhigen. Wenn du dich jedoch von den Gegensatzpaaren befreist, wird der Geist ganz automatisch ruhig.

> 4. Die Unwissenden, nicht die Weisen sprechen über das Wissen über Brahman und den Yoga der Handlung, als ob es zwei verschiedene Dinge wären. Wer aber fest in einem verankert ist, wird die Früchte von beiden ernten.

Krishna probiert Arjuna ein bisschen zu provozieren, indem er ihn einen Unwissenden nennt. Er sagt aber auch, dass es, von einem höheren Blickwinkel aus gesehen, keinen Unterschied zwischen den beiden Yogawegen gibt.

> 5. Den Ort, den die Jnanis erreichen, erreichen auch die Karma-Yogis. Der sieht wahrhaftig, der den Sucher des Wissens und den Karma-Yogi als eins sieht.
> 6. O Arjuna, absolute Entsagung ist schwer zu erlangen, ohne dem Weg des Karma-Yoga zu folgen. Dieser Yoga reinigt den Menschen der Meditation sehr schnell und bringt ihn schnell zu Brahman.

Noch einmal sagt Krishna, dass es leichter ist, mit dem Weg des Karma-Yoga zu beginnen. Dann wird Meditation ganz einfach werden.

> 7. Wenn das Herz durch den Yoga der Handlung gereinigt ist, wenn der Körper folgsam und die Sinne gemeistert sind, wenn er weiß, dass der Atman in ihm der gleiche Atman in allen Wesen ist, wird er nicht beschmutzt, obwohl er handelt.

Krishna wiederholt und umreißt den Prozess der spirituellen Umwandlung immer wieder, um ihn in Arjuna zu festigen. Er sagt, dass, wenn das Herz durch Karma-Yoga gereinigt ist, der Körper gesund und stark wird. Du wirst

Kontrolle über den Geist und die Sinne entwickeln und dein höchstes Selbst erleben. Dann wirst du in der Lage sein, vollkommen selbstlos zu handeln, und kein weiteres Karma erzeugen.

> 8. Die erleuchtete Seele, deren Bewusstsein mit Brahman vereint ist, weiß, dass sie niemals handelt, selbst wenn sie sieht, hört, berührt, riecht, isst, sich bewegt, schläft und atmet.
> 9. Selbst wenn er spricht, loslässt, greift, seine Augen öffnet und schließt, weiß er , dass dies nur die Sinne sind, die zu den Sinnesobjekten wandern.

Die erleuchtete Seele weiß, dass er weiter essen, trinken, schlafen etc. muss, um seine Pflicht zu erfüllen und den Rest seines Karmas abzuarbeiten. Er versteht jedoch, dass es nur ein Spiel der Gunas ist, die durch Körper und Sinne funktionieren. Er selbst bleibt davon unberührt.

> 10. Wer die Früchte seiner Arbeit Gott widmet und jegliche Anhaftung verstößt, wird von jeder Sünde befreit, so wie der Lotus auf der Wasseroberfläche trocken bleibt.
> 11. Für den Karma-Yogi sind Körper, Sinne, Geist und Intellekt nur Instrumente. Er weiß, dass er etwas anderes als die Instrumente ist, und dadurch wird sein Herz gereinigt.

Dies ist eine großartige Übung, dich von deinem Ego zu lösen. Siehe Körper, Geist, Sinne und Intellekt als Instrumente an und nutze sie zu deinem besten Verständnis. Achte darauf, dass du deine Instrumente gut pflegst und richtig nutzt. Wenn du eine Bohrmaschine im Regen liegen lässt, wird sie nicht mehr funktionieren. Und wenn du versuchst, mit deiner Bohrmaschine Brot zu schneiden, dann wirst du sicherlich viel Dreck verursachen. Genauso müssen wir uns um die von Gott gegebenen Instrumente kümmern und sie dafür verwenden, wozu sie bestimmt sind.

> 12. Wer mit Brahman vereint ist, wird die Früchte der Handlung verstoßen und eins werden mit dem Ozean des Friedens. Der Unvereinte ist gefangen, weil er von seinem Verlangen getrieben wird und an die Früchte seiner Handlung verhaftet ist.

Selbst ein intellektuelles Verständnis dieses Slokas wird dir helfen, deine Handlungen und Gedanken zu beobachten und neu auszurichten. Du wirst dich in Richtung Freiheit bewegen. Ohne ein solches Verständnis werden deine Handlungen von selbstsüchtigem Verlangen gesteuert, das dich weiter bindet.

> 13. Wenn der Verkörperte geistig allen Handlungen entsagt und Kontrolle über sich hat, wird er glücklich in der Stadt der neun Tore wohnen und weder handeln noch andere zur Handlung veranlassen.

Wenn man geistig allen Handlungen entsagt, heißt das nicht, dass man ihnen auch körperlich entsagen soll. Es heißt, dass du dich geistig von ihnen lösen sollst, damit sie dich nicht unruhig machen.

Die Stadt der neun Tore ist der Körper.

> 14. Das göttliche Selbst erzeugt weder Handlungsfähigkeit noch Handlungen für die Welt, noch Einheit mit den Früchten der Handlungen. Diese Verblendung wird durch Prakriti aufrechterhalten.

Ich werde oft gefragt, warum Gott all das Schlechte auf der Welt zulässt. Es ist aber nicht Gott, der die schlechte Dinge verursacht, es sind unsere eigenen Handlungen, die Karma erzeugen und dann wieder zu uns zurückkommen, damit wir lernen können. Die Illusion Prakritis lässt es so scheinen, als ob es gut und schlecht gibt. Von einem höheren Standpunkt aus gesehen, gibt es aber weder gut noch schlecht, da alles, was wir hier erleben, nur eine Illusion ist.

> 15. Das alldurchdringende Selbst ist immer perfekt und nimmt keine Notiz von den Sünden oder guten Taten des Menschen. Der Einzelne ist verblendet, weil das Licht des Selbst von der Unwissenheit verschleiert wird.

Da Gott alles ist, ist alles immer perfekt. Wir werden von der Dualität der Natur jedoch beeinträchtigt, da unser Geist verblendet ist. Was auch immer geschieht, muss geschehen. Man kann noch nicht mal sagen, dass alles zum Besten geschieht, es geschieht einfach. Alles folgt den Gesetzen des Karma, den Gesetzen von Ursache und Wirkung.

16. Aber wessen Unwissenheit durch das Licht des Selbst, was wie die aufgehende Sonne ist, zerstört wurde, dem enthüllt dieses Wissen den höchsten Brahman.

Du magst dich nun fragen, wie lange das Licht des Selbst braucht, um all die Dunkelheit aus dem Geist zu vertreiben. Stelle dir einmal vor, dass du in einen Raum gehst, in dem es 1000 Jahre lang dunkel war. Wenn du nun deine Taschenlampe anschaltest, wie lange dauert es, bis die Dunkelheit verschwunden ist? Dunkelheit ist die Abwesenheit von Licht. Wenn das Licht kommt, wird die Dunkelheit sofort vertrieben, sie verschwindet.

18. Die erleuchteten Weisen sehen das gleiche Selbst in einem gelehrten Brahmanen, einer Kuh, einem Elefanten, einem Hund oder einem Verstoßenen.

Für den erleuchteten Weisen gibt es keinen Unterschied in den äußeren Hüllen Gottes. Er sieht in allem das Gleiche.

19. Wer den Geist fest in Ausgeglichenheit verankert hat, hat das Leben gemeistert. Sie ruhen in Brahman, der perfekt und in allem gleich ist.
20. Mit gleichbleibendem Intellekt, ungetäuscht, jubelt der Kenner Brahmans weder über das Angenehme, noch ist er bedrückt durch das Unangenehme.

Krishna beschreibt nun verschiedene Tugenden eines Erleuchteten.

21. Den Geist von der Welt abgezogen und in der Meditation über den Atman versunken, erfährt er die Wonne des Atmans. Da er sich mit Brahman identifiziert, ist sein Glück unbegrenzt.
22. O Arjuna, die Freude, die durch den Kontakt der Sinne zu den Sinnesobjekten entsteht, bringt nur Schmerz, da sie ein Anfang und ein Ende haben. Die Weisen suchen in ihnen nicht nach Freude.

Krishna beschreibt hier, warum der normale Geist keine anhaltende Freude in den Sinneserfahrungen finden kann und warum er dadurch leidet. Der Grund liegt in der vergänglichen Natur dieser Erfahrungen. Wenn wir etwas Schönes erleben, sind wir glücklich. Wir werden aber traurig, wenn die Erfahrung zu Ende ist. Dann entwickeln wir ein Verlangen, diese Erfahrung zu wiederholen, was noch mehr Schmerz erzeugt und den Geist unruhig macht. Deshalb sagen die Yogis, dass in jedem Vergnügen auch schon der Schmerz wohnt. Die Unwissenden sagen: „Dies ist mein einziges Leben, also werde ich es voll auskosten," was für sie dann bedeutet, dass sie so viel weltliches Vergnügen haben möchten wie möglich. Der Weise aber versteht, dass jede Handlung auch eine Reaktion mit sich bringt, die wir ernten müssen. Sie probieren ihr Leben so zu leben, dass die zu ihnen zurückkehrenden Reaktionen möglichst angenehm und erhebend sind.

> 23. Wer Begierde und Zorn überwinden kann, während er noch auf dieser Welt ist, ist ein Yogi, ein glücklicher Mensch.

Strebe danach, hier auf Erden deinen Geist unter Kontrolle zu bringen, so dass du dem Hin und Her der Gegensatzpaare nicht mehr ausgesetzt bist. Wenn der Geist ruhig und friedvoll ist, wirst du dein wahres Selbst erleben, das ist echte Glückseligkeit.

> 24. Wer immer in sich zufrieden ist, wer in sich Glück findet, wer in sich erleuchtet ist, solch ein Yogi erreicht das Nirvana, absolute Freiheit. Er selbst wird Brahman.

Man kann nur Frieden finden, wenn man Frieden im Geist hat. Anhaltende Freude und Zufriedenheit kommen, wenn der Geist zu Ruhe kommt.

> 25. Wessen Sünden weggewaschen wurden, wessen Täuschung in Stücke gerissen wurde, wer Kontrolle über sich hat und sich um das Wohlergehen aller Wesen kümmert, diese Heiligen verschmelzen mit Brahman und kennen Nirvana.
> 26. Diese Asketen, die frei von Begierde und Zorn sind, die ihre Gedanken unter Kontrolle und das Selbst erfahren haben, erfahren Nirvana und Brahman hier und auch hiernach.
> 27. Alle äußeren Kontakte abblockend und den Blick zwischen die Augenbrauen gerichtet, gleichen sie den ein- und ausfließenden Atem in der Nase aneinander an.
> 28. Sinne, Geist und Intellekt unter Kontrolle, mit der Befreiung als höchstem Ziel wirft der Weise Begierde, Furcht und Zorn ab und ist für immer befreit.

29. Wer mich als den sich Erfreuenden an Opfergaben und Askese kennt, den höchsten Herrn aller Welten und Freund aller Wesen, erreicht Frieden.

Dies ist der Yoga der Entsagung. Krishna wird nun den Yoga der Meditation erklären, aber du wirst feststellen, dass es immer wieder der gleiche Prozess ist. Krishna erklärt Arjuna das Gleiche immer und immer wieder, damit er es auch wirklich begreifen kann. Unser Geist braucht die ständige Wiederholung, damit das neu Erlernte auch wirklich Wurzeln schlagen und der Geist enthypnotisiert werden kann. Da dieses Wissen über Brahman jenseits des Fassungsvermögens des Geistes geht, müssen wir es am Anfang einfach so akzeptieren. Das wird es uns ermöglichen, unsere Pflicht im Sinne des Karma-Yoga auszuführen, wodurch der Geist gereinigt wird und wir letztendlich zum Erlebnis der höchsten Realität kommen.

So behandelt die glorreiche Bhagavad Gita, die Wissenschaft der Ewigkeit, die Schrift über den Yoga, der Dialog zwischen Shri Krishna und Arjuna über das Wissen des Selbst, das fünfte Kapitel mit dem Titel:
„Der Yoga der Entsagung".

KAPITEL 6: DER YOGA DER MEDITATION

Der gesegnete Herr sprach:
1. Wer seine ihm auferlegte Pflicht tut, ohne von den Früchten seiner Taten abhängig zu sein, der ist ein Yogi, ein echter Entsagender. Wer den Schriften wortgetreu folgt und sie als Entschuldigung nimmt, um sich vor seinen Pflichten zu drücken, der ist kein Yogi oder Entsagender.

Wenn du deine Pflichten selbstlos und um ihrer selbst willen erledigst, ohne gestresst zu sein oder nach Belohnung zu verlangen, dann weißt du, dass du den Zustand des Yoga erreichst, die Einheit mit dem höheren Selbst. Einige Menschen denken, dass ein Entsagender zu sein bedeutet, der Welt den Rücken zu kehren und gar nichts zu tun, dass es eine Erlaubnis zur Faulheit ist. Sich von der Welt abzuwenden, ist keine Einladung zur Faulheit, Arbeit zu vermeiden oder nicht seinen Pflichten nachzukommen. Ein echter Entsagender ist jemand, der sich als Instrument Gottes ansieht, sich auf dem Weg zur Perfektion befindet und den Früchten seiner Handlungen entsagt.

2. O Arjuna, was als Yoga bezeichnet wird, wird auch Entsagung genannt. Niemand kann ein Yogi werden, solange er nicht übt, die Früchte seiner Handlungen aufzugeben.

Yoga ist der Zustand der Vereinigung, in dem du erfährst, dass du das Selbst, die Seele, der Atman, bist. Wenn man dieses Wissen erreicht, ist man vollkommen von der Welt und seinen Handlungen losgelöst. Das ist für den Geist jedoch nicht so einfach zu verstehen. Deswegen muss man das Entsagen der Welt unter Aufsicht eines kompetenten Gurus üben, der dir die Fallen deines Tamas, deiner Bequemlichkeit, aufzeigen kann.

3. Für den Weisen, der Yoga erreichen möchte, ist selbstloses Handeln das richtige Mittel. Für denselben Weisen, der Yoga erreicht hat, werden Nichthandeln und Frieden die Mittel, um die Fülle der Weisheit zu erreichen.

Um in den Zustand der höchsten Verbindung mit Brahman durch Meditation zu gelangen, musst du den Weg der Handlung gehen. Dies wird den Geist reinigen und du wirst lernen, effektiv zu sein mit dem, was du tust. Dann wird der Geist stabil und erreicht den Zustand der Regungslosigkeit, in dem du die absolute Weisheit erfährst oder, mit anderen Worten, Gott.

> 4. Wenn man nicht mehr den Sinnesobjekten oder Handlungen verhaftet ist und allen Wünschen nach Lohn für sein Tun entsagt, dann hat man Yoga erreicht, wird gesagt.

Du kannst fortfahren, all die Schriften zu lesen, die Upanishaden, die Brahman beschreiben. Du kannst die Ausführungen über Brahman dein ganzes Leben lang anhören, wirst Brahman dadurch aber nicht erreichen. Es wird dir nicht das Wissen über Brahman gegeben, dieses Wissen kannst du nur bekommen, wenn du Brahman erfährst.

> 5. Ein Mensch sollte seinen Willen nutzen, um den Atman zu enthüllen, nicht, um ihn zu verdecken. Sein Wille kann sein bester Freund oder der Feind des Atman sein.

Dein Geist kann dein bester Freund oder dein schlimmster Feind sein. Wenn du ihn auf Gott ausrichtest, dann wird er zum besten Freund und zum nützlichsten Werkzeug. Wenn du ihn aber nutzt, um dich den Sinnesobjekten hinzugeben, wird er dich weiterhin täuschen und wegführen von Befreiung und wahrer Freiheit.

> 6. Der Wille eines Menschen mit Selbstkontrolle ist der Freund des Atman. Der Wille eines undisziplinierten Menschen ist der schlimmste Feind des Atman.

Wieder sagt uns Krishna, dass unser eigener Geist und Wille es uns entweder erlaubt oder verhindert, den Atman zu erfahren. Wir müssen uns nur entscheiden und dann dieser Entscheidung auch folgen. Frage dich also, was du möchtest: Möchtest du leiden oder möchtest du glücklich und voll Freude sein? Möchtest du gebunden sein oder Freiheit und Befreiung erfahren? Normalerweise ist es sehr einfach, diese Art von Fragen zu beantworten. Das Problem beginnt, wenn wir es in die Praxis umsetzen sollen. Je stärker jedoch deine

Überzeugung ist, dass du genug Erfahrungen von dieser Welt gemacht hast, um so einfacher fällt es dir, dieses Wissen anzuwenden.

> 7. Das höchste Selbst wird demjenigen offenbart, der selbstkontrolliert und friedlich ist. Er bleibt gleichmütig in Hitze und Kälte, Freude und Schmerz sowie in Ehre oder Schande.

Krishna erinnert Arjuna wieder daran, dass es das Wichtigste, um den Geist in ruhige Gelassenheit zu bringen, ist, sich über die Gegensatzpaare zu erheben. Dies wird erreicht, indem du dich von den Erfahrungen des Egos löst. Höre auf, alles auf dich zu beziehen, und erfahre die Welt als Zeuge, unberührt von den Ergebnissen.

> 8. Der Yogi, der zufrieden mit dem Wissen und der Weisheit des Selbst ist, der seine Sinne gemeistert hat und für den ein Erdklumpen, ein Stein oder Gold gleichwertig sind, von dem wird gesagt, dass er eine erleuchtete Seele ist.

Für einen erleuchteten Meister gibt es keinen Unterschied in den verschiedenen Ausdrucksformen des Universums. Für ihn mag Schlamm sogar am nützlichsten und hilfreich sein, da er in ihm Gemüse anpflanzen kann.

> 9. Wer gleichermaßen die Gutherzigen, Freunde, Feinde, die Gleichgültigen, Neutralen, die Hasserfüllten, Verwandte, Gerechte und Ungerechte achtet, zeichnet sich aus.
> 10. Der Yogi soll allein in einer Einöde leben und fortwährend versuchen, den Geist und den Körper zu kontrollieren. Er muss sich selbst von Hoffnungen und Besitztümern lösen und ununterbrochen über den Atman meditieren.

Jetzt beschreibt Krishna die ideale Situation, um dein Leben dem Yoga der Meditation zu widmen. Die Schriften sagen, dass man sich aus dem Berufsleben zurückziehen soll, wenn die Kinder erwachsen sind und man seine Verpflichtungen gegenüber der Gesellschaft erfüllt hat. Nun kann man sich zur Ruhe setzen und sich auf seine spirituelle Praxis konzentrieren. Wenn man für sich alleine lebt, wird der Geist nicht gestört oder abgelenkt von den täglichen Verpflichtungen. Jetzt kann man sich wirklich auf Gott konzentrieren.

11. Er sollte an einem sauberen Ort mit stabilem Sitz sitzen, weder zu hoch noch zu tief. Er sollte erst Kushagras auslegen, darauf ein Rehfell, ein sauberes Tuch deckt alles ab.
12. Dort, in Meditationshaltung sitzend, sollte er den Geist einpünktig ausrichten, indem er die Gedanken zur Ruhe bringt und seine Sinne und Vorstellungen unter Kontrolle hält. Wenn er auf diese Weise praktiziert, wird sein Geist rein werden.

Krishna beschreibt die traditionelle Art, einen Meditationsplatz herzurichten. Kushagras ist ein besonderes Gras, das Insekten abhält, so dass du nicht, durch über dich krabbelnde Insekten, abgelenkt wirst. Das Rehfell wird benutzt, um dich gegen die elektromagnetische Energie der Erde abzuschirmen. Es soll auch Schlangen und andere Raubtiere abwehren. Aber du musst ein Tuch darüberlegen, da das Rehfell deine Haut reizen würde. Es hat alles praktische Gründe.

Heutzutage musst du diesen Regeln nicht buchstäblich folgen, einfach, weil unser Leben anders ist. Dein Zuhause ist sauber, du musst dir keine Sorgen wegen der Insekten oder Schlangen machen. Also suche dir ein Kissen, nicht zu hoch, nicht zu tief – so dass du bequem sitzen kannst.

13. Vollkommen ruhig, mit Oberkörper, Hals und Kopf in einer geraden Linie sitzend. Starrend auf die Nasenspitze, die Sinne nach innen gerichtet, sollte der Blick nicht darüber hinausgehen.

Wenn du meditierst, lasse deine Augen nicht umherwandern. Halte sie geschlossen, so wirst du nicht abgelenkt. Dann trainiere den Geist, sich auf ein inneres Objekt zu konzentrieren. Idealerweise solltest du ein Mantra wiederholen, so dass dein Geist fokussiert bleibt und mit göttlicher Schwingung gefüllt wird. Um Meditationsmantras zu erlernen und sie auch richtig zu rezitieren, empfehle ich meine CD „Garland of Mooksha Mantras“, auf der 21 der wichtigsten Mantras für die Meditation sind.

14. Mit ruhigem Geist, ausgeglichen und furchtlos und fest im Keuschheitsgelübde, den Geist gemeistert und auf mich geheftet, soll er in der Meditation sitzen, mit mir als höchstem Ziel.

Eine Meditationsanleitung ist sehr einfach. Wähle einen ruhigen Ort. Dein Oberkörper sollte aufgerichtet sein. Ziehe deinen Geist zurück und fokussiere ihn auf ein Objekt wie dein Ishta Devata (dein gewähltes Ideal von Gott). Fahre fort, den Geist zu trainieren, so dass er sich immer wieder auf dasselbe Objekt konzentriert. Das hilft, Geistesstärke und Fokus zu entwickeln. Schließlich wird dich das zu dem Punkt bringen, wo es nur noch den einen Gedanken an Gott in deinem Geist gibt. Diese Stufe nennen wir Meditation, den ununterbrochenen Fluss von Gedanken an Gott. Wenn du so weiter praktizierst, erreichst du die Stufe, wo es keine Gedankenwellen mehr in deinem Geist gibt, und du erfährst deine göttliche Natur. Diese Stufe wird Samadhi oder Erleuchtung genannt.

15. Der Yogi mit perfekter Geisteskontrolle, der sich fortwährend auf diese Weise bemüht, sich mit Brahman zu vereinen, wird den Frieden von Nirvana erfahren, den Frieden in mir.
16. O Arjuna, Yoga ist nicht für den, der zu viel isst, oder für den, der exzessiv fastet. Nicht für den, der zu viel schläft, oder den, der ständig wach ist.

Lebe ein ausgeglichenes Leben. So wie Swami Shivananda sagte: „Iss ein wenig. Schlafe ein wenig. Trinke ein wenig. Denke ein wenig.“

17. Yoga wird für den zum Zerstörer von Schmerz, der immer maßvoll bei Essen und Erholung, bei Aktivitäten, beim Schlafen und Wachsein ist.
18. Wer seinen Geist unter perfekter Kontrolle hat und frei von Verlangen nach Wunschobjekten ist, so dass er vollständig im Atman aufgeht, von dem wird gesagt, dass er Vereinigung mit Brahman erlangt hat.
19. Der Geist eines Yogis, der die Meditation auf den Atman gemeistert hat, ist einpünktig und ruhig wie die Flamme einer Kerze an einem windfreien Platz, die nicht flackert.
20. Wenn durch die Praxis des Yoga die unruhigen Bewegungen im Geist aufhören und er still wird, dann erkennt man sich selbst und wohnt in der Fülle.
21. Gefestigt in dieser unendlichen Wonne, die die Sinne übersteigt und nur durch den reinen Intellekt verstanden werden kann, wird der Yogi nicht mehr von der Realität abweichen.

Du erreichst den Zustand der Einheit mit Brahman, wenn du den Geist unter perfekter Kontrolle hast, wenn er gefestigt, ruhig und friedlich wird. Und wenn du in unablässigem Gewahrsein des Selbst, des Atman, bist. Wenn du das einmal erfahren hast, wirst du nicht mehr in den Zustand der Täuschung fallen.

22. Sobald diese Stufe erreicht ist, erkennt er, dass es keinen größeren Schatz gibt. Mit diesem unerschütterlichen Vertrauen wird er auch in größtem Leid nicht mehr wanken.
23. Diese Stufe zu erreichen bedeutet, die wahre Bedeutung von Yoga zu kennen. Es ist das Durchtrennen der Verhaftung an Schmerz. Praktiziere diesen Yoga mit Enthusiasmus und Entschlossenheit.
24. Gib alle Wünsche, die im selbstsüchtigen Denken geboren wurden, ohne Zurückhaltung auf. Benutze deine Unterscheidungskraft, um deine umherwandernden Sinne zu zügeln.

Diese Stufe zu erreichen, bedeutet, Yoga zu erreichen. Du erfährst das Eins-Sein. Und wenn du erkennst, dass du das Selbst, die Seele, der Atman, bist, wird das den Kontakt zu Leid und Schmerz unterbrechen. Es bedeutet, dass du frei bist von Krankheit, Alter und Tod, da du dich nicht mehr mit diesem Körper identifizierst. Dies ist die Stufe der Unsterblichkeit.

25. Allmählich, mit Geduld und wiederholtem Bestreben, muss der Yogi sich von allen geistigen Ablenkungen befreien und den Geist auf den Atman heften. Er sollte an nichts anderes mehr denken.

Das ist das Ziel von Meditation, die Stufe zu erreichen, wo alle Gedankenwellen aufhören und du nur noch an Gott denkst.

26. Unbekümmert davon, warum und wohin der ruhelose Geist wandert, muss er zurück auf den Atman geführt werden.

Krishna wiederholt sich mit seinen Erklärungen, um Arjuna immer wieder zu inspirieren. Er weiß auch, dass es manchmal notwendig ist, unterschiedliche Erklärungen für dieselbe Wahrheit zu hören, bis es irgendwann ‘Klick’ macht.

Meditation ist ein Zustand, den man erreicht. Es ist ein schrittweiser Prozess, in dem der Geist von Aufregung und geistigen Ablenkungen befreit wird. Um diesen Zustand zu erreichen, musst du den Geist disziplinieren und ihn von allen Ursachen für deine geistigen Ablenkungen lösen. Schaue auf dein tägliches Leben und finde heraus, was dich aufregt, dann versuche, dich von diesen Einflüssen zu befreien. Oder wenn du dich nicht davon befreien kannst, versuche deine Einstellung dazu zu verändern. So wird es dich nicht mehr auf diese negative Art beeinflussen.

Untersuche auch deine Nahrung. Wenn du den Wirkungen der Ernährung auf deinen Geist Aufmerksamkeit schenkst, wirst du herausfinden, welche Lebensmittel dich müde machen oder welche dir gute Energie für Konzentration und Gelassenheit geben.

Auf der rein körperlichen Ebene brauchst du für die Meditation einen ruhigen Platz, so dass du nicht abgelenkt wirst. Manche Menschen haben wundervolle Fantasien über Meditationen im Wald. Aber was wird passieren, wenn du im Wald meditieren willst? Alle möglichen Arten von Störungen und Ablenkungen werden dich von der Meditation abhalten. Finde einen ruhigen Platz ohne Ablenkungen, das bedeutet keine Geräusche und nichts, was die Aufmerksamkeit des Geistes auf sich zieht. Halte deine Augen geschlossen, so dass du nicht abgelenkt wirst.

Das Sitzen ist eine der Vorbereitungen für die Meditation. Wenn du unbequem sitzt, wird dein Geist durch deinen Körper abgelenkt werden. Um in bequeme Sitzpositionen zu kommen, ist es sehr hilfreich, Hatha-Yoga zu praktizieren. Es hilft, den Körper zu stärken, Spannungen zu lösen, und es macht deinen Körper beweglicher. Das macht es einfacher, aufrecht und bewegungslos zu sitzen.

Wenn du meditieren möchtest, gibt es unzählige Arten von Ablenkungen: physische Widerstände, emotionale und geistige Widerstände, psychologische Widerstände und die geistige Verfassung. Deswegen ist es so wichtig, dass du deinen Geist untersuchst und die Wurzeln für die Ablenkungen findest. Nur dann kannst du daran arbeiten, sie zu entfernen.

Wenn du aufrichtig mit deinem Sadhana bist, mit dem Streben nach Gotteserkenntnis oder der Kontrolle des Geistes und im Erreichen des Zieles, den Geist zur Ruhe zu bringen, dann musst du wachsam sein und darfst deinem Geist nicht erlauben, zu entwischen. Immer wenn du dem Geist erlaubst abzuwandern, kehrt er in seine alten Gewohnheiten zurück.

Versichere dich, dass deine Gedanken, Handlungen und Worte übereinstimmen. Denn wenn du etwas sagst, etwas anderes denkst und etwas anderes tust, betrügst du dich selbst und erzeugst mehr Zerstreuung in deinem Geist und deiner Persönlichkeit.

Menschen fantasieren über Meditation und werden in alle möglichen abergläubischen Praktiken verwickelt. Meditation ist nicht einfach die Augen schließen und anfangen, über die tollsten Dinge zu träumen oder einfach einer Fantasiereise zu folgen. Es geht darum, den Geist zu disziplinieren und auf ein Objekt zu fokussieren, die Ablenkungen des Geistes loszuwerden. Während du fortfährst, das zu tun, wirst du Freiheit und Befreiung erlangen. Bringe die Dinge in deinem Leben in Ordnung, die nicht richtig geregelt sind, wie zum Beispiel deine Beziehungen. Dies wird den Geist mehr zur Ruhe kommen lassen. Der heilige Franziskus sagte: „Herr, gib mir die Kraft, die Dinge zu ändern, die ich ändern kann, die Gelassenheit, das Unabänderliche zu ertragen, und die Weisheit, diese beiden Dinge richtig unterscheiden zu können."

Das größte Hindernis im Geist ist das große Ego. Um das Ego zu überwinden, braucht man richtige Unterscheidungskraft. Um die rechte Unterscheidungskraft zu entwickeln und zu wissen was gut für die spirituelle Entwicklung ist, braucht man die richtige Gesellschaft und einen Guru. Wenn man ausschließlich mit Menschen zusammen ist, die einen eher weltlichen Weg verfolgen, werden sie einen sehr beeinflussen und vom spirituellen Pfad wegziehen. Man muss sich mit anderen Menschen auf dem spirituellen Pfad zusammentun, um inspiriert zu werden und Unterstützung zu bekommen.

Deinen Geist an ein Objekt zu heften, das du nicht kennst, ist sehr schwer. Anstatt also an den Atman zu denken, fokussiere dich auf dein erwähltes Ideal von Gott. Das macht es sehr einfach und praktisch. Hefte den Geist an dein Mantra. Das ist dein Atman. Das hilft, um allmählich den Geist von den Ablenkungen zurückzuziehen. Am Anfang entwickelst du Pratyahara (das Zurückziehen der Sinne), dann Konzentration, welche zu Meditation führt, die dich zum Ziel, zu Samadhi, führt. Aber bevor du in der Lage bist, den Geist zurückzuziehen, musst du dein Leben ordnen, um die Ablenkungen des Geistes loszuwerden. Ganz egal, wohin der Geist wandert, und ich kann dir versichern, dass er das wird, bringe ihn zurück zu deinem Mantra.

> 27. Die höchste Wonne kommt zu dem Yogi, dessen Geist ruhig und friedlich ist, dessen Leidenschaft überwunden ist, der frei von Sünde ist und sich mit Brahman identifiziert.

Durch regelmäßige Praxis kannst du deinen Geist Schritt für Schritt von allen Ablenkungen befreien. Schließlich wirst du den Zustand der Konzentration erreichen, der Einpünktigkeit des Geistes, der zur Meditation führt. Dies geschieht, wenn der Geist von allen Leidenschaften, Sehnsüchten und Verlangen gereinigt ist. Nur dann wirst du das Einssein erfahren, die Identifikation mit dem höchsten Selbst, der absoluten Wonne.

> 28. Auf diese Weise erhebt sich der Yogi, der fest in Samadhi verankert ist, über das Böse in der Welt und genießt mit Leichtigkeit die unendliche Wonne des Kontaktes mit Brahman.

Auch hier gibt Krishna wieder verschiedene Beispiele für die gleiche Sache. Einige der Ausführungen mögen verwirrend sein und können neue Illusionen in dir wecken. Erinnere dich einfach daran, dass sie nur die Richtung weisen, in die du gehen musst. Die schlechten Dinge in der Welt sind Ablenkungen, die dich daran hindern, dein göttliches Selbst zu erfahren. Indem du dich darüber erhebst, wird der Geist ruhig. Dann ist es einfach, den Zustand der Meditation zu erreichen. Du erfährst, wer du wirklich bist, und identifizierst dich mit der grenzenlosen Wonne.

> 29. Wenn der Geist durch Yoga gereinigt ist, sieht er das Selbst in allen Lebewesen und alle Wesen im Selbst. Er sieht das gleiche Selbst überall.

Das ist die Erfahrung von Samadhi, die Erfahrung, in der du die eingrenzende und beschränkende Identifikation mit der Hülle des Körper auf allen Ebenen – des physischen, astralen und kausalen Körpers – durchbrichst und den Atman erfährst, der eins mit dem Vater ist, eins mit dem reinen Bewusstsein, mit der alles durchdringenden Wirklichkeit.

Verschiedene Namen und Formen sind nur Erscheinungen von Brahman, erschaffen durch Maya, der Macht der Illusion. In dem Moment, in dem du dich von diesen Illusionen befreist, siehst du Brahman in allem. Die Schleier über deinem Geist, die dich von der Erfahrung der Wahrheit abhalten, werden Upadhis genannt, das, was das Bewusstsein einschränkt. Körper, Geist, Sinne, Emotionen und Intellekt schränken Brahman ein. Du nimmst die Welt durch diese begrenzenden Instrumente wahr. Yoga ist, sich über all das zu erheben. Wenn du dich darüber erhebst, erfährst du dein höchstes Selbst, das alldurchdringend ist.

30. Wer mich überall erkennt und alles in mir, wird nicht von mir getrennt oder ich von ihm.
31. Fest verankert im Zustand der Einheit, mich anbetend in allen Wesen, bleibt der Yogi in mir bestehen, wie auch immer er lebt.

Wenn du diese Realität, diese Wahrheit, einmal erfahren hast, wird dein Leben nie wieder so sein wie vorher, ganz egal, was du tust, wie du lebst, unabhängig von deiner Funktion in dieser Welt. Du kennst immer noch die Wahrheit. Was auch immer du tust, wirst du mit einer anderen Aufmerksamkeit tun.

32. Ich schätze den Yogi als den höchsten, der die Leiden und Freuden von allen Wesen als seine eigenen sehen kann.

Wenn du fest im Selbst verankert bist, dann fühlst du das, was hinter den Erscheinungsbildern ist. Du erkennst die Freude und das Leid des Individuums oder jedes Wesens als das Ergebnis ihrer Unwissenheit und ihres Karmas und empfindest Mitgefühl für diese Person. Das bedeutet nicht, dass du dich mit ihr identifizierst. Du hast das Mitgefühl, um zu helfen, sie zu erheben und zu leiten. Du wirst von ihrem Leid nicht beeinflusst.

Arjuna fragte:
33. O Krishna, ich kann nicht erkennen, wie es möglich sein soll, diesen Zustand des Gleichmuts, den du lehrst, aufrechtzuerhalten, da der Geist so unruhig ist.
34. Der Geist ist so ruhelos, aufgeregt, stark und unbeugsam. Ich halte es für genauso schwierig, den Geist zu beherrschen wie den Wind.

Das ist eine sehr wichtige Frage. Den Zustand des Gleichmuts und der Ausgeglichenheit kann nur durch das Erleben Brahmans erreicht werden. Diesen Zustand kann unser Geist nicht verstehen, da er jenseits des Fassungsvermögens des Geistes liegt. Jeder Gedanke im Geist stellt eine Ablenkung dar, die uns von dem Erleben des höchsten Zustandes abhält. Wie also kann dieser Zustand von Dauer sein, wenn dein Geist immer in Bewegung ist? Die Natur des Geistes ist es, Gedanken zu haben. Geist bedeutet Gedanken. Arjuna möchte wissen, wie man dauerhafte Ruhe des Geistes erreichen kann. Viele Menschen stellen sich irrtümlicherweise vor, dass, wenn man einmal Samadhi erreicht hat, dieser Zustand von Dauer ist, aber sobald der nächste Gedanke auftaucht, ist diese Ruhe wieder unterbrochen.

Der gesegnete Herr sprach:
35. Arjuna, zweifellos ist der Geist ruhelos und schwer zu bändigen. Aber durch regelmäßige Praxis und Leidenschaftslosigkeit kann er unter Kontrolle gebracht werden.
36. Yoga ist schwer für den, dem es an Selbstkontrolle mangelt. Wer aber mit Selbstkontrolle ernsthaft und mit den richtigen Mitteln zum Ziel strebt, wird dieses auch erreichen.

Krishna erklärt Arjuna, wie man den Geist beruhigt, aber nicht, wie man ihn dauerhaft beruhigt, da dies nicht möglich ist, der Geist immer ruhelos ist.

„Ja, Arjuna, der Geist ist ruhelos, ohne Frage, und schwer zu zügeln. Aber durch regelmäßige Praxis und durch die Übung von Sachlichkeit kann er kontrolliert werden." Abhyasa (Praxis) und Vairagya (Leidenschaftslosigkeit) müssen Hand in Hand gehen. Du musst üben, sachlich dein Sadhana praktizieren, ohne dich die ganze Zeit nach einem Ergebnis zu sehnen: „Wann werde ich endlich dort ankommen?" Praktiziere dein Sadhana und genieße die Wonne, die dadurch entsteht. Tue es nicht mit den Gedanken auf die Zukunft gerichtet, an Dinge denkend, von denen du noch gar keine Ahnung hast. Auf diese Weise erzeugst du so viel Sorgen und Unruhe. Was du jetzt gerade tust, ist das Einzige, mit dem du in Kontakt bist. Genieße und erfahre es ganz. Das ist Karma-Yoga. Darum geht es beim Sadhana.

„Wenn ein Mensch sein Ego nicht beherrschen kann, wird er diesen Yoga sicherlich schwierig zu meistern finden." Das kommt daher, dass sein Ego ihn mit allen Arten von Sehnsüchten und Wünschen antreiben wird. „Ein Mensch mit Selbstkontrolle aber kann es schaffen, wenn er sich hartnäckig müht und die richtigen Mittel nutzt.“ Viele Menschen strengen sich sehr an, haben einfach nicht die richtigen Mittel zur Hand. Wie viele Menschen sagen, dass sie Yoga schon seit 20 Jahren praktizieren, sie aber noch nicht so fortgeschritten sind. Das liegt meist daran, dass sie entweder nicht die richtige Führung hatten oder sich nicht genug angestrengt haben.

Arjuna sagte:
37. O Krishna, was passiert mit einem Menschen, der Yoga mit dem nötigen Glauben praktiziert, dem es aber an Willen mangelt, durchzuhalten, bis er das Ziel der Perfektion erreicht hat.

Diese Frage beschäftigt viele Menschen auf dem spirituellen Pfad, da sie befürchten, dass sie, durch ihre spirituelle Praxis, die Vergnügen dieser Welt verpassen, vielleicht aber auch das höchste Ziel der Erleuchtung nicht erreichen werden. Ein diszipliniertes Leben zu führen, ist für die meisten Menschen sehr schwierig. Aber ich kann dir versprechen, dass es wesentlich leichter wird, wenn du in deiner Praxis fest verankert bist. Dann wirst du sehr viel Freude aus deiner Praxis ziehen und dich nicht mehr so nach den weltlichen Vergnügen sehnen.

38. Verblendet und vom Pfad abgekommen, verpasst er beide Leben, das weltliche und das spirituelle. Vergeht er nicht wie eine zerrissene Wolke?
39.O Krishna, nur deine Antwort kann diesen Zweifel, der meinen Geist beunruhigt, vertreiben.

Diese Frage mag dich bekümmern, weil du denkst, dass das Leben diese kleine Verkörperung ist, und du nicht wirklich verstehst, dass du durch eine ununterbrochene Kette von Leben gehst. Oder lass uns annehmen, du verstehst, dass dieses Leben so kostbar ist und es dem Sadhana zur Befreiung gewidmet werden sollte, was so viel Disziplin kostet. Es gibt so viel zu tun, um deine alten Gewohnheiten abzulegen, so dass du immer wieder an den Punkt kommst, an dem du einfach nur Urlaub von dieser ganzen Disziplin möchtest.

Was passiert, wenn du am Ende deines Lebens das Ziel nicht erreicht hast? Du hast den ganzen Spaß versäumt!

Der gesegnete Herr sagte:
40. Nein, mein Sohn, weder in dieser noch in der nächsten Welt gibt es für ihn einen Untergang. Niemand, der Brahman sucht, wird in Betrübnis geraten.
41. Nachdem er den Himmel der Rechtschaffenen erlangt hat und dort für lange Zeit verweilte, wird der vom Yogaweg Abgefallene im Haus von reinen und wohlhabenden Eltern wiedergeboren.
42. Oder er wird sogar in eine Familie von weisen Yogis geboren. Diese Geburt kann jedoch in dieser Welt sehr schwer erlangt werden.
43. O Arjuna, das Wissen, das er in seinen vorhergehenden Leben erlangt hat, wird wieder in ihm erwachen, und so wird er sich mehr als je zuvor um Perfektion bemühen.
44. Die Kraft seiner Übungen in den vorhergehenden Leben wird ihn, sogar gegen seinen Willen, zur Vereinigung mit Brahman antreiben.
45. Durch viele Leben hindurch, erfüllt mit fortwährender Selbstbemühung, ist dieser Yogi stufenweise von allen geistigen Unreinheiten gereinigt und erreicht schließlich das höchste Ziel.

Auf dem spirituellen Weg geht keine Anstrengung verloren. Jede kleine Bemühung oder jeder Schritt, den du auf dieses Ziel hin machst, bringt dich näher. Welche Bemühung du auch machst, solltest du sterben, bevor du Befreiung erreicht hast, sie ist nicht verloren. Erinnere dich, dass es keinen Tod gibt. Es ist nur der Körper, den du ablegst. Alles, was du angesammelt hast, ist dein Karma, das dich nach dem Tod in die passenden Ebene des Himmels oder der Hölle bringt. Dort bleibst du eine gewisse Zeit, um die Früchte deiner Taten zu ernten.

Er benutzt Bezeichnungen wie „viele Jahre“, so dass der Geist eine annähernde Vorstellung bekommen kann. Aber von was für Jahren sprechen wir? Von Erdenjahren, Himmels- oder Brahmanjahren? Das hängt davon ab, auf welche Ebene du nach dem Tod gehst. Wenn du wiedergeboren wirst, bestimmen deine Samskaras, wohin du gehst, in welches Heim du geboren wirst. Abhängig von deiner Entwicklung kannst du in ein wohlhabendes Elternhaus geboren werden oder sogar in das Haus von Yogis. Solch eine Geburt ist allerdings schwer zu erreichen, weil es nicht so viele fortgeschrittene Yogis gibt.

Wenn du in dieser Inkarnation wirklich nach Brahman strebst, ihn aber nicht erreichen kannst, wirst du dich in deinem nächsten Leben um so mehr bemühen, egal gegen welche Widerstände.

„Durch hartes Ringen und durch das Säubern von allen Unreinheiten wird dieser Yogi allmählich, durch viele Geburten hindurch, zur Perfektion kommen und schließlich das höchste Ziel erlangen." Der Prozess der Transformation dauert sehr lange, so dass er sich über viele Reinkarnationen hinwegzieht. Im Laufe der Zeit, wenn der Geist ruhiger und gereinigter wird, wird man mit sich selbst geduldiger und genießt den Prozess des Vorwärtskommens.

Ich selbst bin im Frieden mit mir. All das Sorgen war einmal. Nun ist jeder Moment Yoga und Sadhana für mich. Es mag nicht konform gehen mit den Fantasien der Leute, aber ich brauche niemanden, der mein Handeln absegnet. Ich weiß, was ich in meinem Leben für meine Transformation tun muss, und jeder kann diese Stufe erreichen.

Dazu passt die Geschichte von Narada, der seinen Großvater Narayana besuchen ging. Auf seinem Weg traf er einen Yogi. „Yogiji, ich besuche meinen Großvater, soll ich ihm etwas ausrichten?" „Frage ihn bitte, wie lange ich noch meditieren muss, bis ich die Befreiung erreiche." „Das mache ich gerne!" Er ging weiter und traf einen Anhänger Krishnas, der die gleiche Frage hatte. Er ging also zu seinem Großvater und genoss den Aufenthalt. Als Narada zum alten Yogi zurückkehrte, erzählte er ihm, dass sein Großvater gesagt habe, dass er die Befreiung in seinem nächsten Leben erreichen würde. Der Yogi war sehr verärgert und sagte, „Ich habe mein ganzes Leben hindurch meditiert und dachte, ich würde bald die Befreiung erlangen. Und jetzt muss ich ein weiteres Leben warten?" Als Narada zum Krishna-Verehrer kam, sagte er: „ Siehst du diesen Baum dort?" Es war ein Neembaum, ein großer Baum mit Millionen von Blättern. „So viele Blätter, wie an diesem Baum sind, so viele Leben musst du noch zurückkommen." Was tat dieser Mann? Er begann zu tanzen und zu singen: „Oh, ich bin so glücklich, wenigstens werde ich eines Tages Befreiung erreichen." In dem Moment war er befreit.

> 46. Der Yogi, der Brahman sucht, steht über den Asketen und sogar über den Gelehrten; er steht höher als die Menschen der Handlung; werde also ein Yogi, o Arjuna.

Krishna zeigt Arjuna, dass das Streben nach Brahman der beste und von ihm höchst angesehene Weg ist, dass dies letztendlich zur Einheit mit Brahman führt. Er möchte Arjuna motivieren, sich auf diesen Pfad zu begeben und ein Yogi zu werden, um jenseits der Beschränkung seines Geistes zu gehen.

47. Unter all den Yogis sehe ich denjenigen, der mich mit Vertrauen und in Liebe anbetet, dessen inneres Selbst mit mir verschmolzen ist, als mein eigenes Selbst an.

„Aham Brahmasmi," ich und mein Vater sind eins. „Ich sehe ihn als mein eigenes Selbst an", weil diese Person und Brahman tatsächlich eins sind.

So behandelt die glorreiche Bhagavad Gita, die Wissenschaft der Ewigkeit, die Schrift über den Yoga, der Dialog zwischen Shri Krishna und Arjuna über das Wissen des Selbst, das sechste Kapitel mit dem Titel:
„Der Yoga der Meditation".

KAPITEL 7: DER YOGA DER WEISHEIT UND ERKENNTNIS

Der gesegnete Herr sprach:
1. O Arjuna, mit deinem mir vollständig treu ergebenen Geist in der Ausübung des Yoga, mit mir als deiner einzigen Zuflucht will ich dir erzählen, wie du mich hierdurch vollständig und ohne Zweifel kennenlernst.
2. Ich tue dir dieses Wissen kund, kombiniert mit direkter Erfahrung. Mit diesem Wissen gibt es in dieser Welt nichts Weiteres zu wissen.
3. Unter Tausenden von Leuten mag einer nach Perfektion streben und unter den Tausenden, die danach streben, mag vielleicht einer mein wahres Wesen erkennen.

Wissen kann durch direkte Erfahrung, Schlussfolgerungen, durch Beobachtungen und die heiligen Schriften kommen. Wenn du das erste Mal Feuer siehst, wirst du in Versuchung geraten, es zu berühren. Nun kannst du die direkte Erfahrung machen, dich zu verbrennen, oder du kannst jemandem zusehen, der seine Finger in die Flamme hält und sich verbrennt. Aus dieser Beobachtung kannst du schlussfolgern, dass auch du dich verbrennen wirst, wenn du die Flamme berührst. Oder du liest die Schrift von jemandem, der die direkte Erfahrung von Feuer hatte und dir von den unerwünschten Effekten erzählt.

Es gibt niederes und höheres Wissen. Alles, was mit dieser Welt von Namen und Formen zu tun hat, wird als niederes Wissen bezeichnet. Das höhere Wissen ist das, welches dich zur Erfahrung deines wahren Selbst führt. Dies ist transzendentales Wissen oder Wissen, das die gewöhnliche Erfahrungen durch Sinne und Geist transzendiert.

Inzwischen hast du gelernt, dass du im Prozess des Yoga an deinem Geist arbeiten musst, um ihn Schritt für Schritt von einem Zustand der Erregung und Unruhe in einen Zustand von Sammlung und Konzentration zu bringen. Je nachdem, wie du von Natur aus veranlagt bist, wirst du dich zu einigen Methoden mehr hingezogen fühlen als zu anderen. Daher brauchst du einen Guru, der das Wesen deines Geistes versteht und deine Tendenzen erkennt, damit er dich zu deinen idealen Praktiken führen kann. Er sollte dir auch zeigen, welchen Aspekt Gottes du als dein Ishta Devata, dein gewähltes Ideal, verwenden solltest. Welchen Gottesaspekt du auch immer als deinen Ishta Devata wählst, sollte dieser dein einziges Konzentrationsobjekt sein, du solltest dich ausschließlich auf diesen Aspekt fokussieren. Aber denke nicht fanatisch, dass dies der einzige Gott ist. Du solltest dich nur in deiner Konzentration auf diesen einen Aspekt Gottes beschränken. Wenn du in deiner Konzentration von einem Aspekt Gottes zum nächsten springst, wirst du nicht in der Lage sein, Beständigkeit, Hingabe und unerschütterlichen Glauben in diesem Aspekt zu entwickeln. Dies wird es sehr schwermachen, das Ziel zu erreichen.

Shankaracharya sagte: „Es ist schwer für ein lebendiges Wesen, Geburt in menschlicher Form zu erlangen. Stärke in Körper und Willen ist noch schwerer zu erreichen. Reinheit zu erreichen ist noch schwerer. Noch schwieriger als all dies ist der Wunsch, ein spirituelles Leben zu leben. Die heiligen Schriften zu verstehen ist das Schwerste von allem. Was die Unterscheidung zwischen dem Atman und Nicht-Atman, die direkte Erkenntnis des Atman selbst, beständige Vereinigung mit Brahman und schließlich Befreiung anbelangt, dies alles kann nur durch den Verdienst von Hundertmilliarden gut gelebter Inkarnationen erreicht werden."

Um die Schriften wirklich zu verstehen, brauchst du jemanden, der das Wissen und die Erfahrung von Yoga hat und dir diese erklären kann. Wenn du allein lernst, wirst du verwirrt werden und möglicherweise das Gegenteil verstehen.

Der spirituelle Schüler sollte nach höherem Wissen und Selbsterkenntnis streben. Dieses Wissen wird dich befreien. Unwissenheit bindet dich, versklavt dich und lässt dich misstrauisch sein. Selbsterkenntnis wird dich befreien und dir die höchste Freiheit geben.

4. Meine Prakriti ist achtfach geteilt: Erde, Wasser, Feuer, Luft, Äther, Geist, Intellekt und Ego.

Prakriti ist alles in dieser Schöpfung. Alles, woran du denken kannst, was du in dieser Welt erlebst, gehört zum Bereich von Prakriti oder der Natur.

5. Du musst jedoch begreifen, Arjuna, dass darüber hinaus und getrennt von dieser Prakriti meine übergeordnete Natur ist, die das Universum erhält und die Grundlage des Bewusstseins in allen Wesen ist.

Krishna erklärt Arjuna, dass er, Gott, die Ursache des Bewusstseins ist, welches dieses Universum trägt. Jedoch ist er jenseits davon, jenseits der Elemente, des Geistes, Intellekts und Egos. Er bleibt davon unberührt.

> 6. Wisse, dass diese beiden, meine höhere und niedere Natur, der Schoß allen Seins sind. Daher bin ich die Quelle und das Ende des gesamten Universums.
> 7. O Arjuna, es gibt nichts Höheres als mich. All diese Welten sind auf mich aufgezogen, wie Perlen auf einer Schnur.
> 8. Ich bin der Geschmack im Wasser. Ich bin das Licht in Mond und Sonne. Ich bin die heilige Silbe OM in allen Veden, Klang im Äther und die Kraft in den Menschen.
> 9. Ich bin der süße Duft der Erde und das Leuchten des Feuers. Ich bin das Leben in allen Wesen und die Entbehrung des Asketen.

Dies gibt dir eine Ahnung davon, was dieser Ursprung des Bewusstseins ist. Wenn du dein Sadhana und deine Disziplin fortführst, weißt du, dass dieser Ursprung jenseits jeglicher Vorstellung von Geist, Intellekt und Ego liegt, aber unser Geist braucht etwas, an dem er anhaften kann. Diese Gleichnisse werden dir eine Ahnung davon geben, in welche Richtung du gehen sollst. Es ist die Essenz von allem. Je mehr du deinen Geist reinigst, desto mehr wirst du den göttlichen Glanz der Schöpfung sehen. Du solltest aber in den Bereichen anfangen, wo dieses leicht zu erkennen ist. Schau dir die Schönheit der Natur oder von Babys an, dort kannst du das Wesen von Reinheit sehen.

> 10. Erkenne mich, o Arjuna, als die ewige Saat aller Geschöpfe, ich bin die Intelligenz des Intelligenten, der Elan des Aktiven.
> 11. Ich bin die Stärke des Starken ohne jegliches Verlangen und Anhaftung. Ich bin das Verlangen in allen Wesen im Einklang mit dem Dharma, o Arjuna!
> 12. Was auch immer zum Zustand von Sattwa, Rajas und Tamas gehört, wisse, dass es von mir ausgeht. Sie sind in mir, ich jedoch bin nicht in ihnen.
> 13. Geblendet von diesen drei Gunas, erkennt mich diese Welt nicht als von ihnen getrennt und unveränderlich.

Erneut erzählt Krishna Arjuna, dass er die Quelle von allem ist, unabhängig von den Gunas.

Alles kommt von Gott, aber Gott ist an nichts verhaftet. Manchmal ist es schwierig für uns, Gott in tamassigen Dingen zu sehen, wie unseren Exkrementen. Aber für andere Wesen ist das gar nicht tamassig, es ist ihr absolutes Lieblingsessen. Es ist lediglich unsere Sichtweise, die uns daran hindert, Gott überall zu sehen.

Wir erfahren diese verschiedenen Zustände in Sattwa, Rajas und Tamas wegen unseres Geisteszustands. Es ist unser Geist, der Vielfältigkeit wahrnimmt. Es ist nicht Gott, der dies aufteilt oder zu ihm wird. „Deshalb scheitert die Welt daran, mich zu erkennen, wie ich wirklich bin. Ich stehe getrennt von ihnen allen, erhaben und ewig." Du erfährst und erfasst durch deinen Geist und projizierst diese Erfahrung dann auf dein Gottesverständnis. Aber Er steht außerhalb von all diesem. Er ist nichts davon. Was auch immer dein Geist sich vorstellen kann, jegliche Ideen, Vorstellungen, Gedanken oder Wahrnehmungen sind nicht Er. Und das ist das göttliche Geheimnis. Wenn du also zu wissen glaubst, weißt du nichts wirklich. Es ist ein Prozess, durch den du gehst. Wenn du das verstehst, hilft es dir, tiefer in die Schriften einzutauchen und einen Zustand von Klarheit zu erlangen.

In diesem Zustand gibt es nur Freude und Glück. Genieße das Spiel. Genieße das Abenteuer. Genieße die verschiedenen Abschnitte und Phasen. Genieße dein eigenes Selbst. Sieh es objektiv als das an, was es ist. Steh außerhalb davon, beobachte es und beobachte dich. Und erfreue dich an deinem eigenen Fortschritt, sonst wird alles zur Last werden. Was auch immer dir widerfährt, es ist für dein eigenes Wachstum, Lernen und deine Weiterentwicklung, erfreue dich daran!

> 14. Wahrlich, diese meine göttliche Illusion (Maya), aus den drei Gunas geschaffen, ist schwer zu überwinden. Nur jene, die Zuflucht in mir suchen allein, können diese Maya überwinden.

Da unser Geist durch die verschleiernde Kraft von Maya so in diese Welt verstrickt ist, ist es sehr schwierig, die Gunas zu überwinden. Lediglich durch das Befolgen der Anweisungen der Schriften und des Gurus kannst du dein Ziel erreichen.

„Zuflucht in mir" zu suchen bedeutet nicht, sich zurückzulehnen und alles Gott zu überlassen. Nur an Jesus oder Krishna zu glauben wird dich nicht von deinen Sünden befreien. Du musst ihre Lehren in die Tat umsetzen, wenn du dich über Maya erheben willst.

> 15. Jene, die im Netz meiner Maya gefangen sind, verüben schlimme Taten und suchen mich nicht. Sie verlieren das Urteilsvermögen, folgen den Pfaden ihrer niederen Natur und setzen ihr Bewusstsein auf einen Stand unterhalb der menschlichen Natur herab.

Je mehr die Außenwelt deinen Geist anzieht, desto mehr wirst du im Netz der Illusion gefangen sein. Du wirst nicht mehr an spirituellem Wissen interessiert sein und dein Urteilsvermögen, hinsichtlich dessen, was gut und was schlecht ist, wird mehr und mehr verschwinden. Wenn du diesem Pfad folgst, wirst du dein Bewusstsein herabsetzen und deine niedere Natur stärken, bis sie einen Stand unterhalb des menschlichen Bewusstseins erreicht. Nun wirst du nicht als ein Mensch wiedergeboren werden, deine Entwicklung geht zurück.

> 16. O Arjuna, wer mich anbetet, weil sein Geist durch tugendhafte Taten gereinigt ist, gehört zu einer dieser Kategorien: die Notleidenden, die Sucher des Wissens, die Sucher der Fülle und die Weisen.

Leute, die Gott anbeten, werden in vier Kategorien unterteilt, da der Reinheitszustand ihres Geistes in verschiedenen Abstufungen vorkommen kann. Die erste Gruppe sind die Menschen, die auf Grund emotionaler Probleme der Welt überdrüssig sind. Meistens sind der Verlust einer geliebten Person, entweder durch Tod oder Trennung, oder finanzielle Probleme ihre Motivation. Wir nennen dies *„Friedhofs-Entsagung“*. Ein innerer Wandel kann trotzdem stattfinden, weil ihr Geist sich von der Welt abwenden und auf Gott konzentrieren will. Dann gibt es die „Wissenssuchenden“. Ihre Motivation ist, Informationen zu erlangen, meist, um ihr Ego damit zu stärken und sich mit diesem Wissen brüsten zu können. Dies kann sich auf egozentrisch motivierte Menschen beziehen, aber auch auf die Suchenden der Selbsterkenntnis. Menschen können in diesem rein theoretischen Wissen stecken bleiben. Viele Menschen lernen heilige Schriften wie die Bibel, geben dann aber mit dem Wissen an, ohne diese Lehren in die Tat umzusetzen. Da sie sich aber mit dem göttlichen Wissen beschäftigen, erzeugen sie gute Samskaras und erheben ihren Geist.

Wenn du jedoch auf der Suche nach Glück und Zufriedenheit bist, wird es dir dabei helfen, Frieden anzustreben. Du begreifst, dass Glück nicht von materiellem Erfolg und materiellen Zusammenhängen kommt, sondern von innerem Frieden. Eine Person mit spirituellem Urteilsvermögen begreift, dass alles in dieser Welt vergänglich ist. Sie hat richtiges Unterscheidungsvermögen.

Die meisten Menschen fangen aus gesundheitlichen Gründen mit Yoga oder Meditation an. Durch das Praktizieren wird ihr richtiges Urteilsvermögen geweckt und langsam, aber sicher wird der Antrieb für ihr Sadhana ein anderer; sie beginnen danach zu streben, den Geist zu erheben.

Manche Leute suchen Gott, um in ihrem Beruf erfolgreicher zu sein. Obwohl dies nicht die rechte Motivation sein mag, wird es trotzdem erhebende Samskaras im Geist erzeugen.

Die Weisen suchen Gott, weil sie den Vorgang der Wandlung begreifen und Gott als die Quelle aller Freude erkennen.

17. Ich betrachte den Weisen als den erhabensten, da er sich immer mir und nichts anderem hingibt. Er ist beständig mit mir vereint, da ich ihm sehr wertvoll bin, und er ist mir sehr wertvoll.

Der weise Mensch erfährt seine Einheit mit der transzendentalen Wahrheit. Er verweilt in dem Sat-Chit-Ananda-Zustand, dem Zustand der absoluten Seins-Wissens-Glückseligkeit. Er erfährt seine Einheit mit diesem Ozean von Bewusstsein. Wie kann dieser Mensch Getrennheit oder Dualität erfahren?

18. All diese sind tatsächlich nobel, aber ich betrachte den weisen Mann als mein eigenes Selbst, da er standhaft darin ist, mich als höchstes Ziel zu erachten.

19. Nach vielen Wiedergeburten reift seine Weisheit. Indem er in mir Zuflucht sucht, sieht er mich überall und in allem. Eine solch großartige Seele ist sehr schwer zu finden.

20. Jene, deren Weisheit durch dieses oder jenes Verlangen verdorben wurde, zieht es zu anderen Göttern und sie folgen diesem oder jenem Ritual, geleitet durch den Impuls ihrer angeborenen Natur.

Abhängig von deinem Geisteszustand, wirst du von den verschiedenen Aspekten Gottes angezogen sowie den unterschiedlichen Wegen, sie anzubeten. Für den verdorbenen Geist bedeutet dies überwiegend, Rituale oder Arbeit „im Namen Gottes“ auszuüben, lediglich um sein Ego aufzublähen oder seine selbstsüchtigen Wünsche zu rechtfertigen.

21. Es macht jedoch keinen Unterschied, welche Gottheit ein Glaubender anzubeten auswählt. Wenn er es mit Vertrauen tut, mache ich seinen Glauben fest und unerschütterlich.
22. Mit diesem Glauben ausgestattet, wird er sich auf die Anbetung dieser Gottheit einlassen und erhalten, wofür er betet. Tatsächlich bin ich allein der Gebende.

Du magst die verschiedenen Gottesaspekte als separate Wesenheiten betrachten, aber in Wahrheit sind sie lediglich Ausdrucksformen desselben Gottes. Egal, wen du anbetest oder auf wen du dich fokussierst, wenn du es mit Vertrauen und Hingabe tust, wirst du dein erwünschtes Ziel erreichen. Gott wird dir geben, wonach du strebst. Sei also sehr aufmerksam mit dem, was du dir wünschst! Versichere dich, dass deine Wünsche dir helfen, den Geist zu erheben und der Menschheit zu dienen, so dass du nicht tiefer in dem Netz dieser Welt gefangen wirst.

Wenn du weißt, dass etwas nicht richtig ist, und du es tust, machst du etwas Schlechtes. Wenn du auf diesen Mahabharata-Krieg schaust, wo Dhronacharya und die anderen Krieger bewusst auf der bösen Seite kämpfen, tun sie etwas Übles? Ich würde das nicht sagen. Sie waren einfach wie ein Instrument. Sie ergaben sich der Situation. Das ist völlig anders, als ein getrübtes Urteilsvermögen zu haben. Sie übten nur ihre Pflicht aus, ihr Karma. Wenn du deine Pflicht ausführst, so gut du kannst, wirst du einen sehr starken Geist entwickeln, frei von Schuld und Furcht.

Wenn du Gott als den Teufel anbetest, wird er als Teufel zu dir kommen. Es gibt aber eigentlich keine Teufel und Gott und Dämonen. Sie sind nur der Ausdruck unseres eigenen Geisteszustandes. Wenn dein Glaube ganz unerschütterlich auf einen Aspekt Gottes gerichtet ist und du dir etwas sehr intensiv wünschst und darauf hinarbeitest, dann wird Gott dir diesen Wunsch erfüllen. Wenn du ein Dieb sein willst, wirst du einen Guru finden, der dich lehrt, ein Dieb zu sein. Wenn du unerschütterliches Vertrauen hast, wirst du mit der Ausübung erfolgreich werden. Du, der die Befreiung sucht, sei dir bewusst: „Was auch immer du dir wünschst, wofür auch immer du betest, Gott wird es dir geben.“ Gehe also immer sicher, dass du dich auf positive, erhebende Dinge fokussierst, die dir helfen, dich weiterzuentwickeln und dich zu erheben.

23. Wahrlich, diese Menschen von geringer Intelligenz beten nur für verderbliche und endliche Dinge. Die Anbeter der Götter gehen zu ihnen, aber die an mich glauben, kommen zu mir.
24. Die Unwissenden glauben, dass ich, der Unverkörperte, eine Form habe. Sie kennen meine erhabene, unveränderliche, außerordentliche Natur nicht.
25. Ich bin nicht für alle erkennbar, da ich durch meine Maya verhüllt bin. Die verblendete Welt erkennt mich nicht, den Ungeborenen und Unvergänglichen.

Da unser Ego, Intellekt, Geist, Sinne und Körper verschleiert sind, erfahren wir Gott nicht als unvergänglich, körperlos und formlos. Aber je mehr du deinen Geist reinigst, desto mehr wirst du in der Lage sein, das nicht offenkundig Erkennbare, die Göttlichkeit in allem zu sehen. Wenn du eine Person göttlich nennst, ist es, weil die Eigenschaften, die sie in ihrem Leben zum Ausdruck bringt, das Göttliche manifestieren: Eigenschaften bedingungsloser Liebe, bedingungslosen Mitgefühls und so fort. Dies sind Auswirkungen ihres Bewusstseinszustands. Aber das Göttliche ist jenseits davon, geht über all dies hinaus.

Deshalb betest du Formen wie Krishna, Rama, Buddha und so weiter an. Du musst deinen Geist trainieren, also beginnst du mit den Ausdrucksformen von Gott, in denen du Gott leicht erkennen kannst. Gewöhne dich an das Gefühl von Ehrfurcht, Respekt, Liebe usw. Dann versuche es für deine Mutter, deinen Vater, deine Frau, deinen Mann zu empfinden – wenn du so übst, wird es dein ganzes Leben verändern.

Kannst du dir vorstellen, wenn der Mann das göttliche Wesen seiner Frau sieht und die Frau die Göttlichkeit ihres Mannes, welch wunderbare, göttliche Beziehung sie haben würden?

Du kannst auf einer anderen Stufe existieren, in purer Glückseligkeit. Du kannst Glück erfahren, nicht nur Vergnügen. Wenn du dich jedoch nur mit der körperlichen Manifestation identifizierst, wirst du lediglich Vergnügen erfahren. Vergnügen ist so relativ, so flüchtig. Glück erhebt dein Bewusstsein; Vergnügen trübt es.

26. O Arjuna, ich kenne alle Wesen der Vergangenheit, Gegenwart und Zukunft, aber keines kennt mich.

Niemand ist in diesem Bewusstseinszustand, in dem man Gott in seiner Vollkommenheit erfährt, aber natürlich der Erleuchtete, der den Zustand der Dualität überwindet, weiß, was die Göttlichkeit wirklich ist.

> 27. Alle Lebewesen unterliegen von Geburt an der Täuschung, zu glauben, dass diese relative Welt echt sei. Diese Täuschung entsteht durch ihre eigenen Vorlieben und Abneigungen.

Sobald die Seele in diese Welt eintritt, ist sie verhüllt und verblendet vom Schleier des Körpers, Geistes und Intellekts. Die Samsakaras (die Eindrücke aus vergangenen Leben, die in unserem Geist gespeichert werden) der vorherigen Geburt legen fest, wie stark diese Schleier sind. Deine Vorlieben und Abneigungen werden auch den Zustand deines Geistes wiedergeben, den du im vorangegangenen Leben erreicht hast.

> 28. Aber die Menschen, deren Sünden von rechtschaffenen Taten reingewaschen worden sind, werden von der Verblendung dieser relativen Welt befreit. Sie sind in ihrem Gelübde gefestigt und beten mich an.

Wie wir zuvor erfahren haben, ist Verlangen die Wurzel von Handlung, die Karma erzeugt; und Karma ist die Ursache von Reinkarnationen. Wenn du gute Taten verrichtest, wirst du gutes Karma erzeugen, das dir helfen wird, deinen Geist zu erheben. Schließlich wirst du den Zustand erreichen, in dem du deine Taten selbstlos ausführst und kein Karma mehr erzeugen wirst. Diese Welt wird dich nicht mehr anziehen und du wirst die Wahrheit erfahren, die allem unterliegt.

> 29. Diejenigen, die Zuflucht in mir suchen, um sich von Angst vor Alter und Tod zu befreien, erfahren vollends das Wesen von Brahman, Atman und allen Handlungen.
> 30. Indem sie mich erfahren, erfahren sie ebenso das Wesen der relativen Welt, des individuellen Menschen und des Gottes, der über all diesen Handlungen steht. Selbst in der Stunde des Todes erfahren sie mich weiterhin. Daher wird im Moment des Todes ihr gesamtes Bewusstsein eins mit meinem.

Es wird gesagt, dass dein letzter Gedanke im Moment des Todes bestimmt, wann und wie du wiedergeboren wirst. Nun magst du denken: „Oh, so einfach ist das? Ich kann mein Leben leben, wie immer ich will, und im Moment des Todes werde ich an Gott denken und befreit sein." Aber so einfach ist das nicht. Der letzte Gedanke in deinem Geist wird immer der sein, worüber du die meiste Zeit deines Lebens nachdenkst.

Für ein erleuchtetes Wesen gibt es keinen Zweifel, dass sein letzter Gedanke Gott gelten wird, da er die meiste Zeit seines Lebens an Gott denkt. Daher hat der erleuchtete Mensch keine Angst vor dem Tod, denn er begreift, dass dies nur ein Übergang von einem Zustand in den nächsten ist. Sein Geist wird immer noch bei und in Gott sein, so dass er sich in diesem Moment vollständig in Gott vereint.

So behandelt die glorreiche Bhagavad Gita, die Wissenschaft der Ewigkeit, die Schrift über den Yoga, der Dialog zwischen Shri Krishna und Arjuna über das Wissen des Selbst, das siebte Kapitel mit dem Titel:
„Der Yoga der Weisheit und Erkenntnis".

KAPITEL 8: DER YOGA DES UNVERGÄNGLICHEN BRAHMAN

Arjuna fragte:

1. O Purushottama (Bester unter den Menschen), was ist Brahman? Was ist Atman? Was ist die Natur des Handelns? Was ist Adhibhuta und was ist Adhidaiva?
2. Was ist Adhiyaina in diesem Körper? Und wie bist du, für den Menschen mit Selbstkontrolle, zum Todeszeitpunkt zu erkennen?

Auch wenn du Vorträge über Vedanta Philosophie, Brahman, Gott und den Atman hörst, wirst du es nicht wirklich verstehen, was Brahman ist. Du kannst es vielleicht intellektuell begreifen, aber um es wirklich zu verstehen, musst du den Zustand der Erleuchtung erreichen. Erleuchtung wird meistens missverstanden. Es ist nicht so, dass plötzlich eine Glühbirne in deinem Kopf angeht. Es ist ein Erwachen zu dem höheren Verständnis, das allmählich und schrittweise stattfindet. Im zweiten Kapitel erklärt Krishna Arjuna die grundsätzliche Wahrheit: dass sich diese Welt ständig verändert und dass sie nicht die Realität ist; dass es etwas Unveränderliches gibt, nämlich das Selbst, die Seele, den Atman, Gott; und dass es einen Weg gibt, diese Realität zu erfahren. Dies ist eine Zusammenfassung der gesamten Philosophie und des Prozesses des Yoga. Aber dann erklärt es Krishna anhand vieler verschiedener Beispiele, weil der Geist es immer wieder hören muss, damit Transformation stattfinden kann.

Das Wissen über Brahman und Atman oder, in anderen Worten, spirituelles Wissen gewinnt an Bedeutung, sobald man sich wirklich von der Welt abwendet. Von Brahman zu hören, wird den Geist inspirieren oder die Sehnsucht und das Interesse entwickeln, mehr zu lernen. Aber dann muss man den Geist durch Sadhana reinigen, um all die Verunreinigungen und falschen Vorstellungen zu beseitigen, die sich über viele Leben hinweg angesammelt haben. Sadhana ist das bewusste Bemühen, all diese Einflüsse in deinem Geist zu annullieren. Du wirst sie nicht ausmerzen und vergessen, aber du wirst dich durch Leidenschaftslosigkeit und Enthaftung darüber erheben. Diese Leidenschaftslosigkeit wird aus Erfahrung und der festen Überzeugung geboren, dass dir die Welt nicht die vollkommene Erfüllung geben kann, nach der sich die Seele sehnt.

Der Prozess des Lehrens und Lernens zwischen Guru und Schüler verläuft in der Form von Fragen und Antworten. Der Guru wird den Schüler unterrichten, aber nur, wenn der Schüler beginnt, darüber nachzudenken, wenn Fragen, Zweifel und Neugier aufkommen. Jetzt kann der Guru den Gedankenprozess des Schülers verfeinern und leiten und ihm mehr beibringen, so dass nach und nach Klarheit entsteht. Von nun an wird der Schüler sein Leben mit einem anderen Bewusstsein weiterführen.

Wenn man die Erleuchtung erreicht, wird man nicht mit einem Heiligenschein um seinen Kopf herum durch die Welt gehen, sondern die Welt einfach mit einem anderen Bewusstsein erleben. Der Geist wird beständig und gleichmütig sein und Freude an Gottes Schöpfung erfahren.

Der gesegnete Herr sprach:
3. Brahman ist der Unvergängliche, der Höchste. Im Individuum nennt man Brahman Atman. Die schöpferische Energie von Brahman, welche die Ursache für die Schöpfung ist, nennt man Karma, Handlung.

Nun beginnt Krishna Brahman zu erklären. Aber er kann nur Analogien geben, um Arjunas Geist in die richtige Richtung zu dirigieren, weil es jenseits des Fassungsvermögens des Geistes liegt. Brahman ist allesdurchdringend, einer ohne einen Zweiten, was bedeutet, dass Gott, Brahman, alles ist. Man kann noch nicht einmal sagen, dass er in allem ist, denn dann gäbe es etwas außerhalb, was er nicht ist. Wenn er innen und außen ist, dann gibt es einen Raum als Übergang zwischen innen und außen, wo er nicht ist, und dann wäre er nicht allgegenwärtig. Wenn man über Brahman als Ausdruck in Objekten der Schöpfung nachdenkt, nennt man das den Atman. Das ist wie mit dem Ozean und der Welle. Die Welle ist nichts anderes als der Ozean, nimmt aber eine andere Form an. Die schöpferische Energie ist die Ursache für die Vielfalt, die wir durch unsere Sinne erleben.

4. Adhibhuta, die Welt der Elemente, gehört zu meiner vergänglichen Natur. Adhidaiva ist Purusha oder die ewige Seele. Ich allein bin die Adhiyajna in diesem Körper.

Die ganze Welt ist ein Ausdruck des Göttlichen. Wenn Gott in dieser Schöpfung inkarniert, erlebt er sie durch jegliche Form, in die er inkarniert ist. In der menschlichen Gattung erlebt er sie durch die Instrumente der Sinne, Geist, Körper und Intellekt. Deshalb hängt es von der Beschaffenheit des Körpers, der Sinne und des Geistes ab, wie jemand die materielle Welt erfährt und wie sich Gott nach außen hin ausdrückt.

Alle Menschen haben die gleichen Sinne, aber die Informationen, die durch sie in uns einfließen, werden durch Emotionen, Geist und Intellekt gefiltert und konditioniert . Es ist, als wenn verschiedene Menschen durch ein Teleskop auf dasselbe Objekt schauen, sie werden verschiedene Dinge sehen, entsprechend ihrer geistigen Verfassung. Ein Kind sieht vielleicht wunderschöne Farben, ein Künstler ein schönes Bild, das er malen möchte, und ein Wissenschaftler wird die molekulare Struktur analysieren.

Um dich der Erfahrung des reinen Bewusstseins näher zu bringen, versuche dich als göttlich zu verstehen, dich mit dem Göttlichen zu identifizieren. Dies wird deine Einstellung und Gedanken gegenüber all deinen Handlungen verändern. Frage dich selbst: „ Würde Gott auf diese Weise handeln? Würde Gott auf diese Weise denken?“ Du wirst anfangen, mehr Respekt für deinen Körper zu bekommen, und ihn wie einen wandelnden Tempel Gottes behandeln. Genauso wirst du deine Gedanken und deine Handlungen überwachen, so dass das Göttliche mit immer weniger Blockaden durchscheinen kann. Beobachte dich selbst und finde jene Qualitäten in dir, die nicht das Göttliche, die positiven Qualitäten ausdrücken. Dann strebe ganz bewusst danach, sie zu verändern.

5. Wer zum Zeitpunkt des Todes nur an mich denkt, wird mit mir vereint werden. Darüber gibt es keinen Zweifel.
6. Der letzte Gedanke zum Zeitpunkt des Todes bestimmt, als was, wann und wo man wiedergeboren wird, um diesen Gedanken erfüllen zu können, da der Geist sich die meiste Zeit des Lebens damit befasst hat.

Wir haben gelernt, dass Karma die Ursache für das Rad von Geburt und Tod ist. Du wirst mit den gleichen geistigen Anlage wiedergeboren, die du zum Zeitpunkt deines Todes hattest. Wenn du also dein gesamtes Leben dem Studium von Musik widmest, wird es sehr starke Samskaras (Eindrücke) in dir hinterlassen und zum Zeitpunkt deines Todes wird dies in deinem Geist vorherrschend sein.

Wenn du stirbst, wird sich der Astralkörper, welcher das energetische System, sinnliche Wahrnehmung, Emotionen, Geist und Intellekt beinhaltet, vom physischen Körper zurückziehen. Du wirst zu der Ebene des Himmels oder der Hölle gehen, die deinem Bewusstseinszustand entspricht, und wirst die Früchte deiner Handlungen ernten. Sobald du alle diese Früchte geerntet hast, wird auch der Astralkörper fallengelassen und die Seele zieht sich in den Kausalkörper zurück, welcher alle Eindrücke und Tendenzen aufbewahrt, die du entwickelt hast. Der Kausalkörper hat jetzt eine ganz bestimmte Schwingung, die deinen geistigen Entwicklungsstand widerspiegelt. Damit die Seele wieder reinkarnieren kann, müssen Mann und Frau bei der Zeugung gemeinsam genau diese Schwingung haben. Nur wenn dies geschieht, kann man reinkarnieren; bis dahin bleibt man im Kausalkörper. Deshalb bestimmen die eigenen Handlungen, wann, wie, wo und als was man reinkarnieren wird.

Um sicher zu gehen, dass du in deinem letzten Moment an Gott denkst, musst du eine Menge Sadhana machen. Dein Geist muss sich schon zu Lebzeiten auf Gott ausrichten, damit du zum Zeitpunkt deines Todes an ihn denken wirst. Mahatma Gandhi sagte einmal: „Ich weiß nicht, ob ich Mahatma bin (ein erleuchtetes Wesen). Das Einzige, was dies bestätigen wird, ist, wenn ich im letzten Moment meines Lebens an Rama denken und seinen Name wiederholen werde." Aber er hat diesen Test bestanden. Als er erschossen wurde, waren seine letzten Worte: „He Ram."

Wenn du wirklich verstehst, dass dein ganzes Leben eine Vorbereitung auf den Tod ist, wirst du dich fragen: „Was möchte ich sein, wenn ich diesen Körper verlasse? Wo möchte ich hingehen?" Also wenn du zu Gott gehen möchtest, musst du üben und dich auf ihn konzentrieren.

7. Deshalb erinnere dich immer an mich und erfülle deine Pflicht. Wenn dein Geist und Intellekt mich aufgesogen haben, wirst du gewiss zu mir kommen.
8. O Arjuna, wenn der Geist durch regelmäßige Meditation unbewegt und fest geworden ist, wirst du eins mit dem höchsten Selbst, dem Höchsten der Hohen.

Dies ist die Essenz der gesamten Lehre Krishnas. Sie bietet sehr klare Anleitungen, wie wir unser Leben leben sollten. Auf jeder Stufe des Lebens gibt es Ziele. Meine Tochter Sangita wollte ab dem dritten Lebensjahr lesen lernen. Sie wusste nicht, was das bedeutete, wusste aber, dass sie es lernen wollte. Als sie dann in die Schule ging, wollte sie schon nach drei Tagen wieder aufhören, da ihre Fantasie bezüglich des schnellen Lesenlernens zerstört war. Wir haben sie ermutigt, weiterzumachen, so dass sie nun lesen kann und viel Freude daraus zieht. Wir haben alle Wünsche und Ziele, die wir mit in dieses Leben bringen und die wir dann durch viel Arbeit erreichen müssen.

Krishna zeigt uns hier sehr deutlich, was man tun muss, wenn das Lebensziel das Erreichen der Erleuchtung und der Befreiung ist: Man muss sich, mit einem unerschütterlichen Geist, zu jeder Zeit auf Gott konzentrieren.

Wir bewegen uns auf dem spirituellen Pfad vom Groben zum Feineren. Die Hindernisse auf dem Weg werden hierbei jedoch auch immer feiner und dadurch schwieriger zu erkennen. Deshalb braucht man einen Guru, der uns den angemessenen Weg zeigen kann, um sie zu überwinden.

> 9. Meditiere über den Herrn als den Allwissenden, den Ältesten, den Herrscher der Welt, kleiner als ein Atom, den Unterstützer von allem, in unfassbarer Form, strahlend wie die Sonne und jenseits der Dunkelheit der Unwissenheit.

Man könnte ein ganzes Buch mit Synonymen schreiben, die probieren, Gott zu beschreiben, so dass wir ihn uns vorstellen können. Es ist aber nur eine Stütze für den Geist, um ein Idee von dem Unfassbaren zu haben.

> 10. Dann, zum Zeitpunkt des Todes, mit unerschütterlichem Geist, ausgestattet mit Hingabe durch die Kraft des Yoga, die gesamte Lebenskraft im Punkt zwischen den Augenbrauen bindend, wirst du diese strahlende, höchste Person erreichen.
> 11. Jetzt werde ich dir in Kürze den Zustand erklären, der von den Sehern, die wahrhaftig die Veden kennen, als unvergänglich beschrieben wird. Gottesverehrer treten in diesen Zustand ein, wenn die Bindungen ihrer Verlangen gebrochen sind. Um dieses Ziel zu erreichen, praktizieren sie das Zölibat.
> 12. Zum Zeitpunkt des Todes schließe alle Türen der Sinne und hefte den Geist auf den Schrein deines Herzens. Ziehe die Lebenskraft hoch zum Kopf und konzentriere dich einpünktig.
> 13. Wer das einsilbige OM, welches Brahman beschreibt, wiederholend und sich immer an mich erinnernd, aus dem Körper entlässt, erreicht das höchste Ziel.

Krishna gibt dir eine Technik, mit der du zum Zeitpunkt des Todes mit dem höchsten Brahman verschmelzen kannst. Sie ist aber nur relevant, wenn man schon zu Lebzeiten Geist, Emotionen und Verlangen unter Kontrolle hat. Dann kannst du bewusst deinen Geist und die Lebenskraft zurückziehen und OM wiederholen und mit der kosmischen Kraft verschmelzen.

14. O Arjuna, ich bin für den Yogi leicht zu erreichen, der kontinuierlich und täglich, ohne Ablenkung, für viele Jahre über mich meditiert, weil er immerwährend in mir aufgeht.
15. Solche großen Seelen, die mich gefunden haben, haben die höchste Perfektion erreicht. Sie werden nicht in diese Welt der Vergänglichkeit und des Schmerzes wiedergeboren.
16. O Arjuna, alle Welten, inklusive der Welt von Brahma, unterliegen den Gesetzen der Wiedergeburt. Aber derjenige, der mich erreicht, wird nicht wiedergeboren!
17. Diejenigen, welche die kosmischen Gesetze verstehen, wissen, dass der Tag von Brahma eine Dauer von tausend Yugas hat und dass die Nacht ebenfalls tausend Yugas dauert.
18. Wenn der Tag von Brahma dämmert, werden alles Leben und alle Formen geboren, die in einem ruhenden Zustand sind. Wenn die Nacht heranbricht, verschwinden sie im schlafenden Keim des Lebens.
19. O Arjuna, dieselbe Vielzahl von Wesen wird wieder und wieder geboren bei Tagesanbruch und verschwinden hilflos in das Unmanifeste mit Anbruch der Nacht.

Krishna erklärt, dass sich ein Tag von Brahma über die gesamte Schöpfung des Universums erstreckt, vom Urknall bis zum Punkt der kompletten Auflösung. Zu diesem Zeitpunkt werden alle Seelen, die die Befreiung noch nicht erreicht haben, entsprechend ihres Karmas inkarnieren. Sobald sich das Universum, während Brahmas Nacht zurückzieht, gehen all diese Seelen in ihre Kausalkörper, darauf wartend, dass Brahmas nächster Tag kommt. Die Befreiung, durch die Erleuchtung, beendet dieses Rad von Geburt und Tod für die Seele.

20. Aber jenseits dieser manifesten und unmanifesten Zustände gibt es einen anderen Zustand, der ewig und unveränderlich und nicht betroffen von der Auflösung des Universums ist.

> 21. Diesen ewigen Zustand zu erreichen ist die höchste Errungenschaft. Sie kehren nicht in dieses Rad von Geburt und Tod zurück.
> 22. O Arjuna, der höchste Zustand ist erreichbar durch unentwegte Hingabe zu Ihm allein, in dem alle Wesen zu Hause sind und von dem alles durchflutet ist.
> 23. Es gibt zwei Wege, denen der Yogi folgen kann, wenn er den Körper verlässt; den Weg der Wiedergeburt oder den Weg ohne Rückkehr.

Du kannst in diesem endlosen Rad von Geburt und Tod bleiben oder du kannst dich selbst davon befreien. Es ist deine Wahl!

> 24. Es gibt den Weg des Lichts, des Feuers, der Tageszeit, des Monds hellste zwei Wochen und die sechs Monate des nördlichen Weges der Sonne, bekannt als die nördliche Sonnenwende. Der Kenner von Brahman, der diesen Weg nimmt, geht zu Brahman, den Ort ohne Rückkehr.
> 25. Es gibt den Weg der Nacht und des Rauches, die sechs Monate des südlichen Wegs der Sonne oder die südliche Sonnenwende und die zwei Wochen Mondfinsternis. Der Yogi, der diesen Weg nimmt, wird das Mondlicht erreichen. Dieser Weg führt zur menschlichen Geburt zurück.

Menschen versuchen dies zu erklären und versorgen uns mit allen möglichen Interpretationen. Sie sagen, wenn sich die Sonne zum Zeitpunkt deines Todes in einer Position und der Mond in einer anderen Position befinden, wird deine Zukunft vorherbestimmt sein. Also wenn du Befreiung möchtest, folge einfach der Sonne. Aber es ist alles symbolisch! Der Weg des Lichts ist der Weg des Wissens, der dich befreit. Der Weg der Dunkelheit, des Unwissens, bindet dich weiter.

> 26. Diese beiden Wege, der helle und der dunkle, sind als ewig gedacht. Auf dem hellen Weg kehrt die Person nicht zurück und auf dem dunklen Weg kehrt sie zurück.
> 27. O Arjuna, kein Yogi, der diese beiden Wege kennt, ist je verblendet. Deshalb sei zu jeder Zeit unerschütterlich im Yoga.
> 28. Die Schriften verkünden, dass es Verdienste gibt, die vom Studieren der Veden, Ausführen ritueller Verehrung, Praktizieren von Entbehrung, Handlungen der Nächstenliebe und Geben von Almosen stammen. Jenseits dieser Verdienste geht der Yogi, der meine Lehren versteht. Er erreicht die höchste, urzeitliche Bleibe Gottes.

Die Veden geben uns Anleitungen für bestimmte Rituale, die man ausführen muss, wenn man etwas Bestimmtes erreichen will. In dieser Welt kann man erreichen, was auch immer man möchte, man muss nur die nötige Anstrengung leisten, um dorthin zu kommen. Welches Ziel auch immer du erreichen möchtest, du brauchst dafür Wissen und Verständnis. Der Yogi, der dies versteht, wird das Wissen in die Praxis umsetzen, um sich selbst zu transformieren. Er möchte jenseits des intellektuellen Verständnisses gehen und die Stufe des Erlebens erreichen. Dies ist der einzige Weg zum ewigen Brahman.

So behandelt die glorreiche Bhagavad Gita, die Wissenschaft der Ewigkeit, die Schrift über den Yoga, der Dialog zwischen Shri Krishna und Arjuna über das Wissen des Selbst, das achte Kapitel mit dem Titel:
„Der Yoga des unvergänglichen Brahman".

KAPITEL 9: DER YOGA DER MYSTIK

Bevor wir beginnen, in Krishnas Erklärungen über den Yoga der Mystik einzutauchen, müssen wir etwas Zeit damit verbringen, die Bedeutung von Mystik zu verstehen. Mystik ist die Wissenschaft der höheren Wahrheit durch höheres Wissen. Die meisten Menschen machen einen Unterschied zwischen Wissenschaft und Mystik, weil sie denken, dass Wissenschaft nachprüfbar ist und Mystik nicht. Dieses Missverständnis kommt auf, weil Spiritualität und Mystik seit sehr langer Zeit auf eine sehr abergläubische und oberflächliche Art und Weise dargestellt werden.

Die Schriften, Yogis und Mystiker teilen Wissen in 2 Bereiche: niederes Wissen und höheres Wissen. Wissen, das mit dieser gegenständlichen Welt von Titel und Formen, Daten und Informationen zu tun hat, die nur der Geist verstehen kann, wird als das niedere Wissen bezeichnet. Höheres Wissen ist auch Wissen, das nachprüfbar ist, aber auf eine andere Weise, da man sich jenseits von Geist, Konzepten und Ideen begeben muss. Man muss die Gesetze, die alle Aspekte dieser gegenständlichen Welt von Titel und Formen regieren, verstehen lernen und sie dann hinter sich lassen, um in die Wirklichkeit, die diese Gesetze erschaffen hat, einzutauchen. Alles, was wir in dieser Welt erleben können, ist immer noch im Bereich von Maya (Illusion) und wird durch die Sinne und den Geist interpretiert. Höheres Wissen liegt jenseits der Sinne, des Geistes und des Intellekts, ist jedoch weit davon entfernt, eine Fantasie oder Halluzination zu sein. Das Problem für den Yogi, der diesen Zustand erlebt hat, kommt auf, wenn er versucht, es anderen zu erklären. Da die anderen Menschen diese Stufe noch nicht erlebt haben, muss der Yogi Analogien verwenden, die sie verstehen. Deshalb versucht er es mit den sinnlichen Erfahrungen zu vergleichen, welche die Realität der höheren Wahrheit natürlich niemals voll erklären können. Dieses Wissen nennt man Mystik, weil es den Sinnen, dem Geist und dem Intellekt nicht verfügbar ist. Es bewegt sich jenseits davon. Die yogische Wissenschaft ist wirklich eine Wissenschaft, die auf Erfahrung beruht. Die Schriften zu lesen wird dir helfen, ein Verständnis von dem Prozess und dem Weg zu bekommen, der zur Selbsterkenntnis führt. Aber auf eine Weise ist es immer noch niederes Wissen, weil es auf Erfahrungen beruht, die du durch deine begrenzte Ausstattung der Sinne, des Geistes und des Intellekts machst. Aber sobald du dich jenseits der Erfahrungen dieser limitierten Ausrüstung begibst und die Begrenzungen des Geistes überschreitest, wirst du das höhere, transzendente Wissen erfahren. Die Yogis und Heilige aller Nationen und Kulturen haben diese Erfahrung viele Jahrhunderte hinweg bestätigt.

Der gesegnete Herr sprach:
1. Nun erkläre ich dir, der nicht zweifelt, das größte Geheimnis, Wissen kombiniert mit Erfahrung. Mit diesem Wissen wirst du von allem Bösen frei sein.

Krishna sieht, dass Arjunas Geist jetzt frei von Zweifeln ist und dass er die Grundlage und den Prozess des Yoga intellektuell versteht. Krishna wird ihn nun tiefer in die direkte Erfahrung des Göttlichen bringen. Diese Erfahrung wird Arjuna vom Bösen der Begrenzungen befreien, die er sich selbst auferlegt; es wird ihn von den Fesseln des Rades von Geburt und Tod befreien. In der Vedanta-Philosophie wird alles, was dich vom Erleben des Göttlichen fernhält, als das Böse bezeichnet. Was immer Unruhe in deinem Geiste kreiert, ist deshalb „böse und sündhaft."

Mit meiner Frau Sex zu haben ist keine Sünde. Aber wenn ich andere Personen anschaue und dies meinen Geist durch Begierde unruhig werden lässt, dann ist das eine Sünde. Wenn ich meine Frau anschaue und so ein wunderschönes, göttliches Gefühl habe, erhebt es meinen Geist, ich fühle mich so glückselig! Das ist keine Sünde.

Die reine Tatsache, dass du in den Prozess von Geburt und Tod involviert bist, bedeutet, dass Unvollkommenheit in dir ist. Du bist kein perfektes Wesen. Wenn du perfekt wärest, wärst du nicht hier. Du hast immer noch Karma auszuarbeiten.

Arjuna ist bereit für den nächsten Schritt, weil seine Zweifel weggewaschen worden sind und er Krishna vollkommen als seinen Guru akzeptiert. Wenn ein Schüler unerschütterlichen Glauben in den Guru und seine Lehren hat, findet etwas Magisches statt. Das Wissen kann ungehindert durch den Guru zum Schüler fließen. Die reine Anwesenheit des Gurus versetzt den Schüler in einen Zustand von Freude und Zufriedenheit, da er die sattwige Schwingung des Meisters wahrnimmt.

Alle Gurus, Lehrer, die jenseits der Stufe sind, wo sie Titel, Ruhm und Macht haben wollen, möchten eine Person finden, der sie dieses Wissen weitergeben können. Dieses Wissen ist für den Guru sehr heilig. Er wird sich nach jemandem sehnen, dem er es übermitteln kann. Er sehnt sich nach einer würdigen Person, deren Geist gereinigt ist, die aufrichtig und frei von Zweifeln ist und die dieses heilige Geschenk aufnehmen kann, um die direkte Linie der Gurus weiterzuführen. Das ist der Zustand, in dem Krishna sich befindet. Jetzt, wo es keinen Zweifel mehr in Arjuna gibt, sondern nur noch komplette Hingabe, Glauben und Vertrauen, kann er dieses Wissen weitergeben. Es ist nicht so, dass er es vorher nicht geben wollte, aber Arjuna war noch nicht dazu bereit, es in sich aufzunehmen. Man kann den Menschen nur das geben, wozu sie bereit sind.

> 2. Dies ist die königliche Wissenschaft und der König der Geheimnisse, der höchste Reinigende, und er kann direkt erfahren werden. Sein Wert ist großartig, unvergänglich und sehr einfach zu praktizieren.

Das Praktizieren ist einfach, aber wir haben es kompliziert gemacht. Wir haben unseren Geist verdorben. Eigentlich ist dieses Wissen gleichermaßen für einen einfachen Landarbeiter oder einen Intellektuellen erreichbar. Wenn es nicht so einfach wäre, könnten nur gebildete Leute die Erleuchtung erlangen. Aber es ist so einfach, dass auch Analphabeten erleuchtet werden können. Wahrscheinlich ist es sogar einfacher für sie, weil ihr Geist nicht so egozentrisch und nicht so sehr mit Täuschung, Lügen und Ego verdorben ist.

Erinnere dich auch daran, wie einfach Meditation ist. Du hast deinen Ishta Devata und dein Mantra. Wiederhole es einfach, für den Rest deines Lebens, immer und immer wieder, bis du die große Gedankenwelle entwickelt hast, die die ganzen anderen Wellen in deinem Geist überflutet hat. Die meisten Menschen denken, dass dieser Prozess sehr kompliziert ist, und lesen alle möglichen Bücher über die verschiedensten Formen der Meditation. Sie denken, dass sie, je mehr Techniken sie kennen, um so schneller ans Ziel gelangen, ohne zu bemerken, dass sie den Geist eigentlich nur noch mehr zerstreuen, da sie keine der Techniken wirklich in die Tat umsetzen.

> 3. Diejenigen, die nicht an das Wissen über das Selbst glauben, scheitern daran, mich zu finden. Sie werden in diese Welt von Geburt und Tod zurückkehren.

Erneut teilt uns Krishna mit, dass wir vollkommenes Vertrauen in die Lehren der Schriften und Gurus haben müssen, um das höchste Ziel der Erleuchtung zu erreichen. Ohne diese Erfahrung wirst du immer und immer wieder reinkarnieren, bis du dich wirklich dem Prozess der Transformation widmest.

4. Dieses gesamte Universum ist von mir durch mein formloses Wesen durchdrungen. Alle Wesen existieren in mir, ich bin aber nicht durch sie beschränkt.

Gott manifestiert sich in diesem Universum in vielen verschiedenen Formen; der formlose, unbegrenzte Brahman durchdringt sie alle. Es ist für unseren Geist schwer zu verstehen, dass, obwohl Gott in allem existiert, er von allem unberührt ist. Dies rührt aus der Begrenzung des Geistes, die ihn daran hindert, über die Dualität hinauszugehen.

5. Diese Wesen wohnen nicht physisch in mir. Das ist mein göttliches Mysterium. Obwohl ich sie erzeuge und sie stärke, bin ich nicht in ihnen gefangen.

Das ist Mystik. Obwohl Gott allgegenwärtig ist, ist Er noch längst nicht in allem. Du kannst Gott auf Worte reduzieren oder auf etwas in dir selbst. Wenn du sagst, dass Gott in dir ist, dann ist Er nicht außerhalb von dir. Er ist begrenzt. Du möchtest Gott in Begriffe fassen, aber wenn du Konzepte und Ideen für Gott verwenden möchtest, so triffst du niemals die absolute Wahrheit. Gott ist nichts von all dem, obwohl Er allesdurchdringend ist. Er ist nicht begrenzt auf Konzepte, Ideen oder Fantasien.

Die Welle auf dem Ozean ist ein perfektes Beispiel. Obwohl die Welle im Ozean existiert, ist sie „nicht physisch“ im Ozean, was bedeutet, dass die Welle nicht vom Ozean getrennt ist. Es ist nur eine Abwandlung. Ebenso gibt es keine Trennung zwischen dir und Gott, Trennung ist nur eine Illusion. Was du als Individualität wahrnimmst, ist nur ein Missverständnis der Realität.

6. Wie der mächtige Wind, überall hinbewegend, immer im Raum verbleibt, wisse, dass alle Wesen genauso in mir sind.
7. Alle Wesen, o Arjuna, kehren am Ende eines Kalpas in den unmanifestierten Zustand zurück. Ich schicke sie zu Beginn des nächsten Kalpas wieder voran.

> 8. Alle sind hilflos der Herrschaft von Maya ausgesetzt. Ich bin der Herr und Meister meiner Maya. Immer wieder lasse ich die Vielfalt aus meinem Wesen entstehen.
> 9. O Arjuna, diese Handlungen binden mich nicht. Ich bin den Ergebnissen gegenüber gleichmütig. Ich stehe abseits und beobachte Maya, die Handelnde.

Maya ist die täuschende Kraft, die Illusion, die falsche Vorstellungen im Menschen verursacht. Es ist nur ein Wort, das wir dieser verschleiernden Kraft geben, aber sie hat keine wirkliche Existenz. Wenn du verstehst, dass es nur die Illusion des Geistes ist, die Vielfalt entstehen lässt, dann kannst du dich aus dieser Illusion herausnehmen und sie beobachten. Du kannst beobachten, wie die Menschen diesem Trugbild hinterherlaufen, bleibst selbst aber davon unberührt.

> 10. Unter meiner Führung lässt Maya das Bewegte und das Unbewegte entstehen. Deswegen, o Arjuna, existiert die Welt.
> 11. Die Unwissenden sehen mich als menschlich an, nicht wissend, dass mein höheres Wesen der großartige Herrscher über alles ist.

Die meisten Menschen können nicht erkennen, ob jemand die Erleuchtung erreicht hat, da sie selbst diesen hohen geistigen Zustand noch nicht erreicht haben.

> 12. Aufgrund ihrer Täuschung sind ihre Hoffnungen und Handlungen vergebens. Ihr Wissen ist nutzlos und ihre Leben sind von Katastrophen und Angst geplagt.

Für Menschen ohne Verständnis, die durch ihre Unwissenheit und Täuschung nicht dem richtigen Weg folgen, sind alle ihre Handlungen, Gedanken und Anstrengungen wirklich erfolglos. Durch ihre Handlungen erzeugen sie nur weitere Täuschung, Bindung und Karma.

> 13. Aber solch großartige Seelen, die mich als die ewige Quelle von allem kennen, verehren mich mit einpünktigem Geist.

Sobald du den Prozess der Transformation verstanden hast, wirst du deine Handlungen mit einer anderen Art von Bewusstsein ausführen und sie kontinuierlich dazu nutzen, den Geist zu erheben. Welche Handlung du auch immer ausführst, du wirst es in einer Art und Weise tun, die dich befreit, die Täuschungen beseitigt und die den Geist standhaft macht.

14. Zu jeder Zeit mich verehrend, beständig in ihren Gelübden, sich vor mir verneigend, sind sie stets unerschütterlich in ihrer Hingabe und ihrer Verehrung.

Menschen, die sich durch richtiges Wissen, richtiges Verstehen und richtige Führung transformieren und erheben, werden ihre Handlungen als Gottesdienst ausführen. Sie werden danach streben, die niederen Naturen und die niederen Emotionen durch Tugenden wie Liebe und Mitgefühl zu ersetzen. Die Gelübde sind die Yamas und die Niyamas (Regeln für richtige Moral und ethisches Benehmen: nicht stehlen, Ehrlichkeit, nicht verletzen, nicht begehren, Disziplinierung der Sinne, Sauberkeit/Reinheit, Zufriedenheit, Ausdauer, Studium der Schriften und die Früchte deines Handelns Gott widmen).

15. Andere verehren mich als Brahman in allen Dingen. Manche erfahren, dass sie eins mit mir sind, während andere mich getrennt von ihnen ansehen. Manche bewundern die unzähligen Götter, die nur meine unendliche, grenzenlose Form sind.
16. Ich bin die Bräuche und Rituale, gelehrt und bestimmt durch die Veden und Schriften. Ich bin die Opfergabe, die den Vorfahren gemacht wird. Ich bin das medizinische Kraut und all die Pflanzen. Ich bin das Mantra, die geklärte Butter, die Opfergabe und das Feuer, in das sie gegeben wird.

Brahman, Gott, ist alles. Die Schrift, das Ritual, das, was du opferst, und derjenige, dem du die Opfergabe anbietest, sind alle derselbe Gott.

17. Ich bin Vater, Mutter und Großvater dieser Welt. Ich bin der Verteiler der Früchte der Handlungen. Ich mache alle Dinge rein. Ich bin das heilige, einsilbige Om. Ich bin absolutes Wissen und auch Rig, der Sama und Yajur Veda.
18. Ich bin das Lebensziel, die Unterstützung, der Herr, der Zeuge, die Bleibe, der Schutz, der Freund, der Ursprung, die Auflösung, die Grundlage, das Haus der Schätze und der unvergängliche Samen.

19. O Arjuna, ich bin die Hitze der Sonne und des Feuers. Ich halte den Regen zurück und sende ihn aus. Ich bin Unsterblichkeit und auch Tod. Ich bin der offenbarte Kosmos, seine Gebärmutter und ewiger Samen. Ich bin Existenz und Nicht-Existenz.

Es gibt so viele Wege, die Allgegenwärtigkeit des Einen auszudrücken. Du kannst das Göttliche nur entsprechend deinem Bewusstseinszustand erfahren.

20. Die Kenner der drei Veden, die Trinker des Soma, von allen Sünden gereinigt, die mich mit Opfergaben verehren, beten für den Weg zum Himmel; sie erreichen die Welt von Indra, König der Götter, und genießen im Himmel die göttlichen Vergnügen der Götter.
21. Wenn sie die enormen Vergnügen des Himmels genossen haben, kehren sie zur sterblichen Welt zurück, wenn ihre Vorzüge erschöpft sind; somit folgen sie den Anweisungen der drei Veden, begehren aber nach wie vor die Sinnesobjekte, deshalb sind sie in dem unendlichen Zustand von Gehen und Wiederkehren gefangen.

Krishna zeigt uns, dass wir, ungeachtet der Stufe von Himmel, Vergnügen oder Macht, die wir erreichen, nach wie vor zurückkommen müssen, um den Prozess der Verfeinerung fortzuführen, bis wir mit dem Göttlichen verschmelzen.

22. Diejenigen, die mich allein verehren, an keinen anderen denken und ständig mit mir vereint sind, versorge ich mit allem und beschütze alles, was sie schon besitzen.

Ungeachtet dessen, wie reich oder berühmt wir sind, wird es immer ein Verlangen nach mehr geben, denn tief in uns wissen wir, dass die einzig wahre Erfüllung durch die Erleuchtung kommen kann. Erst wenn wir die Stufe erreicht haben, in der wir nur noch an Gott denken, kann er uns mit dem versorgen, was wir wirklich brauchen, nämlich absolute Fülle.

23. Sogar die Verehrer, die andere Götter mit Hingabe verehren, verehren in Wirklichkeit nur mich, aber mit den falschen Mitteln.
24. Ich allein bin Genießer und Herr aller Opfergaben. Die Verehrer müssen jedoch zu dieser Welt der Sterblichen zurückkehren, weil sie mich nicht in meiner wahren Natur erkennen.

Ganz egal, welche Form Gottes wir anbeten oder verehren, in Wirklichkeit verehren wir immer nur den einen Gott. Aber die unterschiedlichen Herangehensweisen werden verschiedene Ergebnisse bringen; nur die Verehrung des höchsten Aspektes Gottes wird Befreiung bringen.

> 25. Die Verehrer der diversen Götter werden zu ihnen gehen. Die Ahnen-Verehrer werden zu den Ahnen gehen. Diejenigen, welche die Gottheiten verehren, die über die Elemente herrschen, werden zu diesen gehen. Meine Anhänger werden zu mir kommen.
> 26. Wer mir mit Hingabe und einem reinen Geist ein Blatt, eine Blume eine Frucht oder ein wenig Wasser opfert, dessen Gabe nehme ich an.

Wenn du Spenden gibst, solltest du von ganzem Herzen geben. Jesus sagte: „Wenn du gibst, gib so viel, dass die Tasse überläuft." Dies wird dir helfen, dich von Selbstsucht, Habgier und Täuschung zu befreien.

> 27. Was auch immer du tust, was auch immer du isst, was auch immer du als Opfergabe anbietest, was auch immer du als Geschenk gibst, was auch immer du als Enthaltsamkeit praktizierst, O Arjuna, sieh es als eine Opfergabe an mich!
> 28. Dadurch wirst du von den Fesseln der Handlungen befreit und weder gute noch schlechte Früchte ernten. Mit dem Geist fest verankert im Yoga der Entsagung, kannst du dich von den Bindungen des Karmas sogar in diesem Leben befreien und kommst zu guter Letzt zu mir.
> 29. Ich bin für alle Wesen der Gleiche, liebe weder den einen, noch hasse ich den anderen. Doch diejenigen, die mich mit Hingabe verehren, sind in mir und ich bin in ihnen.

Diesen Sloka zu verstehen, hilft, das tägliche Leben wirklich zu verändern. Krishna empfiehlt Arjuna, jeden Moment des Lebens als eine Opfergabe an Gott zu nutzen. So kann jede Handlung freudvoll werden und du wirst sie mit Begeisterung ausführen. Es gibt keinen Unterschied mehr zwischen einer Meditation oder dem Putzen der Toiletten, alles wird dir helfen, den Geist zu erheben. Das ist der Weg, dein Karma auszulöschen.

> 30. Selbst wenn der sündhafteste Mensch mich mit Hingabe verehrt, die an niemand anderen als mich geht, wird auch er als heilig betrachtet, da er sich für den richtigen Weg entschieden hat.
> 31. O Arjuna, ich sehe keinen Sünder. Bald wird er Rechtschaffenheit und ewigen Frieden erreichen. Wisse, dass meine Verehrer niemals umkommen.

Sobald du dich ernsthaft Gott zuwendest, macht es keinen Unterschied mehr, was du in der Vergangenheit getan hast. Menschen betrachten jedoch nur die Vergangenheit. Als Maria Magdalena zu Jesus kam, sahen die Menschen in ihr nur eine Prostituierte, Jesus jedoch sah ihre Hingabe. Sie war bereit, die Lehren zu empfangen, und so konnte die Transformation stattfinden.

> 32. Da alle, die in mir Zuflucht nehmen, ungeachtet ihrer Geburt, ihres Geschlechts oder Kaste, das höchste Ziel erreichen werden!
> 33. Wie viel leichter wäre es für einen heiligen Brahmanen und hingebungsvollen königlichen Heiligen, dieses Ziel zu erreichen. Du befindest dich in dieser unbeständigen und unglücklichen Welt. Wende dich von ihr ab und suche Zuflucht in mir.
> 34. Konzentriere den Geist auf mich, verehre mich, führe alle deine Handlungen als Opfer für mich aus, verbeuge dich vor mir in völliger Ergebung. Wenn du so dein Selbst mit mir vereint hast und mich als das höchste Ziel hast, wirst du sicherlich zu mir kommen.

In diesem letzten Sloka gibt Krishna eine andere Zusammenfassung des Weges zur Gotteswahrnehmung: Zuerst verstehe, dass diese Welt unbeständig ist und nie dauerhafte Freude bringen wird. Dann ziehe dich von der Welt zurück und fokussiere deinen Geist auf Gott. Praktiziere Karma-Yoga, um jeden Moment deines Lebens zu vergeistigen, und du wirst sicherlich das höchste Ziel der Erleuchtung erreichen.

So behandelt die glorreiche Bhagavad Gita, die Wissenschaft der Ewigkeit, die Schrift über den Yoga, der Dialog zwischen Shri Krishna und Arjuna über das Wissen des Selbst, das neunte Kapitel mit dem Titel: „Der Yoga der Mystik".

KAPITEL 10: DER YOGA DER GÖTTLICHEN HERRLICHKEITEN

Der gesegnete Herr sprach:
1. O mächtig bewaffneter Arjuna, lausche nun weiter meiner höchsten Weisheitslehre. Ich gebe sie dir zu deinem Wohle, da dein Herz sich daran erfreut.

Mehr und mehr ist die Beziehung zwischen Meister und Schüler, zwischen Lehrer und Lernendem zu sehen. Was ist es, das Krishna inspiriert, Arjuna weiter zu lehren? Es ist Arjunas Interesse, seine Offenheit und seine Freude an diesem höheren Wissen. Er sieht, wie glücklich Arjuna ist. Es ist, als wenn du ein Kind beobachtest. Du siehst, wie das Kind einen kleinen Fortschritt macht, und wirst mit Stolz erfüllt. Du möchtest dem Kind helfen und es ermutigen und fühlst Freude.

2. Weder die Götter noch die großen Weisen kennen meinen Ursprung, weil ich die Quelle aller Götter und großen Weisen bin.
3. Wer mich als ungeboren und ohne Beginn kennt, als den großen Herrn aller Welten, ist unter den Sterblichen frei von Täuschungen und befreit von allen Sünden.

Krishna erzählt nun Arjuna, wie er ihn in seiner Ganzheit begreifen kann. Der einzige Weg dorthin ist, alle Täuschungen zu zerstören.

4. Intellekt, Weisheit, Nicht-Täuschung, Vergebung, Wahrheit, Selbstbeherrschung, Gelassenheit, Glück, Schmerz, Geburt, Tod, Existenz oder Nicht-Existenz, Angst und auch Furchtlosigkeit,
5. Nichtverletzen, Gleichmut, Zufriedenheit, Enthaltsamkeit, Großzügigkeit, Ruhm und schlechter Ruf, all diese unterschiedlichen Qualitäten entstehen aus mir allein.

Jedes kleine Wort, jede Stimmung oder jeder Gedanke ist nichts als eine Ausdrucksform des Göttlichen. Wir können all dies zum Ausdruck bringen, weil wir allmächtig, allgegenwärtig und allwissend sind, die Seele, der Atman, Sat-Chit-Ananda. Aber wegen der vielen verschiedenen Schleier, die unser reines Bewusstsein verhüllen, meinen wir, dass diese Gedanken unser wahres Selbst sind. Aufgrund dieser Schleier drückt sich das Selbst als Vielfältigkeit aus.

Weil unser Geist an das Reich der Dualität gebunden ist, sehen wir Krishna als ein anderes Wesen, das jeden unserer Schritte steuert. Aber in Wirklichkeit ist es unser eigenes Selbst, das der Ursprung von allem ist. Je mehr du dich selbst reinigst, desto mehr kann sich das göttliche Selbst in seinem wahren Glanz ausdrücken.

6. Die sieben großen Weisen, die vier Ältesten und auch die Manus (14 Stammesväter) sind aus meinem Geist geboren und besaßen Kräfte wie ich. Von ihnen kamen alle Geschöpfe dieser Welt.
7. Wer diese vielfältigen Ausdrücke meines Wesens und meine Yoga-Kräfte kennt, wird ohne jeden Zweifel mit mir vereint.

Auf dieser Ebene des Verstehens, der Ebene der Dualität, sind wir gefangen in dem Prozess von Ich und Du, Gott und Mensch, Gott und Schöpfung. Auf dieser Bezugsebene zur Realität sagen wir „Gott erschuf das Universum",zuerst hat er die sieben großen Weisen, die vier Ältesten und die Manus erschaffen, welche die Gesetzgeber sind. Sie waren die vollendeten Wesen mit vollendetem Wissen. In Wirklichkeit ist unser Konzept von Zeit und Raum nur eine Illusion. Um jedoch diese Illusion zu überwinden, benötigst du Anweisungen, die dir den Weg zeigen. Deshalb sind die Puranas, die alten Schriften, so sehr wertvoll für uns. Die Veden, die die Upanishaden beinhalten, führen den Schüler von einer Stufe zu nächsten, um sein Verständnis zu schärfen, bis er am Ende die Stufe erreicht, in der er die Upanishaden verstehen kann, die nur von Brahman als reinem Bewusstsein handeln.

Jedoch nur ein hochentwickeltes Wesen kann Gott oder die Realität auf diese abstrakte Weise verstehen. Die Mehrheit der Menschen ist dazu nicht in der Lage, weshalb in den Puranas Gott verschiedene Persönlichkeiten gegeben wurde. Du kannst von Gott als Vishnu, Brahma oder Shiva sprechen. Es ist nur etwas, an dem sich dein Geist festhalten kann, aber es ist nicht die höchste Realität.

8. Ich bin der Ursprung, aus dem sich alles entwickelt. Der Weise, der dies versteht, verehrt mich mit Liebe und Hingabe.

9. Mit Geist und Leben vollkommen aufgelöst in mir, erheben sie sich gegenseitig mit ihren Gesprächen über mich. Sie leben in Frieden und Wonne.
10. Diesen Standfesten, die mich mit Liebe verehren, gebe ich die spirituelle Weisheit, durch die sie zu mir gelangen.
11. Aus Barmherzigkeit verweile ich in ihnen und zerstöre die Dunkelheit der Unwissenheit durch die leuchtende Lampe der Erkenntnis.

Hier versucht Krishna die Idee zum Ausdruck zu bringen, dass er alles ist. „Er" heißt nicht diese Persönlichkeit. Wenn du jedoch Gott als Persönlichkeit verstehen möchtest, ist das in Ordnung. Der Verfechter des Vedanta würde sagen, das Selbst, die Seele, der Atman ist all das. Mit anderen Worten, es drückt sich als alles aus. Je reiner der Geist wird, desto mehr identifizierst du dich mit deinem höheren Selbst. Du magst es Gott, Buddha, Krishna oder Jesus nennen, aber denke daran, dass im Laufe der Zeit sogar diese Bezeichnung und Form wegfallen werden.

Das ist ein sehr schönes Kapitel. Krishna führt Arjuna Schritt für Schritt, um seinen Geist von falschen Konditionierungen und Beschränkungen zu mehr Ausdehnung hin zu befreien. Das ist Yoga: dich selbst befreien. Wenn du deinen Geist nicht von einfachen Beschränkungen befreien kannst, z.B. deine Stimme zum Singen zu öffnen, wie kannst du weiter voranschreiten? Du verfluchst jemanden und es kommt ganz ungehindert heraus, hast jedoch Hemmungen, frei zu singen und Gott zu preisen, um Höheres zu erfahren. Dann bist du nicht bereit für jegliche Art von Freiheit oder Befreiung!

Arjuna sprach:
12. Du bist der Höchste Brahman, die Höchste Wohnstatt, der Höchste Reiniger, die ewige, göttliche Person, der Ur-Gott, ungeboren und allgegenwärtig.
13. All die Weisen und Rishis, wie Narada, Asita, Devala und Vyasa, haben dich als solchen verkündet und nun erklärst du selbst es mir.
14. Ich akzeptiere alles, was du mir sagst, als Wahrheit, oh Krishna. Weder die Götter noch die Dämonen kennen das Ausmaß deiner göttlichen Herrlichkeit.
15. Du allein kennst dich selbst, o höchste Person, Ursprung aller Wesen, Gott der Götter, Herr des Universums.

> 16. Deshalb lehre mich ohne Vorbehalt deine göttlichen Herrlichkeiten, durch die du existierst und all diese Welten durchdringst.
> 17. O Meister des Yoga, wie soll ich meditieren, um dich zu erkennen? In welchen Aspekten oder Dingen, o gesegneter Herr, soll ich an dich denken?

Arjuna hat nun den Punkt der vollständigen Hingabe erreicht; er ist frei von Zweifel und sein Interesse steigt. Stelle dir nur einmal diese Situation vor, mitten auf dem Schlachtfeld führen diese beiden eine philosophische Diskussion und Arjuna möchte mehr über die Details der göttlichen Herrlichkeiten wissen.

> 18. O Krishna, erzähl mir noch einmal, von deiner yogischen Kraft und deinen göttlichen Herrlichkeiten. Ich werde dessen niemals überdrüssig, da jedes Wort Nektar der Unsterblichkeit ist.
>
> **Der gesegnete Herr sprach:**
> 19. Sehr gut, o Arjuna, ich werde dir meine göttlichen Herrlichkeiten ihrer Bedeutung nach kundtun, denn es gibt unendlich viele, mit unendlich vielen Details.
> 20. Ich bin das Selbst, das in den Herzen aller Wesen ist. Ich bin der Anfang, die Lebensspanne und auch das Ende aller Wesen.
> 21. Unter den Adityas bin ich Vishnu, unter den Himmelskörpern bin ich die strahlende Sonne, ich bin Marichi unter den Maruts; unter den Sternen bin ich der Mond.
> 22. Unter den Veden bin ich der Sama Veda; ich bin Vasava unter den Göttern; unter den Sinnen bin ich der Geist und ich bin das Bewusstsein in lebendigen Wesen.
> 23. Und unter den Rudras bin ich Shankara; unter den Yakshas und Rakshasas bin ich Kubera; unter den Vasus bin ich Pavaka, der Geist des Feuers, und unter den Gebirgsspitzen bin ich der Meru.
> 24. Ich bin Brihaspati, der herausragendste unter den Priestern; unter den Generälen bin ich Skanda; unter den Gewässern bin ich der Ozean.
> 25. Unter den großen Weisen bin ich Brighu; unter den Worten bin ich die heilige Silbe Om; unter den Opfergaben bin ich Japa; unter den unbeweglichen Dingen bin ich der Himalaya.

Krishna erklärt hier, dass die beste Art des Opferbringens Japa, die Wiederholung eines Mantras, ist. Durch die Wiederholung eines Mantras kann dein Geist vollkommen auf Gott fokussiert und Gott hingegeben sein. Du opferst deine niedere Natur, deine Bindung und deine Unwissenheit und im Gegenzug wirst du ein göttliches, erleuchtetes und befreites Wesen.

26. Ich bin der heilige Feigenbaum; unter den göttlichen Weisen bin ich Narada; unter den himmlischen Musikanten bin ich Chitraratha; unter den perfekten Seelen bin ich der weise Kapila.
27. Unter den Pferden bin ich der aus dem Ozean aus Nektar geborene Ucchaisravas; unter den königlichen Elefanten bin ich Airavata. Ich bin der König unter den Menschen.
28. Unter den Waffen bin ich der Blitz; unter den Kühen bin ich die wunscherfüllende Kuh Kamadhenu; ich bin der Urahne, der Gott der Liebe; unter den Schlangen bin ich Vasuki.
29. Ich bin Ananata unter den Nagas; ich bin Varuna unter den Wasser-Göttern; ich bin Aryaman unter den erhabenen Vorfahren; ich bin Yama unter den Lenkern des Universums.
30. Ich bin Prahlad unter den Dämonen; unter den Zählenden bin ich die Zeit; unter den Tieren bin ich der Löwe; und Garuda unter den Vögeln.
31. Unter den Reinigenden bin ich der Wind; ich bin Rama unter den Kriegern; unter den Fischen bin ich der Hai; unter den Flüssen bin ich der Ganges.
32. In der Schöpfung bin ich der Anfang, die Mitte und auch das Ende, o Arjuna! Unter den Wissenschaften bin ich die Wissenschaft des Selbst; ich bin die Logik unter den Debattierenden.
33. Im Alphabet bin ich der Buchstabe A; das Verbindende im Zusammengesetzten. Ich bin wahrlich die ewige Zeit; ich bin der Verteiler der Früchte von Handlungen; mein Gesicht ist überall.
34. Ich bin der alles verschlingende Tod; ich bin der Ursprung der noch nicht Geborenen; unter den weiblichen Eigenschaften bin ich Ruhm, Reichtum, Sprache, Erinnerung, Intelligenz, Stabilität und Vergebung.
35. Unter den vedischen Hymnen bin ich die Brihatsaman; ich bin Gayatri unter den Versmaßen; unter den Monaten bin ich Margasirsa; unter den Jahreszeiten bin ich die Blütezeit.
36. Ich bin das Spiel des Spielers; die Pracht des Prächtigen; die Stärke der Starken; ich bin Sieg und Bestimmung; ich bin die Güte des Guten.

37. Unter den Vrishnis bin ich Vasudeva; unter den Pandavas bin ich Arjuna; unter den Weisen bin ich Vyasa; unter den erleuchteten Poeten bin ich Usana.
38. Unter denen, die bestrafen, bin ich die Strafe; unter denen, die nach Sieg trachten, bin ich die Staatskunst; unter den Geheimnissen bin ich das Schweigen; ich bin die Erkenntnis unter den Wissenden.
39. O Arjuna, ich bin der göttliche Samen aller Wesen; es gibt kein Wesen, weder belebt noch unbelebt, das ohne mich existieren kann.
40. Es gibt weder ein Ende meiner göttlichen Manifestationen, noch können sie gezählt werden, o Arjuna, dies ist nur ein kurzer Einblick in meine göttlichen Herrlichkeiten.
41. Wie herrlich, wohlhabend oder machtvoll ein Wesen auch immer sein mag, wisse, dass es nur eine Manifestation eines Teils meiner Pracht ist.
42. Was nützt dir jedoch das Wissen all dieser Details, o Arjuna? Wisse nur, dass ich existiere und dass das gesamte Universum durch einen Bruchteil meines Wesens erhalten wird.

All dieses Wissen ist nutzlos, weil es den Geist nur verstopft. Wenn du weißt, dass Gott alles ist, wie kannst du behaupten, dass ein Aspekt Gottes besser ist als ein anderer? Der eine verehrt den Mond als Gott, weil er etwas Schönes in ihm anregt. Der andere verehrt die Sonne, weil sie für ihn heilig ist. Was für eine Form man auch verehren mag oder zu verehren auswählt, man sieht das Göttliche darin, so dass es hilft, das Bewusstsein zu erheben – Jeder hat seinen eignen persönlichen Gott.

Wenn du jedoch etwas verehrst, was dich herunterzieht, schlechte Qualitäten in dir anspricht, solltest du das ändern, weil es dir nicht hilft, dich weiter zu entwickeln. Wenn du beispielsweise Jesus verehrst und dich das inspiriert, Leute umzubringen, dann bist du fehlgeleitet. Jesus' Lehren sollen dich inspirieren, göttliche Eigenschaften zu entwickeln, nicht dämonische.

Was ist nun richtig und was ist falsch? Es ist richtig, wenn es dir hilft, dein Bewusstsein zu erheben und dich von deinem Aberglauben, der Unwissenheit und schlechten Eigenschaften wie Hass, Eifersucht, Neid, Angst und Begierde zu befreien.

In der Hindu-Tradition wird die Natur verehrt. Sie verehren den Regen: Wenn es nicht regnet, gibt es kein Leben. Sie verehren die Sonne: Warum kann die Sonne nicht Gott sein? Würde es ohne die Sonne irgendein Leben geben? Sie verehren den Mond, die Erde, den Ozean usw. Inwiefern ist das weniger religiös oder spirituell, als Jesus oder Shiva als den einzigen Gott zu verehren? Ich habe Allah oder Buddha niemals gesehen. Ich habe Vishnu nicht in meinem Garten gesehen. Wenn ich hungrig bin, legt Krishna dann Essen auf meinen Teller? Wenn ich anstelle von Jesus meine Pflanzen verehre; wenn ich spüre, dass mich das inspiriert und mir Fröhlichkeit, Glück und Frieden bringt, dann ist das mein Gott.

Deshalb sagt Krishna in den Puranas: „Warum verehrst du Indra? Verehre die Kuh, sie gibt dir Milch." Die Kuh ist heilig, nicht, weil Krishna sagt, du sollst die Kuh verehren, sondern weil die Menschen zu ihr einen Bezug wie zur Mutter haben, die Milch, Butter, Ghee und Käse gibt. Es geht dabei nicht darum, etwas für die Kuh zu tun, sondern für dich selbst; du kultivierst Wertschätzung und Dankbarkeit – dies sind göttliche Eigenschaften.

Du kannst sehen, wie die ganze Welt mit abergläubischem Unsinn beschäftigt ist – besonders was Gott betrifft. Es ist nicht falsch zu sagen, Jesus ist Gott, Buddha ist Gott, Rama ist Gott. Aber wenn deine Beziehung zu Gott dein Urteilsvermögen vernebelt und Verständnis und Offenheit für andere Formen der Verehrung verhindert, dann hast du etwas falsch verstanden.

So behandelt die glorreiche Bhagavad Gita, die Wissenschaft der Ewigkeit, die Schrift über den Yoga, der Dialog zwischen Shri Krishna und Arjuna über das Wissen des Selbst, das zehnte Kapitel mit dem Titel: „Der Yoga der göttlichen Herrlichkeiten".

KAPITEL 11: DIE SCHAU DER KOSMISCHEN GESTALT

Arjuna sprach:

1. Aus Barmherzigkeit hast du mich das höchste Geheimnis über das Selbst gelehrt. Durch deine Gnade ist meine Täuschung beseitigt.
2. O lotusäugiger Herr, ich habe von dir ausführlich von der Entstehung und der Zerstörung der Wesen und von deiner unerschöpflichen Größe gehört.
3. O höchster Herr, ich zweifle nicht, dass du derselbige bist, den du beschreibst. Dennoch sehne ich mich danach, deine göttliche Gestalt zu sehen.
4. O Herr, wenn du mich dieser Sicht für würdig hältst, dann, o Herr der Yogis, zeig mir dein unvergängliches Selbst.

So wie jeder andere auch, dessen Interesse durch das Hören all dieser erstaunlichen, wunderbaren Dinge über Gott geweckt worden ist, wie „Gott ist absolutes Wissen", möchte Arjuna das erfahren, er möchte Gott sehen.

Der gesegnete Herr sagte:

5. Sieh, o Arjuna, meine hunderten und tausenden verschiedenen Gestalten, göttlich und vielfältig in Farben und Formen.
6. Sieh die Adityas, die Vasus, die Rudras, die beiden Asvins und auch die Maruts. Sieh viele Wunder, die noch nie zuvor jemand gesehen hat.
7. Nun sieh, o Arjuna, das ganze Universum, alle beweglichen und unbeweglichen Wesen zusammengeballt in meinem Körper und was immer du noch zu sehen wünschst.
8. Doch du wirst nicht in der Lage sein, mich mit deinen menschlichen Augen so zu sehen. Ich gebe dir göttliche Sehkraft. Sieh meine großartige Göttlichkeit.

Wir alle erfahren Gott zu jeder Zeit in den drei Bewusstseinszuständen: Wach-, Traum- und traumloser Zustand. Das ist so natürlich für uns, dass wir es als selbstverständlich hinnehmen und nichts Besonderes darin sehen. Deshalb sehnen wir uns danach, Gott in seinem transzendenten Aspekt zu erfahren, den wir aufgrund des begrenzten Zustandes unseres Bewusstseins nicht wahrnehmen können. Die Yogis erfahren Gott in seinem transzendenten Zustand, wenn sie in Samadhi eintreten (den Zustand der Erleuchtung).

Krishna gibt Arjuna nun die göttliche Sehkraft, die Fähigkeit, die transzendente Sicht und was immer er sehen möchte zu erfahren.

Sanjaya sprach:
9. O König, nachdem er dieses gesprochen hatte, zeigte der große Herr des Yoga, Hari, Arjuna seine höchste und göttliche Gestalt.
10. Mit unzähligen Mündern und Augen, mit unzähligen wunderbaren Anblicken, verziert mit unzähligen göttlichen Ornamenten und unzählige göttliche Waffen schwingend.
11. Mit göttlichen Girlanden und Gewändern bekleidet, gesalbt mit himmlischen Düften, zeigte er sich als all-wunderbares strahlendes Wesen, endlos, mit Gesichtern überall.
12. Wenn der Glanz von tausend Sonnen auf einmal am Himmel auflodern würde, das wäre der Glanz dieses mächtigen Wesens.
13. Dort, in dem Körper des Gottes der Götter, sah Arjuna das ganze Universum, in seiner unüberschaubaren Vielfalt ruhend, als Eins.
14. Dann, gefüllt mit Staunen und mit gesträubten Haaren, verneigte Arjuna in Anbetung des Herrn seinen Kopf und sprach mit gefalteten Händen.

Normalerweise schätzen wir all die Geschenke, die Gott uns gegeben hat, nicht, wie die Fähigkeit, zu sehen, zu hören, zu riechen und zu fühlen. Stattdessen wollen wir außersinnliche Wahrnehmung! Dann hörst du, wie deine Frau schlecht über jemand anderen spricht oder deine Schüler tratschen. Als Nächstes hast du Visionen von jemand, der sterben wird. Was passiert? Du wirst verrückt! Gott hat dir Schutz gegeben, um in dieser Welt zu existieren und sie zu genießen. Wenn du durch richtige Lebensweise, richtiges Denken und richtige Praxis fortfährst, deinen Geist zu reinigen und die Sinne zu disziplinieren, dann entwickelst du dich auf natürliche Weise weiter. Dein Erwachen wird ein natürlicher Prozess. Du erhebst dein Bewusstsein allmählich, so dass dein Erwachen sanft stattfindet, nur mit schönen Erfahrungen.

Es gibt eine kleine Geschichte über einen Schüler, der von seinem Guru höheres Wissen erlernen möchte. Der Lehrer sagt zu ihm, dass er noch nicht bereit dafür sei. Aber der Schüler drängt ihn weiter, worauf der Lehrer zustimmt, ihn am nächsten Tag zu lehren. Er bittet den Schüler als Vorbereitung ein festliches Mahl zu kochen. Der Schüler bereitete ein Festmahl, als der Lehrer ihm jedoch eine dreckige Schale für das Essen gibt, weigert sich der Schüler, ihn zu bewirten, und sagt: „Aber Guruji, ich kann doch nicht dieses wunderbare Essen in die dreckige Schale geben!" Er antwortete: „Ich bin froh, dass du das siehst. Auf dieselbe Weise kann ich das reine göttliche Wissen nicht in deinen Geist geben, bevor du ihn gereinigt hast."

Arjuna sprach:

15. O Gott, ich sehe all die Gottheiten in deinem Körper und Heerscharen aller Arten von Lebewesen, Brahma, den Herrn, auf dem Lotus sitzend, all die Weisen und die himmlischen Schlangen.

16. Ich sehe dich in grenzenloser Gestalt auf jeder Seite, mit vielen Armen, Bäuchen, Mündern und Augen; ich sehe weder das Ende noch die Mitte, noch den Beginn, o Herr des Universums.

17. Ich sehe dich mit der Krone, der Keule und dem Diskus, einer Menge strahlendem Leuchten überall, dein göttlicher Glanz gleißend wie Sonne, lodernd rundum, unermesslich und sehr schwer anzuschauen.

18. Du bist der Unvergängliche, das höchste Wesen, wert es zu kennen. Du bist die große Schatzkammer des Universums. Du bist die älteste Person und der Hüter des ewigen Dharma.

19. Ich sehe dich ohne Anfang, Mitte oder Ende, unendlich in Macht, mit unzähligen Waffen, die Sonne und der Mond sind deine Augen, das brennende Feuer dein Mund, das ganze Universum mit deinem Leuchten erhitzend.

20. O Wesen mit großer Seele, der Raum zwischen Erde, Himmel und weit darüber hinaus wird von dir allein ausgefüllt. Nachdem ich das gesehen habe, deine wunderbare und deine schreckliche Gestalt, zittern die drei Welten vor Angst.

21. In dich gehen diese Heerscharen von Göttern ein; einige lobpreisen dich voller Ehrfurcht mit gefalteten Händen. Große Weise und perfekte Wesen singen betend dein Lob und deine Herrlichkeit: „Möge es allen gut gehen."

22. Die Rudras, Adityas, Vasus, Sadhyas, Visvedevas, die beiden Asvins, Maruts, die Vorfahren, die Heerscharen der himmlischen Sänger,

Yakshas, Dämonen und perfekten Wesen, schauen dich alle mit großem Erstaunen an.
23. Nachdem ich deine unermessliche Gestalt mit vielen Mündern und Augen, o mächtig Bewaffneter, mit vielen Armen, Oberschenkeln und Füßen, mit vielen Bäuchen und mit furchtbar vielen Zähnen gesehen habe, sind die Welten entsetzt und ich auch.
24. O Vishnu, während ich sehe, wie deine kosmische Gestalt den Himmel berührt, in vielen Farben strahlend, mit weit geöffneten Mündern, mit großen feurigen Augen, bin ich im Herzen entsetzt und finde weder Mut noch Frieden.
25. Nachdem ich deine Münder gesehen habe, die furchtbaren Zähne, lodernd wie die Feuer der kosmischen Auflösung, habe ich weder eine Orientierung, noch finde ich Frieden. Erbarme dich, o Herr der Götter, o Wohnstatt des Universums.
26. Alle Söhne Dhritarashtras mit den Heerscharen der Könige der Erde, Bhishma, Drona und Karna, mit dem Anführer unter allen unseren Kriegern,
27. Sie stürmen eilig in deine Münder mit den schrecklichen Zähnen und es ist furchtbar anzuschauen. Einige bleiben in den Lücken zwischen den Zähnen stecken, mit ihren Köpfen zu Staub zermalmt.
28. Genauso, wie viele Flüsse zum Meer hinrauschen, so stürzen sich diese Helden der menschlichen Welt in deine flammenden Münder.
29. Wie Motten eilig in das lodernde Feuer der Zerstörung flattern, so hasten auch diese Kreaturen zu ihrer eigenen Zerstörung eilig in deine Münder.
30. Alle Welten auf jeder Seite mit deinen flammenden Mündern verschlingend und aufleckend, verbrennen und verbrauchen deine wütenden Strahlen all die Welten, o Vishnu.
31. O höchster Gott in deiner schrecklichen Gestalt, sag mir, wer du wirklich bist, der du vor der Schöpfung existiert hast. Dein Werk und dein Wesen verwirren mich. Ich verneige mich dir zum Gruße, der du dich meiner erbarmst.

Arjuna erfährt die göttliche Sicht auf eine für ihn sehr erschreckende Weise. Er sieht Gott in seiner Ganzheit und sieht so auch Teile der Zukunft. Er sieht die Zerstörung und Auflösung vieler seiner geliebten Freunde und ebenso seiner Feinde. Weil sein Geist nicht vollständig bereit war, das zu erleben, überwältigt und verängstigt es ihn. Die Erfahrung ist zu viel für ihn, deshalb bittet er Krishna, ihm eine Gestalt zu zeigen, die sein Geist verstehen kann.

Der gesegnete Herr sprach:
32. Ich bin Zeit, die alles zerstört, nun im Begriff, die Welten zu zerstören. Auch ohne dich wird keiner der in den feindlichen Armeen aufgereihten Krieger überleben.

Hier zeigt Krishna Arjuna, dass das Schicksal dieser Krieger bereits bestimmt ist. Es ist ihr Karma, im Kampf zu sterben, mit oder ohne Arjunas Beteiligung.

33. Deshalb steh auf und bezwinge die Feinde. Genieße Ruhm, Glanz und das unübertroffene Königreich. O Arjuna, diese Krieger sind von mir bereits getötet worden. Du bist nur mein Werkzeug.

Das ist die Mystik hinter allem, was sich in diesem Universum ereignet. Auch wenn wir selbst zu handeln scheinen, tun wir es nicht. In Wirklichkeit sind wir nur Instrumente, durch die die göttliche Energie fließt.

34. Drona, Bhishma, Jayadratha, Karna und all die anderen mutigen Krieger sind bereits von mir erschlagen worden. Töte all diejenigen, die bereits zum Untergang geweiht sind. Quäle dich nicht mit der Angst. Kämpfe, und du wirst deine Feinde im Gefecht besiegen.

Sanjaya sprach:
35. Nachdem Arjuna diese Worte von Lord Krishna gehört hatte, wandte er sich mit gefalteten Händen, zitternd vor Angst, sich vor ihm niederwerfend und mit zugeschnürter Kehle noch einmal an Krishna.

Arjuna sprach:
36. O Krishna, es ist richtig, dass die Welt dich mit Freude und Entzücken lobpreist. Dämonen fliehen angsterfüllt in alle Richtungen und die vielen perfekten Wesen verbeugen sich in Anbetung vor dir.
37. O großer Herr, warum sollten sie sich nicht vor dir, der größer ist als alles sonst, verneigen? Du, der erste Ursprung selbst von Brahma, dem Schöpfer. O unendliches Wesen! O Herr der Götter! O Wohnstätte des Universums! Du bist das Unvergängliche, das, was ist, und das, was

nicht ist, und das Höchste jenseits der Dualität von Sein und Nichtsein.
38. Du bist der Ur-Gott, der Ur-Purusha, der höchste Zufluchtsort des Universums, das Wissende, das Erkennbare und die oberste Wohnstatt. Von dir wird das Universum durchdrungen, o Wesen der unendlichen Gestalten.
39. Du bist Vayu, Herr des Windes; Yama, Herr des Todes; Agni, Herr des Feuers; Varuna, Herr des Wassers. Du bist der Mond, der Schöpfer Prajapati und der Ur-Großvater. Ich verehre dich und verneige mich immer wieder vor dir.
40. Verehrungen für dich von überall. O Herr der unendlichen Macht und Fähigkeiten, du durchdringst alles, darum bist du alles.
41. Achtlos wandte ich mich an dich als Krishna, Yadava oder betrachtete dich nur als Freund. Ich war von Liebe überwältigt und mir deiner Größe nicht bewusst;
42. O Achyuta, in welcher Weise ich dich auch immer aus Spaß beleidigt haben mag, während wir zusammen oder mit anderen spielten, ausruhten, saßen oder zusammen aßen, ich flehe dich an, o Unermesslicher, mir zu verzeihen.

Arjuna erkennt Krishna als den Allmächtigen und schämt sich nun, dass er ihn sein ganzes Leben wie seinesgleichen behandelt hat. Er bittet Krishna um Vergebung und erklärt, dass sein Handeln und seine Verhaltensweise von Unwissenheit geleitet wurden.

43. O Wesen der unermesslichen Macht, du bist der Vater dieser unbelebten und belebten Welt. Du allein bist es wert, verehrt zu werden. Du bist der größte Meister, denn niemand gleicht dir in den drei Welten.
44. Deshalb verbeuge ich mich und werfe mich vor dir nieder, ich flehe dich an, mir zu vergeben, o anbetungswürdiger Herr. Wie ein Vater seinem Sohn, ein Freund seinem Gefährten, ein Liebhaber seiner Geliebten verzeiht, so gewähre auch du mir Vergebung, o Herr.
45. Es freut mich zutiefst, zu sehen, was noch nie zuvor gesehen wurde, und dennoch ist mein Geist von Angst gequält. Zeige dich mir in deiner mir bisher vertrauten Gestalt, o Gott. Hab Erbarmen mit mir, o Gott der Götter, o Wohnstatt des Universums.

46. O tausendarmiges, kosmisches Wesen, ich möchte dich wie vorher mit vier Armen sehen, Keule, Diskus und eine Krone tragend.

Der gesegnete Herr sprach:
47. O Arjuna, weil ich dich liebe, zeige ich dir diese kosmische Gestalt, durch meine yogische Kraft, voller Pracht, urzeitlich und unendlich. Kein anderer außer dir hat je zuvor diese meine kosmische Gestalt gesehen.
48. Weder durch das Studium der Veden noch durch Opfer, Gaben, Rituale oder harte Disziplin kann irgendein anderer Sterblicher sehen, was du gesehen hast, o großer Held der Kurus.
49. Du musst keine Angst mehr haben oder durch den Anblick solch einer schrecklichen Gestalt von mir verwirrt sein. Sei froh und mutig und vertreibe deine Angst voll und ganz, jetzt sieh mich wieder in meiner ursprünglichen Gestalt.

Sanjaya sprach:
50. Nachdem er so zu Arjuna gesprochen hatte, nahm der gesegnete Herr wieder die sanfte Gestalt von Krishna an, die dem Gepeinigten Trost und Frieden spendete.

Arjuna sprach:
51. O Krishna, jetzt, wo ich wieder deine menschliche Gestalt sehe, komme ich wieder zu mir.

Arjunas Erfahrung mahnt uns, uns sehr bewusst darüber zu sein, wonach wir verlangen, weil es Wirklichkeit wird. Wähle deine Ziele und Wünsche sehr sorgfältig, so dass sie dich nicht überwältigen und erschrecken, wenn sie sich irgendwann materialisieren.

Der gesegnete Herr sprach:
52. Die Vision, die du hattest, ist sehr schwer zu erlangen, selbst die Götter sehnen sich ständig danach.
53. Weder durch das Studium der Veden noch durch Disziplin, Gaben oder Opfer kann ich in dieser Gestalt gesehen werden, wie du mich gesehen hast.
54. Jedoch durch aufrichtige Hingabe kannst du diese Form meines Seins verstehen, sehen und auch, o Arjuna, in sie eintauchen.

55. Wer alle Handlungen mir widmet, wer zu mir aufschaut als dem Höchsten, wer sich mir hingibt, wer frei von allen Anhaftungen ist und wer keine Feindschaft gegenüber jeglichem Geschöpf hegt, derjenige kommt zu mir, o Arjuna!

Wir alle haben verschiedene Ebenen unseres Bewusstseins mit allen möglichen Fantasien und Erwartungen. Die Art der Gestalten, die Arjuna sieht, ist abhängig von seinem Bewusstseinszustand. Er ist ein Krieger, so sah er den Tag des Jüngsten Gerichts.

Gott zeigt ihm: „Ich habe all diese Leute bereits getötet. Sie sind bereits tot. Nun tu deine Pflicht und erlange die Befreiung. Befreie dich selbst." Und er sagt dir, wie du es tun musst: Tue es nicht mit Böswilligkeit oder ähnlichem. Es ist eine Aufgabe. Wenn ein Sannyasin versucht zu töten, dann erniedrigt es sein Bewusstsein, weil es nicht seine Aufgabe ist. Zum Beispiel als Dhronacharya, ein Brahmane, die Pandavas (Arjuna und seine Brüder) gelehrt hat, mit Waffen umzugehen, hat das für Verwirrung und Schande gesorgt. Wenn ein Brahmane (ein Yogi oder ein Priester) zur Waffe greift und den Umgang mit Waffen lehrt, bringt das die Welt aus dem Gleichgewicht.

Damit Zerstörung stattfinden kann, muss Degradierung und Verwirrung existieren. In der Mahabarata wird das sehr deutlich beschrieben, allmählich, nach und nach finden Degradierung, Verwirrung und Korruption statt. Und das passiert auf allen Ebenen, ob in der Familie zwischen Mann und Frau oder in viel größerem Rahmen, wie in der Gesellschaft oder in Völkern. Nach und nach geschieht die Herabsetzung und Verwirrung des Geistes. Es mag mit einer kleinen Sache beginnen und dann wird es immer größer. Ein Samen, der in den Geist eines Menschen gepflanzt wurde, kann teuflische Ausmaße annehmen. Deshalb müssen wir genau auf unsere Denkprozesse achtgeben. Versichere dich, dass du dich von negativen, herunterziehenden Gedanken befreist. Erlaube der Negativität nicht, zu keimen und deinen Geist zu verunreinigen; jeder kleine Funke von Negativität kann der Beginn deiner eigenen Zerstörung werden.

Was erfährt ein Yogi, der den Geist transzendiert und den vierten Bewusstseinszustand, Samadhi, erreicht hat? Er erfährt Gott als Glückseligkeit. Arjuna erfuhr Gott als Zerstörung, den Zerstörer, weil er damit zu tun hatte. Er hatte noch nicht den transzendentalen Zustand erreicht.

Sieh, wie viel Anstrengung es bedeutet, Göttlichkeit zum Ausdruck zu bringen. Krishna fährt fort, diese Göttlichkeit zu beschreiben, aber es gibt dir nur eine oberflächliche Vorstellung. Deshalb sehe ich nicht die Notwendigkeit, jeden Shloka in diesem Kapitel zu erläutern. Eine allgemeine Erläuterung ist ausreichend.

Im zehnten Kapitel sieht Krishna, dass Arjuna sehr interessiert ist und nicht länger zweifelt. Arjuna genießt es, dem Wissen zur Selbsterkenntnis zu lauschen. Auf Grund seines Interesses und Wissensdurstes bittet Arjuna Krishna, mit den Schilderungen über seine Herrlichkeiten und Manifestationen fortzufahren. Krishna hat so viel Interesse in ihm geschürt. Darum fährt Krishna fort, ihm von seinen unzähligen göttlichen Gestalten zu erzählen. Wenn du von einem Lehrer lernst, der dir von all den Dingen erzählt, die er tun kann, was ist der nächste Schritt? Du möchtest, dass er dir seine Fähigkeiten demonstriert. Und so verlieh Krishna ihm die Fähigkeit, ihn in seiner universellen Gestalt zu sehen.

All diese Dinge, wie das Studium der Veden, Entbehrungen, Disziplin, Opfer darbringen, Rituale, Nächstenliebe usw., sind nur die Vorbereitungen. Es ist dasselbe, wie wenn du dich badest, bevor du Sadhana machst. Diese Dinge tust du, um dich zu reinigen, so dass du aufrichtige und intensive Hingabe empfinden kannst, was bedeutet, dass dein Geist in deiner Meditation nicht umherflattert, sondern direkt auf dein Ideal ausgerichtet ist. Durch diesen Prozess bist du in der Lage, diese relative Erfahrung oder diesen relativen Zustand deines Bewusstseins zu transzendieren und die höhere Wirklichkeit, dein höheres Selbst, zu erfahren. Und weil dein Geist dann bereit ist, wird es eine glückliche, freudvolle und wunderschöne Erfahrung sein.

So behandelt die glorreiche Bhagavad Gita, die Wissenschaft der Ewigkeit, die Schrift über den Yoga, der Dialog zwischen Shri Krishna und Arjuna über das Wissen des Selbst, das elfte Kapitel mit dem Titel:
„Die Schau der kosmischen Gestalt".

KAPITEL 12: DER YOGA DER HINGABE

In diesem Kapitel erläutert Krishna den Yoga der Hingabe an Gott. Wie bereits verdeutlicht, vereinen wir im Sampoorna-Yoga die sechs Hauptsysteme des Yoga auf intelligente Art und Weise miteinander, um eine harmonische und ausgeglichene Persönlichkeit zu formen. Diese Systeme sind Hatha-, Raja-, Karma-, Bhakti-, Gyan- und Nada-Yoga. Jedes von ihnen stellt angemessene Übungen zur Verfügung, um den Geist von seinen Fehlern zu befreien und das Individuum vom Groben zum Feinen hin zu transformieren, mit anderen Worten, um einen Zustand der Stille zu schaffen, in dem man die Einheit mit dem wahren Selbst, dem Göttlichen, erfährt.

Wenn du den Anleitungen von jemandem mit dem nötigen Wissen, dem nötigen Verständnis und der nötigen Erfahrung folgst und sie mit unerschütterlichem Vertrauen und Enthusiasmus ausführst, wirst du zweifellos eine Transformation erleben. Du wirst den Geist von seinen niederen Aspekten wie Lust, Wut, Gier, Hass, Eifersucht, Neid und Angst befreien, indem du göttliche Qualitäten wie Liebe, Mitgefühl, Großzügigkeit, Vergebung, Toleranz, Geduld usw. entwickelst. Je mehr du diese Qualitäten in deine Persönlichkeit integrierst, umso mehr Shantih oder Geistesruhe wirst du erfahren.

Alle großen Meister, Avatare, Rishis, Heiligen, Schriften und Religionen lehren die gleiche Wahrheit. Sie beschreiben verschiedene Praktiken als Fundament eines spirituelles Lebens und zur Entfaltung des eigenen spirituellen Wesens. Wir bestehen aus verschiedenen Aspekten wie Körper, Sinne, Geist, Intellekt, Ego usw., eine harmonische Integration all dieser Systeme wird den Prozess der Entfaltung beschleunigen.

Da wir alle unsere eigene Persönlichkeit und unsere eigenen Neigungen haben, fühlt sich jeder von unterschiedlichen Aspekten spiritueller Praxis angezogen. So bist du vielleicht ein hingebungsvoller Mensch; vielleicht gehst du ganz im selbstlosen Dienst auf; vielleicht neigt dein Verstand dazu, alles zu durchgründen, und alles muss deiner Analyse und Logik gerecht werden; vielleicht fühlst du dich in der Kontemplation zu Hause und möchtest zurückgezogen und alleine leben; oder vielleicht genießt du einfach göttliche Schwingungen und verlierst dich in der Wonne des Nada-Yoga.

All diese verschiedenen Persönlichkeiten können durch jedes einzelne der erwähnten Systeme angemessene Führung erhalten. Dennoch ist es möglich, dass ein Ungleichgewicht entsteht, wodurch du den Entfaltungsprozess nicht vollständig genießen kannst, auch wenn du beharrlich und voller Vertrauen einen dieser Wege zur Erleuchtung beschreitest. All diese Systeme sinnvoll zu inkorporieren, wie dies im Sampoorna-Yoga getan wird, verhilft dagegen zu guter Gesundheit, einem ruhigen Geist, Freude und Glückserleben bei gleichzeitiger Entfaltung und Entschleierung deines wahren Selbst. Dies ist das Geheimnis einer erfolgreichen spirituellen Praxis.

Shankaracharya erklärt die Hingabe zum höchsten Erleuchtungsweg; sie ist das ernsthafte Bemühen, das Selbst zu erkennen. Behalte dies im Blick, damit du dich nicht in Aberglauben, Täuschung und Fanatismus verstrickst.

Die meisten Menschen wissen nicht oder kümmern sich nicht darum, was Hingabe an Gott wirklich bedeutet. Ihre Beziehung zu Gott und Spiritualität ist abergläubisch und oberflächlich. Sie wenden sich Gott nur dann zu, wenn sie in Not sind oder etwas Bestimmtes brauchen, und denken lediglich an Vergnügen und Genuss. Wenn sie dann jedoch Körper, Geist und Sinne missbrauchen und daraufhin krank werden und leiden, beschuldigen sie Gott, dass Er sie in diese Lage gebracht hat.

Nur selten betet jemand um spirituelles Verständnis und einen reinen Geist. Noch seltener sind diejenigen, die es einfach genießen, Gott zu preisen und sagen: „Warum sollte ich dich um irgendetwas bitten? Mein Gott, bitte nimm niemals dein wundervolles Abbild von meinem geistigen Auge!" Eine solche Haltung hat der wahre Bhakta, der wahre Verehrer Gottes. Er erfreut sich daran, Seine Herrlichkeit zu preisen und Seinen Namen zu singen, ohne an materielle Belohnung zu denken. Er weiß, dass Gott ihm immer alles gegeben hat und ihm immer alles geben wird, was er braucht.

Gott hat uns mit einem menschlichen Körper, guter Gesundheit, Geist, Sinnen, Verstand, Ego und Selbstbewusstsein gesegnet. In diesen befinden sich die Kräfte Gottes. Er hat all seine Kräfte in uns investiert; warum sollten wir Ihn also noch um mehr bitten, anstatt Ihn zu verehren und Ihn in allen seinen Formen zu loben?

Zu verstehen, dass Hingabe ernsthaftes Streben ist, das Selbst zu erkennen, wird dir helfen, dich über Aberglauben und Täuschung zu erheben, und bewahrt dich davor, Fanatiker zu werden. Der gesamte Prozess der Transformation ist die Wissenschaft, dich kontinuierlich zu verfeinern und zu reinigen, um mit deinem wahren Wesen, dem, was du wirklich bist, in Kontakt zu kommen.

Da du ein verkörpertes Wesen bist, das in einem Zustand der Dualität existiert und das mit Hilfe von Sinnen, Geist, Verstand und Ego funktioniert, versucht der Geist, Gott zu analysieren und in eine Form zu pressen. Wenn man Bhakti-Yoga praktiziert, sucht man sich einen Aspekt Gottes als das gewählte Ideal, den Ishta Devata, aus. Dieser Aspekt Gottes, z.B. Jesus, Krishna, Buddha oder Rama, wird deine Leitfigur, dein Vorbild, das ununterbrochen dein Bewusstsein erhebt. Dieser Pfad wird als der einfachste angesehen, weil jeder ihn praktizieren kann, ob man ein intellektueller Mensch, ein ungebildeter oder irgendetwas dazwischen ist. Einem ungebildeten Menschen gelingt es wahrscheinlich leichter, seine Entwicklung zu beschleunigen, weil sein Leben nicht kompliziert, sondern schlicht und sein Geist nicht mit einer Fülle an Informationen verstopft ist. Je einfacher du dein Leben gestaltest, umso einfacher wird es, den Lehren deines Gurus vollständig zu vertrauen und diese ohne Vorbehalte in die Tat umzusetzen. Ein klassisches Beispiel ist Shabari im Ramayana, der Lebensgeschichte von Rama. Sie war ein einfaches Dienstmädchen, doch sie vertraute ihrem Guru vollständig und erreichte den Gipfel der Entwicklung. Im Ramayana bittet Shabari Rama: „Herr, bitte, lehre mich den Weg des Bhakti.“, woraufhin Rama diesen in neun Stufen erläutert („nava-vidha bhakti“):

„Die erste Stufe ist Satsang oder Gesellschaft von Gottes-Verehrern, die von Liebe wie berauscht sind.

Die zweite ist es, sich daran zu erfreuen, meine nektargleichen Geschichten zu hören.

Die dritte, seinem Guru zu dienen.

Die vierte, mir zu Ehren Bhajans und Kirtan zu singen.

Die fünfte ist Japa: mein Mantra zu wiederholen und zu singen.

Die sechste Stufe des Bhakti ist es, immer dem zu folgen, was die Schriften vorschreiben, die Sinne zu zügeln, einen edlen Charakter zu entwickeln und selbstlos zu handeln.

Die siebte ist es, mich überall in der Welt verkörpert zu sehen und meine Heiligen noch mehr als mich selbst zu verehren.

Die achte, in niemandem Fehler zu finden und zufrieden mit seinem Schicksal zu sein.

Die neunte und höchste Stufe ist vorbehaltlose Hingabe mit vollständigem Vertrauen in meine Stärke.
Shabari, jeder, der eine dieser neun Stufen meines Bhakti praktiziert, bereitet mir die größte Freude und erreicht mich ohne Zweifel."

****

Das Bhagavata-Purana lehrt neun ähnliche Aspekte des Bhakti, wie wir von Prahlada erfahren:
(1) Sravana (die überlieferten Geschichten von Krishna und seinen Gefährten „hören"),
(2) Kirtana („loben", üblicherweise extatischer Gruppengesang),
(3) Smara („erinnern", den Geist auf Gott ausrichten),
(4) Pada-sevana („dienen"),
(5) Arcana (ein Bild Gottes „verehren"),
(6) Vandana („huldigen"),
(7) Dasya („Unterwürfigkeit"),
(8) Skhya („Freundschaft"),
(9) Atma-nivedana („Selbsthingabe").

Wenn die Hingabe des Bhakta zunimmt, vergisst er sich selbst völlig. Diesen Zustand nennt man „Bhava". Eine feste Beziehung zwischen dem Bhakta und Gott entsteht.

Ein Bhakta kann unterschiedliche Beziehungen zu Gott haben, zum Beispiel:

Shanta-Bhava – der Bhakta ist voller Frieden. Er springt und tanzt nicht. Er ist nicht übermäßig emotional. Sein Herz ist gefüllt mit Liebe und Freude.

Dasya-Bhava – der Bhakta hat die Haltung eines Dieners; er dient dem Herrn aus ganzem Herzen. Dies erfüllt ihn mit Freude und Wonne, wie z.B. Hanuman im Ramayana.

Sakhya-Bhava – der Bhakta sieht Gott als seinen besten Freund. Er steht mit ihm auf einer Stufe. Arjuna und Krishna pflegten wie die besten Freunde zusammen zu sitzen, zu essen, zu reden und spazieren zu gehen.

Vatsalya-Bhava – der Bhakta sieht Gott als sein Kind. Yasoda, Krishnas Mutter, hatte dieses Bhava mit Lord Krishna. Es ist völlig frei von Ängsten, weil Gott dein Kind ist. Der Bhakta dient und nährt das Kind und fühlt für Gott so wie eine Mutter für ihr Kind.

Madhurya-Bhava oder Kanta-Bhava – Dies ist die höchste Form des Bhakti. Der Bhakta sieht den Herrn als seine Geliebte / ihren Geliebten wie in der Beziehung zwischen Radha und Krishna. Wenn Geliebte und Geliebter eins werden, wird dies Atma-Samarpana genannt. Der Bhakta und Gott fühlen sich eins miteinander und halten das Getrenntsein dennoch aufrecht, um das wonnige Spiel der Liebe zwischen ihnen genießen zu können. Lord Gauranga, Jayadeva, Mira und Andal hatten dieses Bhava.

Um den wonnevollen Zustand eines dieser Bhavas zu erleben, musst du dich zunächst für eines entscheiden, dich darauf konzentrieren, es praktizieren und es zum Normalzustand deines Denkens und Erlebens werden lassen. Wenn du mit der Praxis von Bhakti-Yoga fortfährst, wirst du schon bald die Wirkungen in deinem täglichen Leben spüren; es wir dich mit Süße, Schönheit und Liebe bereichern.

Die Bhagavad Gita beschreibt die Anzeichen von jemandem, der diesen Zustand der Erleuchtung durch Bhakti-Yoga erreicht hat.

Arjuna sagte:

1. Manche verehren dich mit unerschütterlicher Liebe, andere verehren das Unvergängliche und Unmanifeste; welche von beiden haben ein besseres Verständnis von Yoga?

Der gesegnete Herr sprach:

2. Diejenigen, die ihren Geist mit unerschütterlichem Glauben auf mich richten und mich voller Liebe und Hingabe ehren, sind besser im Yoga verwurzelt.
3. Diejenigen, die das Unvergängliche, Unmanifeste, Allgegenwärtige, Undenkbare, Ewige und Unbewegliche verehren,
4. alle Sinne gezügelt, stets gleichmütig und auf das Wohl aller Wesen bedacht, auch diese gelangen sicherlich zu mir.
5. Der Weg derer ist beschwerlicher, die ihren Geist auf das Unmanifeste richten, denn das Ziel des Unmanifesten ist für den Verkörperten nur schwer zu erreichen.

Wenn du dem Weg des Gyan-Yoga, des Yoga der intellektuellen Untersuchung, folgen und Gott als das Unmanifeste verehren möchtest, musst du die Sinne und niederen Emotionen bereits unter Kontrolle haben. Du musst die Gegensatzpaare transzendiert haben und in der Lage sein, das Göttliche in allem zu erkennen. Ohne diese Grundvoraussetzungen ist es unmöglich, sich auf das Unmanifeste zu konzentrieren, da unser Geist etwas braucht, an dem er sich festhalten kann. Deshalb empfiehlt Krishna, sich auf einen bestimmten Aspekt Gottes zu konzentrieren. Nur sehr wenige Menschen erfüllen die Voraussetzungen für den Pfad des Gyan-Yoga.

> 6. Schnell komme ich zu denen, die mich verehren, die mir ihre Taten darbringen, die mich als höchstes Ziel ansehen und die mit fokussiertem Geist auf mich meditieren.
> 7. Da ihr Geist in mir verweilt, o Arjuna, werde ich ihr Retter und befreie sie aus dem tödlichen Meer des Samsara.

Wenn man seine Pflichten im Sinne des Karma-Yoga erfüllt und dadurch den Geist gereinigt hat, wird man von seinen Fehlern befreit und dadurch vom Rad von Tod und Leben.

> 8. Richte deinen Geist allein auf mich, gehe in mir auf, dann wirst du hier und hiernach zweifellos in mir leben.

Nach vielen Leben ausdauender Sadhanas, wie oben beschrieben, wird der Bhakta Schritt für Schritt transformiert und nimmt alle Eigenschaften seines Ishta Devata an; er geht in ihm auf. Genauso wie ein Wassertropfen, der in den Ozean eingeht und selbst der Ozean wird, wird auch der Bhakta eins mit seinem Ishta Devata.

> 9. Wenn es dir nicht gelingt, in mir aufzugehen, dann versuche mich durch das Yoga der ununterbrochenen Praxis zu erreichen, o Arjuna.

Der Zustand der vollständigen konzentrierten Hingabe, in dem der Geist nicht wankt und man eins mit dem Ishta Devata wird, der Zustand, der Samadhi genannt wird, ist sehr schwer zu erreichen. Wenn er für dich noch nicht erreichbar ist, dann versuche, den Geist zu konzentrieren, indem du dein Mantra wiederholst. Singe Bhajans und Kirtan und wiederhole auch immer dann ihr Mantra, wenn du Pflichten nachgehst, die nicht deine volle Aufmerksamkeit erfordern. Dies hilft dabei, den Geist Schritt für Schritt zu erheben, bis du bereit bist für die Erleuchtung.

> 10. Wenn es dir selbst nicht gelingt, dieses Abhyasa-Yoga zu praktizieren, dann widme alle deine Taten mir. Wenn du dies tust, wirst du Vollkommenheit erreichen.

Wenn Meditation nicht das Richtige für dich ist, dann übe Karma-Yoga. Erfülle deine Pflichten im Namen ihres Gottes, wie Mutter Theresa, die auf die Frage „Sie fühlen sich sicherlich sehr gut, weil Sie all diesen armen Menschen helfen?" antwortete: „Ich sehe das anders. Mein Herr hat mir die Gelegenheit gegeben, ihm zu dienen." Ganz gleich, ob jemand wie Mutter Theresa Jesus in denjenigen Menschen sieht, denen sie hilft, oder sich selbst als Werkzeug oder ‚verlängerten Arm' von Jesus sieht, sie dient Gott.

> 11. Wenn du auch das nicht kannst, dann suche Zuflucht in mir, zügle die Begierde in deinem Herzen und entsage allen Früchten deiner Taten.

Wenn der Geist unruhig ist, stehe auf und tue etwas Nützliches. Wenn man sich als Diener Gottes fühlt, dann ist es leicht, seine Pflichten als Opfergabe an Gott zu erfüllen. Du wirst dich an der Gesellschaft von Menschen mit der gleichen Einstellung erfreuen, mit ihnen über Spiritualität reden und von der Herrlichkeit Gottes hören. Seinen Namen zu singen und zu preisen ist dann etwas ganz Natürliches. All dies trägt dazu bei, den Geist im Gottesbewusstsein zu versenken. Die Praxis von Bhakti-Yoga ist so einfach und fruchtbar. Jeder kann sie auf die eine oder andere Weise üben. Du solltest die anderen Yogasysteme jedoch auch in deine Praxis integrieren, um eine harmonische Entwicklung zu erreichen. So ist es beispielsweise sehr hilfreich, gesund zu sein, um seine Pflichten besser erfüllen können. Hierzu dient die Wissenschaft des Hatha-Yoga.

> 12. Sich mit dem richtigen Verständnis zu konzentrieren ist besser, als mechanisch Rituale und Gebete zu absolvieren. Meditation und Versenkung in Gott ist besser als Konzentration. Doch noch besser, als zu meditieren, ist es, den Früchten aller Taten zu entsagen, da dies der Seele sofort Ruhe schenkt.

Manche Leute wiederholen ihre Gebete auf mechanische Art und Weise, während ihre Gedanken ständig irgendwo anders sind. Wenn der Geist konzentriert sein kann, ist das viel besser. Wir lesen z.B. in der Bibel von einer Frau, die in den Tempel kommt, um am Altar Opfergaben darzubringen. Jesus sah, wie unruhig und aufgewühlt sie war, und er sagte zu ihr: „Lasse deine Opfergaben hier und bringe das ins Reine, was zwischen dir und deinem Nachbarn steht. Komm dann zurück und bringe deine Opfer dar."

Eine noch tiefere Erfahrung ist es, in Gott aufzugehen, sich also über die Konzentration, über das Reich des Geistes hinauszubewegen und eins mit ihm zu werden. Doch Krishna stellt fest, dass es selbst noch besser ist, einen Zustand zu erreichen, in dem man auf die Früchte aller Taten verzichtet, weil dies der Seele sofort Ruhe schenkt. Dies gilt für alle Ebenen. Wenn es dir gelingt, deine Vorstellungen, dein geistiges Durcheinander und die Dinge, die dich binden, loszulassen, dann fühlst du dich sofort frei. Deshalb verringern manche Yogis so lange ihre Besitztümer, bis sie nur noch einen Lendenschurz haben. Natürlich braucht dies nicht jeder zu machen; Loslösung muss im Geiste stattfinden. Du kannst ruhig weiterhin dein Haus und deine Besitztümer genießen, aber verhafte dich nicht an sie. Behalte immer im Hinterkopf, dass du Freiheit und Befreiung anstrebst. Wenn du dich noch nicht einmal von materiellen Dingen und Identifikationen mit dem Äußeren lösen kannst, wie willst du dann Freiheit auf höherer Ebene erlangen? Entsagung führt direkt zu Seelenfrieden. Wenn man einen Punkt erreicht, in dem es kein Verlangen mehr gibt, erreicht man Sampoorna, Fülle. Dann ist man durch nichts mehr gebunden. Entsagung bedeutet, nicht einfach alle Objekte und Dinge aufzugeben, sondern vielmehr eine bestimmte Haltung ihnen gegenüber zu entwickeln. Entsagung hängt auch von den Lebensumständen ab. Ein König kann seinen königlichen Pflichten nicht im Lendenschurz nachkommen. Ein Krieger kann nicht effektiv kämpfen, wenn er lediglich eine Mala (Gebetskette) in der Hand hält. Als Familienvater kann man seinen Kindern nicht einfach sagen: „Wenn ihr hungrig seid, setzt euch hin und betet zu Gott."

Im Folgenden beschreibt Krishna sehr schön die Eigenschaften eines Menschen, der den Zustand der Fülle und des Friedens gefunden hat:

> 13. Derjenige, der kein Geschöpf hasst, freundlich zu allen und frei von Anhaftung und Egoismus ist, ausgeglichen in Vergnügen und Schmerz und nachsichtig,
> 14. wer stets zufrieden ist, stetig in der Meditation, unerschütterlich entschlossen und beherrscht, derjenige, dessen Geist und Verstand mir gewidmet ist, dieser Gottesverehrer liegt mir sehr am Herzen.

15. Wer durch die Welt nicht beunruhigt wird und nicht durch die Welt beunruhigt werden kann, wer befreit ist von Freude, Neid, Furcht und Angst, liegt mir sehr am Herzen.
16. Derjenige, der rein ist und frei von Wünschen, der vorzüglich mit dem Unerwarteten umgeht, der auf alles vorbereitet ist, unbesorgt und von allem ungestört, unbekümmert über seine Erfolge, liegt mir sehr am Herzen.
17. Derjenige, der weder nach dem Angenehmen verlangt noch sich darüber freut, der das Unangenehme weder hasst noch darüber klagt, der ausgeglichen bleibt bei Glück oder Pech und der voller Hingabe ist, liegt mir sehr am Herzen.
18. Seine Haltung gegenüber Feind und Freund ist die gleiche. Er ist gleichmütig gegenüber Lob und Tadel, Kälte und Hitze, Vergnügen und Schmerz. Er ist frei von Anhaftung.

Wenn man den Zustand erreicht, in dem man die Quelle berührt und erlebt, dass man „eins mit dem Vater" ist, ist niemand mehr Freund oder Feind. Man sieht das Selbst in allem. Darum sah jemand wie Jesus keine Freunde und Feinde. Er sagte: „Vergib ihnen, Vater, denn sie wissen nicht, was sie tun." Sie sind lediglich in die Irre geführte Leute. Der Erleuchtete ist gleichgültig gegenüber Lob und Beleidigung, denn wer ist es, der ihn ehrt oder beleidigt? Du wirst feststellen, dass unwissende Leute die Gesellschaft noch unwissenderer Leute suchen, weil sie von diesen gerühmt werden. Sie wollen nicht mit jemandem zusammen sein, der intelligent oder erleuchtet ist, weil sie nichts über ihre eigenen Fehler hören wollen. Der Yogi weiß, dass Ehre und Lob nichts als Futter für das Ego sind, dass Hitze und Kälte nur den Körper betreffen und Vergnügen und Schmerz nur den Geist, und deshalb ist er ihnen gegenüber gleichmütig.

19. Für wen Kritik und Lob das Gleiche ist, der seine Sprache beherrscht, mit allem zufrieden und heimatlos ist, der seinen Geist auf mich konzentriert und voller Hingabe ist, der liegt mir sehr am Herzen.
20. Dieses ewige Dharma, das ich soeben gelehrt habe, führt dich in die Unsterblichkeit. Diejenigen, die es voller Vertrauen und Hingabe mit mir als höchstem Ziel praktizieren, diese Verehrer liegen mir zutiefst am Herzen.

Das höchste Ziel ist die Selbstverwirklichung, zu erkennen, wer wir wirklich sind. Alles, was wir tun, alle Tapas und Sadhana, sollte dabei helfen, jene Eigenschaften in uns zu erzeugen, die bewirken, dass der Geist gereinigt wird, befreit von allen Ablenkungen, und wir fest im Selbst verwurzelt werden.

So behandelt die glorreiche Bhagavad Gita, die Wissenschaft der Ewigkeit, die Schrift über den Yoga, der Dialog zwischen Shri Krishna und Arjuna über das Wissen des Selbst, das zwölfte Kapitel mit dem Titel:
„Der Yoga der Hingabe“.

KAPITEL 13: DER YOGA DER UNTERSCHEIDUNG ZWISCHEN DEM FELD UND DEM KENNER DES FELDES

Arjuna sagte:
1. Ich möchte gerne über Prakriti und Brahman lernen, das Feld und den Kenner des Feldes, Wissen und was zu wissen nötig ist.

Der gesegnete Herr sprach:
2. O Arjuna, der Körper wird Feld genannt, weil wir die Samen des Karmas hineinsäen und die Früchte ernten. Der Weise sagt, dass der, der beobachtet, was im Körper geschieht, der Kenner des Feldes ist.

Man kann dies gut mit einem Garten vergleichen. Wenn du die Wissenschaft des Gärtnerns studierst und verstehst, wirst du einen ertragreichen Garten haben. Ebenso, wenn du die Beziehung zwischen dir, deinem Körper und Karma studierst und verstehst, wirst du ein ertragreiches Leben haben. Wenn wir über den Körper sprechen, sprechen wir nicht nur über den physischen Köper. Wir haben außerdem noch den Astral- und den Kausalkörper. Dies sind die Felder, in welche du die Samen des Karmas säst. Was auch immer du säst, wirst du ernten. Genauso wie auf den Feldern draußen: Du kannst nicht Mais säen und erwarten, dass du Weizen erntest. Der Kenner des Feldes ist das Selbst, die Seele, der Atman. Wenn du dich weiterentwickelst, um immer höhere Ebenen des Bewusstseins zu erreichen, kannst du sehen, wie du Zeuge all dessen sein kannst, was stattfindet. Du musst deinen Geist und deine Handlungen beobachten. Wenn du noch nicht einmal äußerer Dinge gewahr wirst, wie kannst du dann gewahr werden, was im Inneren passiert? Wenn du fortfährst, dich vom Äußeren zu lösen, wirst du wie ein Zeuge, der beobachtet. Du kannst trainieren, deine Umgebung zu beobachten, die Taten der Menschen, die Art und Weise, wie sie sich benehmen. Beobachte dich selbst und wie du dich darauf beziehst. Du kannst üben, abseits zu stehen und die Handlungen der Gesellschaft zu beobachten.

Jetzt bringt Krishna Arjuna zu dem Punkt, wo er versteht, dass er, die Seele, der Atman, wirklich der Zeuge von allem ist, was vor sich geht.

> 3. Wisse, dass ich der Kenner des Feldes in allen Körpern bin. Ich betrachte die Unterscheidung zwischen dem Feld und dem Kenner des Feldes als das höchste Wissen.

Strebe an, zu verstehen, wie dieser physische Körper funktioniert. Dann fahre fort, die Gefühle, den Geist und den Intellekt zu verstehen. Durch richtiges Untersuchen wirst du zu dem Schluss kommen, dass all dies nicht du sein kannst. Es ist nur das Feld, durch das du funktionierst. Der Wissende, der Geist, die Seele, der Atman, wie auch immer du es nennen möchtest, ist viel größer als dies. Das ist, wer du wirklich bist.

> 4. Ich werde für dich zusammenfassen, was das Feld bedeutet: Es ist Natur, Veränderungen und Ursprung. Ich werde dir auch sagen, wer der Wissende und seine Kräfte sind.

Erleuchtete Wesen haben versucht, dieses oberste Wissen verschiedenen Menschen gegenüber auszudrücken, zu verschiedenen Zeiten, entsprechend der Stufe ihres Bewusstseins und ihrer Fähigkeit, zu verstehen. Jesus nutzte Gleichnisse vom Fischen und vom Ackerbau, denn er sprach zu Fischern und Landwirten. Heutzutage würde er wahrscheinlich über Computer und Festplatten sprechen.

Theoretisches Wissen ist nur eine Art von Wissen. Im elften Kapitel gab Krishna Arjuna die Fähigkeit, seine transzendentale Form zu erleben, und Arjuna versuchte es auf viele Weisen zu beschreiben. Egal, wie sehr er es versuchte, er konnte es nicht ausdrücken. Selbst eine sinnliche Erfahrung kann man nicht vermitteln, du kannst sie nur beschreiben. Obwohl es zu jeder Zeit Yogis, Heilige und erleuchtete Wesen gegeben hat, die es auf verschiedenste Weisen ausgedrückt und gelehrt haben, musst du es nach wie vor selbst erleben.

> 5. Heilige haben diese Wahrheiten in Hymnen und Lehrsprüchen ausgedrückt und sind sehr überzeugend in ihren Schlussfolgerungen und ihrer Argumentation über die Natur von Brahman.
> 6. Das Feld besteht aus dem unmanifestierten Prakriti, Egoismus, Geist, Intellekt, den zehn Handlungs- und Wahrnehmungsorganen, den Sinnesobjekten und den manifestierten, großartigen Elementen.
> 7. Aus dem Feld gehen hervor: der Körper, Begierde, Hass, Vergnügen, Schmerz, Stärke und Intelligenz. Dadurch ist, in Kürze, das Feld mit seinen Veränderungen beschrieben.

In dieser Philosophie wird Brahman als das Absolute, Unveränderliche, reines Bewusstsein angesehen. Prakriti ist die aus ihm entstehende Manifestation. Prakriti wird das Feld genannt: alles Sichtbare und Unsichtbare, alles, was du durch deine Sinne erfahren kannst, und selbst alles, was du auf den verschiedenen Ebenen deines Seins erfahren kannst. Wenn wir über dieses Universum sprechen, nimmst du nur auf das physische Universum Bezug, das durch die Sinne wahrgenommen wird. Wir haben noch andere Dimensionen, wie z.B. die astrale Welt, den Geist, die Emotionen, den Intellekt, die Sinne und das Ego. All das ist Prakriti, das Feld.

Wenn wir über den Körper sprechen, nehmen wir auf die Gesamtheit der Prakriti Bezug. Das ist das Feld und du agierst in diesem Feld, in dem du die Samen deiner Taten säst. Wir unterliegen jederzeit dem Gesetz von Ursache und Wirkung. Der Zweck dieser Existenz ist es, über all dies hinauszugehen, sich von diesen Gesetzen zu befreien. Wir nennen es Moksha oder Befreiung.

Während du in diesem Prozess bist, kreierst du Karma, welches der Grund für Geburt und Tod ist. Solange Karma vorhanden ist, wird es Verkörperung geben. Das Feld und der Kenner des Feldes ist ein anderer Weg, diesen Prozess auszudrücken.

8. Wenn du dies verstehst, solltest du demütig, anspruchslos, ohne jemandem Schaden zuzufügen, vergebungsvoll, aufrecht sein, deinem Lehrer mit wahrhafter Ergebenheit dienen, rein in Körper und Geist, friedvoll und standhaft sein und über Selbstkontrolle verfügen.
9. Sei den Sinnesobjekten gegenüber gleichmütig, befreie dich von Egoismus, sei dir der Übel von Geburt, Tod, Alter, Krankheit und Schmerz bewusst und reflektiere darüber.
10. Befreie dich von selbstsüchtiger Anhaftung an Sohn, Ehefrau, Zuhause und an den Rest. Sei gleichmütig dem Erstrebenswerten und dem Nichterstrebenswerten gegenüber.
11. Verehre mich nur mit einem standhaften Geist. Begib dich zu abgelegenen Plätzen, um Lärm und fruchtlosem Aufruhr der Massen zu entgehen.
12. Bemühe dich unablässig darum, das Selbst zu kennen. Strebe nach diesem Wissen und sei dir im Klaren darüber, warum du danach streben solltest. Dies wird als die Wurzel des wahrhaftigen Wissens bezeichnet, und was dem entgegensteht, ist Unwissenheit.

Die Gesamtheit dieser Schöpfung, von Anbeginn, vom Ursprung bis zu dieser äußeren Welt von Namen und Gestalt, so wie sie durch die Sinne, Emotionen, Intellekt und Geist wahrgenommen wird, all dies wird als Prakriti bezeichnet. Dieser Körper ist ein Mikrokosmos. Alles, was in diesem Universum existiert, ist auch in dir. Dieser Körper beinhaltet den physischen Körper, den Astral-Körper und den Kausal-Körper.

Wenn du verstehst, dass all dies nicht die Realität ist, sondern nur eine Illusion, ein Schatten der eigentlichen Wirklichkeit, macht es dich demütig. Wenn du die Welt betrachtest, wie sich alle darstellen und mit allem identifizieren, was sie nicht sind, wie sie in einem Zustand von Täuschung und Unkenntnis leben, egal, wie großartig ihre Errungenschaften sind, dann weißt du, dass dies alles im Bereich von Prakriti liegt und dass es nicht die Realität ist. Du musst dies verstehen, um dich davon abzuwenden und die wirkliche Realität Gottes zu suchen.

Diene treu deinem Lehrer, denn er ist dein Guru, der dich führen wird und der dir hilft, durch den undurchdringlichen Dschungel deines Geistes zu navigieren. Es ist nicht mehr nur Unkraut: Es ist ein Dschungel! Du hast alle möglichen Arten von Insekten, Skorpionen und Schlangen, deshalb brauchst du Schutz und die richtige Führung.

Wenn du einmal verstanden hast, wie minderwertig diese begrenzte Realität ist und wie stark du in Gefangenschaft gerätst, wenn du dich mit ihr identifizierst, oder mit anderen Worten, wenn du dir der Schwäche der sterblichen Natur bewusst wirst, kannst du dich von ihr abwenden und nach der höheren Erfahrung des Göttlichen streben. Diese Erfahrung wird dich von Gefangenschaft und Sklaverei befreien.

> 13. Ich erkläre dir, was du kennen solltest, um die Unsterblichkeit zu erlangen. Es ist der höchste Brahman, ohne Anfang, von dem man sagt, dass er weder Wesen noch Nicht-Wesen ist.

Alles, was dein Geist begreifen kann, ist nicht Brahman.

Menschen suchen Unsterblichkeit, aber niemand weiß, was Unsterblichkeit bedeutet. Viele Kulturen, wie die Ägypter beispielsweise, beteten den Körper an und denken, dass es die körperliche Unsterblichkeit ist. Aber da irrten sie sich gründlich; es ist die Seele, die unsterblich ist. Wenn du Unsterblichkeit erreichen willst, musst du über das Trugbild dieses Universums hinausgehen und die unsterbliche Seele erleben.

14. Überall sind seine Hände, Füße, Augen, Köpfe, Ohren und Münder. Er existiert in den Welten, alles umhüllend.
15. Er strahlt durch die Funktionen der Sinne, jedoch frei von den Sinnen; ungebunden, jedoch alles unterstützend; frei von den Gunas, jedoch als ihr Erfahrender.
16. Brahman ist außerhalb und innerhalb aller Wesen. Er lebt im Unbewegten und im Bewegten. Aufgrund seiner Feinheit geht er über das Begriffsvermögen des Geistes hinaus. Für die Unwissenden ist er weit entfernt, aber für die Weisen ist er nah.
17. Ungeteilt existiert er, als wenn er in Wesen und Objekte geteilt wäre; er ist bekannt als der Schöpfer, Bewahrer und Zerstörer.
18. Er ist das Licht allen Lichtes, jenseits der Dunkelheit der Unwissenheit. Er ist Wissen, das Objekt des Wissens und das Ziel des Wissens. Er hat seinen Sitz in allen Herzen.

Noch einmal probiert Krishna das Unbeschreibliche zu beschreiben. Brahman ist für unseren Geist wie ein Rätsel. Egal, wie sehr du ihn beschreibst, er ist es nicht. Dies sind alles nur Analogien. Es ist dies. Es ist das. Es ist nicht dies. Es ist nicht das. Deswegen sagt man im Jñãna-Yoga „neti, neti", was „nicht dies, nicht das" bedeutet. Nach einer Weile hörst du auf, darüber zu lesen, und beginnst zu praktizieren, um durch das Erleben Brahmans ihn zu verstehen.

19. Somit habe ich dir in Kürze erklärt, was das Feld ist, was Wissen ist und was die eine Realität ist, die man kennen muss. Mein Verehrer, der dies weiß, geht in mein Wesen über.
20. Wisse, dass beide, Prakriti und Brahman, ohne Anfang sind. Wisse ebenfalls, dass die ganze Schöpfung und die Gunas aus Prakriti geboren sind.
21. Man sagt, dass der Körper und die Sinne aus Prakriti heraus entstehen. Das Erleben von Vergnügen und Schmerz hat seinen Ursprung in unserem Gefühl der Individualität.
22. Die Seele, die Brahman ist, die sich fälschlicherweise mit Prakriti identifiziert, erlebt die Gunas, die aus Prakriti geboren sind. Entsprechend dem Guna, dem sie am meisten angeheftet ist, entsteht die Ursache für ihre Geburt bei guten oder schlechten Eltern.

Brahman und Prakriti sind ohne Anfang. Prakriti ist wie eine Auswirkung Brahmans, so wie Hitze eine Auswirkung des Feuers ist; du kannst kein Feuer ohne Hitze haben. Wohin auch immer sich Feuer ausbreitet, es trägt seine Hitze mit sich. Aber du hältst die Hitze irrtümlich für Feuer. Die ganze Evolution und alle Gunas kommen aus Prakriti, inklusive der Evolution des Körpers und der Sinne. Man sagt, dass der Sinn für Individualität unsere Erfahrung von Vergnügen und Schmerz verursacht, weil es uns daran hindert, das Göttliche in all seiner Reinheit zu erfahren. Dies nennen wir die ursprüngliche Sünde, den Sinn für Individualität, „Ich bin dies und das."

Als Adam und Eva im Paradies waren, haben sie sich mit ihrer wahren Natur identifiziert, aber als sie sich ihrer Individualität bewusst wurden, haben sie sich von ihrem Selbst entfremdet. Der Apfel ist die Verlockung der Individualität, das Ego, „Ich bin dies oder das." Die Schlange ist die Energie, die Bewegung des Bewusstseins in die niedere Richtung, dem Reich von Prakriti, Maya. In dem Moment, wo die Individualität hinzukommt, geschieht die Trennung vom Selbst und von der Einheit. Dann werden sie Mann und Frau. In dem Moment, wo die Idee von Individualität hinzukommt, sind sie aus der vollkommenen Identifikation mit dem, was sie sind, ausgestoßen. Du fängst an, dich mit dem zu identifizieren, was du nicht bist. Das ist Maya, die Kraft der Illusion.

23. Den obersten Brahman in diesem Körper nennt man auch den Zeugen, den Erlaubenden, den Unterstützer, den Genießer, den großartigen Herrn und den obersten Atman.
24. Derjenige, der direkte Erfahrung von Brahman hat und weiß, dass er etwas anderes als Prakriti und die Gunas ist, wird nicht wiedergeboren, egal, wie er sein Leben gelebt hat.

Prakriti, Maya und die Kraft der Illusion sind Worte für das Gleiche; sie beschreiben die Kraft der Verschleierung, die uns daran hindert, das Höchste Selbst zu erfahren. Also, in Wirklichkeit ist es dein Geist, dein Geist ist Maya.

Durch das direkte Erleben von Brahman erfährst du einen Zustand jenseits des Geistes und der Wirkungen von Karma, ungeachtet dessen, wie du dein Leben gelebt hast. Es gibt eine schöne Geschichte über einen Mann, Ratnakara, der seinen Lebensunterhalt damit bestritt, Menschen auszurauben und zu töten:

Eines Tages wurde der heilige Weise Narada von Ratnakara angehalten, der ihn ausrauben wollte. Narada fragte Ratnakara, ob seine Familie Teil dieser

Sünde sei, die er hier beging, und damit auch sein Karma teilen würde. Ratnakara wusste nicht, was er antworten sollte, so dass Narada in anwies, zu seiner Familie zu gehen und ihr dieselbe Frage zu stellen. Ratnakara band Narada an einem Baum fest, damit er nicht weglaufen konnte, bis er zurück war. Als Ratnakara seine Eltern fragte, ob sie Teil seiner Sünde waren, die er beging, erwiderten sie, dass es seine Aufgabe sei, sich um sie zu kümmern, und dass nur er für seine Sünden verantwortlich war. Seine Ehefrau sagte das Gleiche. Ratnakara kehrte also zu Narada zurück und flehte ihn an, ihm zu helfen.

Narada wies ihn an, Lord Ramas Namen zu wiederholen, das würde ihm helfen, sich von seinen Sünden zu befreien. Nachdem Narada gegangen war, tat Ratnakara tiefe Buße, während er Lord Ramas Namen rezitierte. Er ging so tief in die Meditation, dass er nicht bemerkte, dass Ameisen einen Ameisenhügel um ihn herum bauten. Er erreichte den Zustand der Erleuchtung und wurde der große Weise „Valmiki" (was bedeutet: „der, der in einem Ameisenhügel sitzt"). Er war der Begründer der Dichtkunst und schrieb die Ramayana, die Geschichte von Lord Ramas Leben.

25. Einige, deren Geist gereinigt ist, realisieren das Selbst durch Meditation. Manche realisieren es durch das Yoga des Wissens, während manche es durch das Yoga der Handlung realisieren.
26. Andere, die diese Wege kennen, preisen Gott, so wie ihr Guru es sie gelehrt hat. Wenn sie treu praktizieren, was sie gelernt haben, werden auch sie den Tod überwinden.

Es gibt viele Wege, das höchste Ziel zu erreichen. Abhängig von deiner Persönlichkeit wirst du dich zu manchen Praktiken mehr hingezogen fühlen als zu anderen, aber am Ende führen sie alle zu derselben Erfahrung von Brahman.

27. O Bester der Bharatas, was auch immer geschaffen wird, ob beweglich oder unbeweglich, wisse, dass es von der scheinbaren Einheit zwischen dem Feld und seinem Kenner ist.
28. Derjenige sieht wahrhaftig, der den höchsten, in allen Wesen existierenden Gott sieht, und obgleich diese Wesen vergänglich sind, ist das Selbst unvergänglich.
29. Weil er denselben Herrn in allem innewohnend sieht, schadet er weder sich selbst noch anderen. Somit erreicht er das höchste Ziel.

Wenn du verstanden hast, dass Brahman in dir und allem anderen dasselbe ist, wirst du aufhören, auch nur irgendetwas zu schaden, inklusive dir selbst. Du wirst beginnen, alles mit dem gebührenden Respekt zu behandeln.

Ein guter Ort, hiermit zu beginnen, ist dein eigener Körper; fange an, ihn mit dem Respekt zu behandeln, der ihm zusteht. Höre auf, ihn mit Rauchen, Trinken, Fleisch- und Fast-Food-Essen zu verschmutzen. Halte diesen lebendigen Tempel Gottes sauber und gut in Form, so dass er richtig funktionieren kann. Behandele deinen Geist auf die gleiche Weise. Gib acht, welchen Einflüssen du dich aussetzt, wie z.B. Filme, Musik, Bücher usw. Halte deinen Geist rein, so dass das Göttliche sich in dir willkommen fühlt und dir immerwährende Freude bringt.

30. Derjenige sieht wahrhaftig, der sieht, dass alle Handlungen durch Prakriti allein ausgeführt werden und dass das Selbst tatenlos ist.
31. Wenn man die gesamte Vielfalt der Wesen vereint in Brahman sieht und von Brahman aus hervorkommend, dann wird man Brahman.
32. Ohne Anfang und jenseits der Gunas ist der Atman unvergänglich und dennoch im Körper zu Hause, o Arjuna. Weder handelt er, noch ist er von Handlung verdorben.
33. So wie der allesdurchdringende Äther wegen seiner Feinstofflichkeit unverdorben ist, so bewohnt der Atman alle Körper, ist aber niemals verdorben.
34. Genau wie die eine Sonne die Welt erhellt, so erhellt auch der Herr des Feldes das ganze Feld.
35. Derjenige, der durch das Auge der Weisheit den Unterschied zwischen dem Feld und seinem Kenner wahrnimmt und ebenso den Weg zur Befreiung aus der Gefangenschaft von Prakriti, geht in das Höchste ein.

Alle Erfahrungen, die wir im Leben machen, dienen als Hilfe für unser Wachstum und unsere Entwicklung. Je mehr Leidenschaftslosigkeit du der Welt gegenüber entwickelst, desto mehr wirst du dich von ihr lösen können.

Der Weise Kabir sagt ganz simpel: „Spirituelles Leben geht um Loslassen und Anhaften." Du praktizierst das Loslassen von dem, was unwirklich ist, und haftest dich an das, was real ist. Löse dich von dem, was dich runterzieht, und hafte dich an das, was dich erhebt. Unser Geist braucht etwas, an dem er sich festhalten kann. Stelle also sicher, dass du ihm immer erhebende Dinge gibst, an denen er sich festhalten kann. Sonst wird er etwas anderes finden, welches dich meistens runterziehen wird. Das Beste, was du tun kannst, ist, dich von der Welt zu lösen und dich an Gott anzuhaften.

Am Anfang wird sich dies anfühlen, als ob du diese Welt gar nicht mehr genießen kannst, aber das ist nur vorübergehend. Je mehr du von deinem wahren Selbst erlebst, je näher du der Erfahrung des Höchsten kommst, desto glückseliger und schöner wird deine Erfahrung von der Welt sein. Dies ist der wirkliche Zustand von Genuss und er wird ewig andauern, denn du beginnst, die unveränderliche Freude Gottes überall zu sehen und zu fühlen.

So behandelt die glorreiche Bhagavad Gita, die Wissenschaft der Ewigkeit, die Schrift über den Yoga, der Dialog zwischen Shri Krishna und Arjuna über das Wissen des Selbst, das dreizehnte Kapitel mit dem Titel:
„Der Yoga der Unterscheidung zwischen dem Feld und dem Kenner des Feldes".

KAPITEL 14: DER YOGA DER AUFTEILUNG DER DREI GUNAS

Der gesegnete Herr sagte:
1. Ich werde fortführen, dich das höchste Wissen zu lehren, die Weisen, die es kannten, waren alle makellos und entkamen den Fesseln des Körpers.
2. Diejenigen, die Zuflucht zum Wissen nehmen, erlangen die Einheit mit mir. Sie werden weder zur Zeit der Schöpfung wiedergeboren noch zur Zeit der Auflösung zerstört.

Wir haben bereits über Schöpfung und Auflösung des Universums gesprochen. Krishna verstärkt die Herrlichkeit der Lehren, um Arjunas Interesse zu entfachen und sein Verstehen zu vertiefen.

3. Prakriti ist der unermessliche Schoß, in den ich den Samen des Lebens einpflanze. Von dort kommt das Leben aller Lebewesen.
4. Welche Form auch immer in welchem Schoß erschaffen wird, o Arjuna, Prakriti ist ihr Schoß und ich bin der Samen spendende Vater.
5. Sattwa, Rajas und Tamas, durch Prakriti erschaffen, sind die drei Gunas, die die unsterbliche Seele an den Körper binden.

Die drei Gunas sind wie Fäden einer Kordel. Sie binden die Seele, den Atman, den unsterblichen Bewohner an den Körper und halten sie im Körper gefangen.

6. Sattwa, makellos und strahlend, offenbart den Atman. Doch auch Sattwa, oh Sündloser, wird dich durch die Anhaftung an Wissen und Glück binden.

Auch wenn sich das Selbst in Sattwa, dem Zustand der Reinheit, als strahlende Herrlichkeit ausdrückt, erstrahlt es durch ein Medium. Gerade das wird dich binden, da du nach immer mehr Glück und Wissen streben wirst. Egal, wie viel Freude und Glück du erlebst, du wirst immer weiter suchen, denn du hast den

Zustand der Fülle, des absoluten Wissens und der Glückseligkeit noch nicht erfahren.

> 7. Wisse, das Rajas die Natur der Leidenschaft, die Quelle des Hungers nach Freude und Besitz ist; es bindet den Verkörperten schnell durch die Verhaftung an Handlungen.

Im Zustand von Rajas sehnst du dich nach Besitz und Macht. Wenn du einen Ashram hast, willst du einen größeren. Wenn du ein Land besitzt, willst du die ganze Welt.

> 8. Tamas, aus Unwissenheit geboren, täuscht alle verkörperten Wesen. Es bindet schnell durch Täuschung, Schlaf und Trägheit.

Tamas drückt sich als Unwissenheit und Faulheit aus. Wenn du in diesem Zustand bist, wirst du nicht danach streben, noch fauler und schwerfälliger zu werden. Du wirst einfach immer tiefer in diesen Zustand hineinsinken.

> 9. Sattwa versklavt durch Zufriedenheit, Rajas durch Handlungen, während Tamas den Getäuschten durch verschleierndes Wissen bindet.

Im Zustand von Tamas gibt es keine Bewegung im Bewusstsein. Tamassige Menschen sind faul und dumpf. Um den Zustand von Tamas zu überwinden, brauchst du Rajas. Rajas selbst wird dich durch die Sucht nach Ruhm und Macht binden. In diesem Zustand wirst du keinen Frieden oder geistige Ruhe erleben. Jetzt brauchst du Sattwa, um deinen Geist zu beruhigen. Wenn du in Sattwa etabliert bist, erfährst du inneren Frieden und Freude. Andere Menschen werden zu dir emporschauen und dich verehren. Es ist ein sehr angenehmer Zustand, den man erreicht hat. Doch wenn du das Interesse, weiterzugehen, verlierst, bleibst du auf dieser Ebene stecken. Du musst wissen, dass dieser Zustand noch nicht das Ziel ist. Du musst weiter praktizieren, um Sattwa zu überwinden und in die wahre Quelle der Glückseligkeit einzutauchen.

> 10. Man fühlt das Sattwa, wenn es über Rajas und Tamas dominiert. Man ist von Rajas gefangen, wenn es über Sattwa und Tamas regiert. Und man unterliegt dem Tamas, wenn es über Sattwa und Rajas herrscht.

Wir alle erleben diese drei Zustände im täglichen Leben. Morgens dominiert Tamas, es ist schwer, aufzuwachen und du möchtest gern in diesem Zustand bleiben. Du motivierst dich aufzustehen, gehst zur Arbeit und erledigst deine Einkäufe; das ist Rajas. Zum Abend hin wünscht du dir Ruhe und Frieden. Du erfreust dich an dem sattwigen Zustand. Rajassige Menschen, die rastlos arbeiten und viel Geld verdienen, begreifen irgendwann, dass diese Art zu leben keine Befriedigung bringt. Sie beginnen ihr Leben zu spiritualisieren und wechseln somit zu Sattwa.

Einige Menschen, wie Meister Sivananda, sind in Sattwa etabliert. Das heißt nicht, dass sie nicht essen oder schlafen. Aber sie schlafen nur, wenn sie es brauchen. Es bedeutet auch nicht, dass sie nicht mehr arbeiten. In Wirklichkeit können sie mehr arbeiten, erfolgreicher sein und mehr erreichen als gewöhnliche Menschen. Ihr Geist ist ausgeglichen, sodass sie die Arbeit nicht anstrengt.

> 11. Wenn durch jedes Tor (Sinne) des Körpers das Licht der Weisheit scheint, dann überwiegt der Zustand von Sattwa.
> 12. Habgier, Aktivität, Aktionismus, Ruhelosigkeit und Begierde kommen auf, wenn Rajas dominiert.
> 13. O Arjuna, Dunkelheit, Trägheit, Rücksichtslosigkeit und Täuschung steigen auf, wenn Tamas vorherrscht.
> 14. Menschen, die sterben, während Sattwa vorherrscht, werden in ein makelloses Heim unter Heiligen wiedergeboren.

Geburt und Tod werden durch das Guna festgelegt, welches im Zeitpunkt des Todes vorherrscht. Wenn Menschen in Sattwa etabliert sind, aber noch keine Befreiung erreicht haben, werden sie in einem Zuhause von sündlosen Eltern, Heiligen oder Yogis wiedergeboren, um ihre Evolution von dort aus fortzusetzen.

> 15. Wenn der Tod im Zustand von Rajas eintritt, wird man in einer Umgebung von Menschen, die der Aktivität verhaftet sind, wiedergeboren. Wenn man im Zustand von Tamas stirbt, wird man in der Gebärmutter einer Unwissenden wiedergeboren.

In jedem Guna gibt es unterschiedliche Abstufungen und Ebenen. Wisse, dass das Rad von Geburt und Tod nur ein Effekt deiner Handlungen ist. Du wirst auf der gleichen Ebene wiedergeboren, auf der du das vorherige Leben verlassen hast, um dein Karma weiter auszuarbeiten. Um dieses zu tun, musst du in einer Umgebung geboren werden, die diese Tendenzen fördert. Das ist es, was Krishna hier darlegt. Wenn du sattwig bist, wirst du in ein sattwiges, wenn du rajassig bist, in einem rajassigen und wenn du tamassig bist, in einem tamassigen Zuhause wiedergeboren.

> 16. Die Frucht guter Handlungen ist sattwig, pure Freude; die Frucht von Rajas ist Schmerz, während die von Tamas Unwissenheit ist.

Im Zustand von Rajas erfährst du Schmerz auf allen Ebenen, auch wenn du eine beträchtliche Summe von Geld angehäuft hast. Du hast Angst, das Geld wieder zu verlieren. Du willst es beschützen und erzeugst deshalb Stress und Unruhe im Geist, was dich weiter vom Zustand der Zufriedenheit entfernt.

> 17. Durch den Zustand von Sattwa entsteht Wissen; durch Rajas Habgier, Rücksichtslosigkeit, Unwissenheit und durch Tamas Täuschung.
> 18. Diejenigen, die in Sattwa bleiben, werden aufwärts gehen; die Rajassigen bleiben in der Mitte; während die Tamassigen, die in der untersten Guna bleiben, weiter absteigen.

Das heißt, wenn du im sattwigen Zustand stirbst, wirst du in den Himmel kommen oder Brahmaloka. Du bleibst dort eine lange Zeit und erfreust dich der höchsten Glückseligkeit. Diese Welt ist die Welt der Aktivität. Deswegen heißt sie karma bhumi, die Welt der Handlungen.

> 19. Wenn der Seher wissentlich keinen anderen Wirkstoff als die Gunas erblickt und das kennt, welches höher ist als die Gunas, erreicht er mein Sein.

Du musst lernen, den Zustand deines Geistes zu erkennen. Sei sehr gewissenhaft und ehrlich mit dir. Erkenne Tamas, dann kannst du Mittel ansetzen, um dich zu befreien. Erkenne den unruhigen Geist Rajas. Im Zustand von Rajas tust du ständig etwas, bist dabei aber nicht sehr effektiv. Lerne, wie du deinen Geist fokussiert halten kannst, während du deinen Verpflichtungen nachgehst. Dann wirst du an allem wirkliche Freude haben.

20. Wenn der Verkörperte die drei Gunas, die die Verkörperung verursachen, überwunden hat, ist er von Geburt, Tod, Verfall, und Schmerz befreit und erreicht die Unsterblichkeit.

Du erreichst Unsterblichkeit durch die Erfahrung deiner wahren, göttlichen Natur. Dazu musst du durch permanente Disziplinierung des Geistes und Ausdünnung der Gedankenwellen den Geist zur Ruhe bringen.

Arjuna sagte:
21. O Gott, was sind die Zeichen desjenigen, der die Gunas transzendiert hat? Wie ist sein Verhalten und wie transzendiert er die Gunas?

Arjuna möchte jetzt wissen, wie man jemanden erkennt, der diesen Zustand erreicht hat. Die Erklärungen Krishnas geben dir hilfreiche Beschreibungen, um dich selbst auf dem spirituellen Weg zu überwachen.

Der gesegnete Herr sprach:
22. O Arjuna, ein Mensch hat die Gunas überwunden, wenn er weder das Licht von Sattwa, die Aktivität von Rajas oder die Täuschung von Tamas hasst, wenn sie anwesend, noch nach ihnen verlangt, wenn sie abwesend sind.

Jemand, der die Gunas überwunden hat, kann sich selbst beobachten, während er in ihnen ist, ohne von ihnen beeinflusst zu sein. Er hasst weder das Licht von Sattwa, die Aktivität von Rajas noch die Täuschung von Tamas. Er hegt einfach keine Art einer Emotion zu ihnen. Es ist einfach da. Wenn du dich müde fühlst, fühlst du dich müde. Wenn du aktiv bist, bist du aktiv. Du sehnst dich nach nichts anderem. Du bist davon unbeeinflusst.

23. Er ist wie jemand, der von den Gunas unbewegt bleibt und ihnen gegenüber gleichmütig ist. Er weiß, dass sie die Ausführenden aller Handlungen sind, aber da er fest im Selbst verankert ist, verliert er nie die rechte Unterscheidungskraft.

Wenn du die Gunas in dir beobachtest, kannst du dich von ihnen distanzieren. So kannst du auch lernen, dich von den Aktivitäten der Welt zu distanzieren. Das wird dir helfen, dich mehr und mehr mit dem Atman zu identifizieren.

24. In der Ruhe des Selbst verankert und mit dem wahren Unterscheidungsvermögen ausgestattet, betrachtet er Freude und Leid, Angenehmes und Unangenehmes, Lob und Tadel als das Gleiche. Für ihn hat ein Erdballen, ein Stein und Gold den gleichen Wert.
25. Sein Verhalten ist das gleiche, wenn er geehrt oder beleidigt wird, gegenüber Freund oder Feind und weil ihm nichts fehlt, veranlasst er keine Handlung. Diese Menschen, so wird gesagt, sind jenseits der Gunas.

Wenn du diesen Zustand erreichst, werden deine Taten kein neues Karma erschaffen. Du wirst zu einem Instrument Gottes und die göttliche Energie wird ungehindert durch dich hindurchfließen.

26. Wer mich mit unerschütterlicher Hingabe verehrt, überwindet die Gunas. Dieser Mensch ist geeignet für das Erleben der Einheit mit Brahman.
27. Weil ich Brahman im Körper bin, der Unsterbliche und der Unveränderbare, aus immerwährendem Dharma und absoluter Wonne.

Wenn du Hingabe gegenüber dem ultimativen, höchsten Ideal hast, musst du beständig zu ihm streben. Solange du dich nicht vom Groben zum Feinen hin bewegst und die Gunas, von Tamas zu Rajas, zu Sattwa, überwunden hast, wird dein Geist hierzu nicht geeignet sein und wird in Gefangenschaft und Täuschung bleiben.

So behandelt die glorreiche Bhagavad Gita, die Wissenschaft der Ewigkeit, die Schrift über den Yoga, der Dialog zwischen Shri Krishna und Arjuna über das Wissen des Selbst, das vierzehnte Kapitel mit dem Titel: „Der Yoga der Aufteilung der drei Gunas".

KAPITEL 15: DER YOGA DES HÖCHSTEN GEISTES

Der gesegnete Herr sprach:

1. Die Weisen vergleichen diese Welt mit dem riesigen, unvergänglichen Ashvattha-Baum, der seine Wurzeln im Himmel und seine Äste nach unten zeigend hat. Seine Blätter sind die Hymnen der Veden, und wer sie kennt, kennt die Veden.
2. Er streckt seine Äste nach oben und unten und wird von den Gunas genährt. Die Sinnesobjekte sind seine Knospen, und seine nach unten strebenden Wurzeln sind die Ursache für die Handlungen der Menschen.
3. Seine Form, Anfang oder Ende, Basis oder Ruheort können hier nicht erkannt werden. Fälle diesen fest verwurzelten Ashvatta-Baum mit der starken Axt der Verhaftungslosigkeit.

Diese Welt ist wie ein Baum, mit seinen Wurzeln im Himmel, im Göttlichen. Diese Verbindung zum Göttlichen nährt uns und lässt uns wachsen. Jedes Blatt ist wie ein Lied aus den Veden, den ewigen Gesetzen. Der Baum wird durch die Gunas, den Gesetzen von Sattwa, Rajas und Tamas am Leben erhalten. Und die nach unten wachsenden Wurzeln sind unser Karma, dass uns zur ständigen Wiedergeburt zwingt.

4. Dann sollte man das Ziel verfolgen, durch das es keine weiteren Wiedergeburten geben wird. Suche im ursprünglichen Purusha Zuflucht, aus dem die unendlichen Handlungen herauszufließen scheinen.

Wenn man über die höchste Wirklichkeit nachdenkt, den Ursprung des Seins, verliert man schnell das Interesse an der Welt der Sinnesobjekte; man entwickelt ein Gefühl der Enthaftung und Leidenschaftslosigkeit des Gleichmuts. Mit dieser Axt der Leidenschaftslosigkeit kann man den Asvattah-Baum, die Welt der Illusion, leicht fällen. Nur das Wissen über Brahman wird deinen Wissensdurst wirklich stillen können.

> 5. Wer fest im Selbst verankert ist, ist frei von Stolz und Verblendung. Sein Verlangen von der Welt abgewendet, ist er siegreich über das Böse der Verhaftung. Von den Gegensatzpaaren, wie Vergnügen und Schmerz, befreit, erreicht der Sehende das ewige Ziel.

Fahre ununterbrochen mit deinem Sadhana fort, so dass du dich Stück für Stück von Stolz und Verblendung befreien kannst. Yoga ist das Zerstören der Illusionen und falschen Vorstellungen. Durch Yoga kann man das „Böse" der weltlichen Verhaftung besiegen und sich vom Rad von Geburt und Tod befreien. Wenn man mit dem Atman vereint ist, erlebt man absolute Fülle, so dass kein Verlangen mehr vorhanden ist. In diesem Zustand ist alles im Gleichgewicht, frei von Veränderungen, man erlebt die höchste Wahrheit, so dass man den Gegensatzpaaren nicht mehr ausgesetzt ist.

> 6. Dies ist meine höchste Wohnstatt. Weder scheint dort die Sonne noch der Mond oder das Feuer. Wenn man dort hingegangen ist, kehrt man nicht mehr zurück.

Wenn man das Ziel der höchsten Erleuchtung erreicht hat, kehrt man nicht mehr zurück, d.h., man wird nicht wiedergeboren. Man wird dieses Leben aber noch zu Ende leben, bis alles Karma für dieses Leben aufgebraucht ist.

> 7. Die lebendige Seele in dieser Welt ist ein ewiger Teil meines Selbst. In Prakriti verankert, zieht sie die fünf Sinne und den Geist als sechstes zu sich.

Körper, Geist und Sinne werden durch Prakriti, die Kraft der Natur, erschaffen und beschränken die Ausdrucksmöglichkeiten der reinen Seele. Sie sind der Ursprung für die Illusion, dass wir voneinander getrennt sind, obwohl es in Wirklichkeit nur Einheit gibt. Ein guter Vergleich hierzu ist eine Tasse. Sie hat Raum in sich und Raum um sich herum. Es scheint, als ob der Raum in der Tasse vom äußeren Raum getrennt ist, aber in Wirklichkeit kann man den äußeren und inneren Raum nicht voneinander trennen.

> 8. Wenn der Herr in einen Körper eintritt und ihn wieder verlässt, nimmt er Geist und Sinne mit sich, so wie der Wind den Duft einer Blume mit sich trägt.

Während du durch das Rad von Geburt und Tod gehst, sammelt die Seele alle möglichen Eindrücke, die im Astral- und Kausalkörper gespeichert werden. Diese Eindrücke bringt man dann in sein nächstes Leben mit. So ist die Intelligenz und das Bewusstsein bereits im Baby vorhanden, aber es muss erst lernen, diese nach außen hin auszudrücken.

> 9. Über Ohren, Augen, Tast-, Geschmacks- und Geruchssinn sowie den Geist herrschend, genießt und leidet er unter den Sinneseindrücken.

Wenn Gott sich in diesem Universum verkörpert, bewölken Körper, Geist und Sinne das reine Bewusstsein. Das Ego, die Ichbezogenheit, spielt auch ein sehr große Rolle, in der Verschleierung des Selbst. Durch diese falsche Identifikation scheint es, als ob die Seele etwas genießt oder darunter leidet. In Wirklichkeit bleibt sie jedoch vollkommen unberührt.

> 10. Die Verblendeten können den, der geht, bleibt und sich erfreut, nicht sehen. Aber wer das Auge der Weisheit hat, kann ihn wahrnehmen.
> 11. Der Yogi, der nach Perfektion strebt, kann ihn im Selbst wohnend sehen, aber der grobe und verblendete Mensch kann ihn nicht erkennen, auch wenn er danach strebt.

Das Göttliche kann sich immer nur durch das jeweilige Werkzeug von Körper, Geist und Sinnen ausdrücken. Wenn der Körper beispielsweise gelähmt ist, kann das Selbst ihn nicht bewegen, auch wenn es in sich perfekt ist.

So kann es sein, dass manche Menschen nach dem höchsten Selbst streben, aber nicht die richtige Anleitung und Praktiken haben, so dass sie zwar auf dem Weg voranschreiten, aber nicht das höchste Ziel erreichen.

> 12. Das Licht der Sonne, welches die ganze Welt erhellt, das Licht im Mond und im Feuer, wisse, dass dies mein Licht ist.
> 13. Die Welt durchdringend, unterstützt meine Energie alles Leben. Ich werde der Mond, der Spender des Wassers und des Saftes, der alle Kräuter, Bäume und Pflanzen nährt.
> 14. Da ich das Feuer Vaisvanara (das Verdauungsfeuer) bin, wohne ich in allen Lebewesen, gemeinsam mit Prana und Apana und verdaue die vier verschiedenen Nahrungstypen.

15. Ich wohne in den Herzen aller. Ich gebe und nehme Erinnerung und Wissen. Ich bin derjenige, der durch die Veden zu erfahren ist. Ich bin der Autor und Lehrer des Vedanta.
16. Es gibt zwei verschiedene Purushas in dieser Welt, den vergänglichen und den unvergänglichen. Alle Wesen sind vergänglich, während der Kutastha unvergänglich ist.
17. Aber ganz klar getrennt davon ist der höchste Purusha, das höchste Selbst, der unzerstörbare Herr, der die drei Welten durchdringt und erhält.
18. Da ich das Vergängliche transzendiere und sogar höher bin als das Unvergängliche, bin ich als der höchste Purusha bekannt, in der Welt und allen Veden.
19. O Arjuna, wer von allen Täuschungen befreit ist und mich deshalb als den höchsten Purusha kennt, weiß alles, was es zu wissen gibt. Deshalb verehrt er mich mit ganzem Herzen.
20. Nun habe ich dich diese geheime Wissenschaft gelehrt, o Sündloser. Wenn man dies weiß, wird man wahrhaft weise. Der Sinn des Lebens ist erfüllt.

Durch regelmäßiges Sadhana, Studium der Schriften und ununterbrochene Praxis wird dieses Wissen mehr und mehr Freude bereiten. Man kann dann nicht mehr der Unwissenheit und Täuschung verfallen.

Die Schriften sagen, dass es zwei verschiedene Wesenstypen gibt, die Sterblichen und die Unsterblichen. Die Wesen der Welt sind sterblich und die Götter sind unsterblich. Man mag nun danach streben, wie Brahma, Vishnu oder Shiva zu werden, aber selbst dies ist nicht die höchste Wirklichkeit. Hinter all dem liegt immer noch das reine Selbst. Strebe deshalb danach, dieses höchste Selbst zu sein. Wieso solltest du dich mit weniger zufrieden geben?

So behandelt die glorreiche Bhagavad Gita, die Wissenschaft der Ewigkeit, die Schrift über den Yoga, der Dialog zwischen Shri Krishna und Arjuna über das Wissen des Selbst, das fünfzehnte Kapitel mit dem Titel: „Der Yoga des höchsten Geistes".

KAPITEL 16: DER YOGA DER UNTERSCHEIDUNG ZWISCHEN DEM GÖTTLICHEN UND DEM DÄMONISCHEN

Der gesegnete Herr sprach:
1. Furchtlosigkeit, Reinheit des Herzens, die Standhaftigkeit in Weisheit und Yoga, Wohltätigkeit, Kontrolle der Sinne, Opfergaben, Studium der Schriften, Entbehrung und Aufrichtigkeit,
2. Gewaltlosigkeit, Wahrhaftigkeit, Abwesenheit von Wut, Entsagung, Friedfertigkeit, Abwesenheit von Falschheit, Mitgefühl allen Wesen gegenüber, Nichtbegehren, Liebenswürdigkeit, Mäßigung, Abwesenheit von Wankelmütigkeit,
3. Elan, Vergebung, Tapferkeit, Reinheit, Abwesenheit von Hass, Abwesenheit von Stolz, dies sind die Qualitäten von jemandem, der mit göttlichen Tendenzen geboren ist, o Arjuna!

Hier ist eine Liste der Qualitäten, die göttlicher Natur sind. Ein Mensch, der mit Tendenzen zum Göttlichen hin geboren ist, wird diese aufgezählten Qualitäten haben. Sie sind sein Geburtsrecht, aufgrund seiner Bemühungen in früheren Leben. In meinem Leben hatte ich schon so viele Gelegenheiten, Menschen zu beobachten. Eine Sache, die ich davon gelernt habe, ist, dass es für die meisten Menschen sehr schwierig ist, in ihrem Leben etwas zu verändern. Sie müssen sich sehr anstrengen, auch nur eine kleine schlechte Angewohnheit, die sich in ihrem Leben entwickelt hat, aufzugeben. Wie viel schwieriger ist es für sie, göttliche Qualitäten zu kultivieren? Du musst wirklich zum Göttlichen hinstreben und dich selbst ändern wollen, um in der Lage zu sein, gute Angewohnheiten und göttliche Qualitäten zu etablieren. Dazu muss man viel Sadhana machen und sich selbst immer wieder kontrollieren und beobachten.

4. O Arjuna, wenn ein Mann mit dämonischen Tendenzen geboren ist, werden sich Scheinheiligkeit, Arroganz, Eingebildetheit, Härte, Wut und Unwissenheit in ihm ausdrücken.

> 5. Die göttliche Natur führt zur Befreiung, während die dämonische Natur zu größerer Gefangenschaft führt. O Arjuna, du brauchst dir keine Sorgen zu machen, da dein Geburtsrecht göttlich ist.
> 6. Es gibt zwei Arten von Wesen in dieser Welt, die Göttlichen und die Dämonischen. Ich habe die Göttlichen ausführlich beschrieben. Nun höre die Qualitäten der Dämonischen.
> 7. Die Dämonischen wissen nicht, was sie tun sollten oder was sie unterlassen sollten. Bei ihnen gibt es keine Ehrlichkeit, Reinheit oder richtiges Verhalten.
> 8. Sie bestehen darauf, dass die Schriften falsch sind und dass es keine Wahrheit, keine moralischen Richtlinien und keinen Gott im Universum gibt und dass alles durch gegenseitige Vereinigung entstanden ist, mit Begierde als Ursache.
> 9. Mit diesem verzerrten Blickwinkel sind diese ruinierten Seelen, mit geringem Intellekt, in schreckliche Handlungen verwickelt, in dem Versuch, die Welt zu zerstören. Sie sind Feinde der Menschheit.

Diese Art dämonischer Natur kann sehr teuflische Formen annehmen, wo jemand die Macht hat, die Welt zu zerstören, ähnlich wie Hitler.

> 10. Angefüllt mit unersättlichem Begehren, Scheinheiligkeit, Stolz und Arroganz, durch Täuschung böse Ideen tragend, fühlen sie sich immer vom Vergänglichen angezogen.
> 11. Sie betrachten die Befriedigung ihrer Begierde als das höchste Ziel im Leben und sind deshalb unzähligen Sorgen ausgeliefert, von denen sie nur der Tod erlösen kann.
> 12. Begrenzt durch hunderte Fesseln der Hoffnung, der Begierde und dem Zorn ausgeliefert, streben sie danach, mit widerrechtlichen Mitteln Reichtum anzuhäufen, um ihr Verlangen zu stillen.

Zuerst sind Menschen durch ihre Grundbedürfnisse angetrieben, dazu gehören Bedürfnisse wie Nahrung und Unterkunft. Einige Menschen werden das auf dharmische Art und Weise tun, das bedeutet, dass sie nicht rauben und nicht stehlen werden, um es zu bekommen. Aber Menschen mit dämonischer Natur werden alles tun, was sie tun können. Wenn sie fortfahren, ihre Bedürfnisse auf diese Art und Weise zu befriedigen, nähren sie die dämonische Seite ihrer Natur. Wenn sie ihre Grundbedürfnisse befriedigt haben, wollen sie immer mehr und es kümmert sie nicht, wen sie ausbeuten. Ihre Begierde kennt keine Grenzen.

Wenn man Reichtum erlangt hat und all das Vergnügen hat, das man bekommen kann, verliert man langsam das Interesse daran und sucht nach einer neuen Befriedigung. Man kann so viele Sex-Partner haben, wie man will, jegliches Essen verzehren und alle möglichen teuren Dingen kaufen, aber nichts davon wird einen mehr zufriedenstellen. Nun wird man beginnen, alles dafür einzusetzen, Macht über andere zu bekommen. Man wird all sein Geld dafür ausgeben, in die Position zu kommen, andere zu kontrollieren und daraus seine Befriedigung zu gewinnen.

13. Sie prahlen: „Dies ist mein Verdienst heute; den Wunsch sollte ich mir morgen erfüllen. All dieser Reichtum ist mein und bald werde ich mehr bekommen."
14. „Diesen Feind habe ich erschlagen und andere werde ich auch erschlagen. Ich bin der Herrscher der Menschen. Ich genieße die weltlichen Dinge. Ich bin erfolgreich, mächtig und glücklich."
15. „Ich bin reich und in einer adligen Familie geboren. Wer sonst ist mir gleichgestellt? Ich werde Opfer darbringen. Ich werde Almosen geben. Ich werde jubeln." So sind sie durch Unwissenheit verblendet.
16. Verwirrt von vielen Fantasien, in der Falle der Illusionen gefangen, süchtig nach Befriedigung der Begierde, fallen sie in die üble Hölle ihres eigenen bösen Geistes.
17. Eingebildet, störrisch und berauscht von Stolz durch Reichtum, führen sie Opferrituale ohne spirituelle Absichten aus, gegen die Anleitungen der Schriften.
18. Egoismus, Macht, Hochmut, Begierde und Wut ausgeliefert, hassen mich diese arglistigen Menschen und verneinen meine Präsenz sowohl in sich selbst als auch in anderen.
19. Diese grausamen Hasser, die schlimmsten unter den Menschen in der Welt, alle diese Übeltäter werden von mir nur im Mutterleibe von Dämonen ausgestoßen.
20. In einem dämonischen Mutterleib empfangen, werden sie in jeder Geburt wieder von der Täuschung geblendet und erreichen mich nicht, sondern sinken in den tiefsten Zustand der Seele.
21. Es gibt drei Tore zu dieser selbstzerstörerischen Hölle: Begierde, Zorn und Gier. Deshalb sollte man diese aufgeben.

22. O Arjuna, ein Mensch, der sich von diesen drei Toren der Dunkelheit befreit hat, praktiziert das, was gut für ihn ist, und erreicht folglich das höchste Ziel.
23. Derjenige, der die Bestimmungen der Schriften missachtet, handelt nach seinen Impulsen des Verlangens und erreicht weder Perfektion noch Zufriedenheit, noch das höchste Ziel.
24. Deshalb lass dich von den Schriften führen, wenn es darum geht, was getan und was nicht getan werden sollte. Lerne zuerst, was dich die Schriften über das Handeln lehren, und handele dementsprechend.

Also, wenn du verwirrt bist und nicht weißt, was du tun und was du unterlassen solltest, ziehe die Schriften zu Rate. Handele dementsprechend, wenn du keinen Guru hast, der dich führt. Sei jedoch vorsichtig, denn du wirst die Schriften entsprechend deiner eigenen Stufe des Verstehens lesen und könntest missverstehen, was dort gemeint ist. Deswegen kann diese Liste von göttlichen und dämonischen Tendenzen ein guter Leitfaden für dich sein. Es wird dir helfen, den Stand deines eigenen Geistes und den Stand deines Bewusstseins zu beurteilen, und gibt dir einen Anhaltspunkt darüber, wie viel du noch an dir selbst zu arbeiten hast.

So behandelt die glorreiche Bhagavad Gita, die Wissenschaft der Ewigkeit, die Schrift über den Yoga, der Dialog zwischen Shri Krishna und Arjuna über das Wissen des Selbst, das sechzehnte Kapitel mit dem Titel:
„Der Yoga der Unterscheidung zwischen dem Göttlichen und dem Dämonischen".

KAPITEL 17: DER YOGA DER EINTEILUNG IN DIE DREI VERSCHIEDENEN GLAUBENSARTEN

Arjuna sagte:

1. O Krishna, was ist der Zustand derjenigen, die Gott mit Glauben Opfer darbringen, jedoch die Gesetze der Schriften nicht einhalten? Ist es der Zustand von Sattwa, Rajas oder Tamas?

Es ist schwer, jemanden zu finden, der frühmorgens aufsteht, betet, meditiert, singt und den Namen Gottes preist, ohne daraus ein gutes Geschäft zu machen. Noch schwerer ist es, dies frei von Erwartungen zu praktizieren. Die meisten Menschen verehren Gott, weil sie im Gegenzug etwas dafür erwarten.

Für deine eigene Entwicklung achte darauf, dass du Gott mit einer sattwigen Motivation verehrst. Verehre ihn, um deine Liebe und Dankbarkeit auszudrücken. Wenn du Gott um etwas bittest, bitte um höheres Wissen und Kraft, sodass du anderen Menschen helfen kannst. Das wird dir helfen, dich in ein göttlichen Wesen zu verwandeln.

Der gesegnete Herr sagte:

2. Der Glaube eines Verkörperten entspricht drei Arten. Es wird charakterisiert als Sattwa, Rajas oder Tamas, entsprechend ihrer vorherrschenden Tendenzen. Nun höre, was ich dazu zu sagen habe.

3. O Arjuna, der Glaube eines jeden Menschen steht im Zusammenhang mit seiner Natur. Der Mensch besteht aus seinem Glauben. So wie sein Glaube ist, so ist der Mensch.

Menschen wissen, dass sie sich anstrengen müssen, wenn sie etwas erreichen wollen. Doch manchmal tun sie es mit einer törichten Absicht. Ich habe Menschen gesehen, die wollten lernen, mit Kraft ihres Geistes einen Löffel zu verbiegen. Sie verbrachten 20 oder 30 Jahre damit, ohne dass etwas geschah. Sie verschwendeten ihr Leben für etwas Dummes. Die meisten Menschen probieren ein Geschäft mit Gott zu machen: „Gott, wenn du jenes für mich tust, werde ich dieses oder jenes für dich tun.“ Gott soll hierbei aber immer zuerst geben. „Gott, wenn mein Sohn das Examen schafft, werde ich dir etwas opfern.“ Wenn du in die Kirche oder den Tempel gehst, kannst du dort eine Kerze kaufen und ein Gebet beten. Du kaufst die Kerze für einen Cent, opferst sie zur Verehrung Gottes und erwartest im Gegenzug die richtigen Zahlen für deinen Lotterieschein. Wenn man es in diesem Licht betrachtet, machen diese Art der Opfergaben keinen Sinn mehr.

> 4. Der sattwige und reine Mensch verehrt die Götter; der rajassige oder leidenschaftliche verehrt die Macht und den Reichtum; der tamassige oder getäuschte verehrt Geister und Naturgeister.

Auf der amerikanischen Währung steht: „Wir vertrauen auf Gott“. Das ist schon sehr ironisch, denn viele Menschen halten Reichtum für ihren Gott, auch wenn sie es nicht zugeben wollen. Sie verlangen nach Reichtum und Macht und respektieren die, die beides besitzen.

> 5. Diejenigen, die intensive Entbehrung, ohne Anbindung an die Schriften, getrieben von Scheinheiligkeit und Egoismus praktizieren, werden von der Kraft der Begierde und Verhaftung getrieben,
> 6. ohne Verstand quälen sie alle Aspekte des Körpers. Sie empören mich, der in ihrem Körper wohnt. Wisse, dass sie von dämonischer Natur sind.

Es gibt Menschen, die alle möglichen Übungen ausführen, um Macht und Siddhis (übernatürliche Kräfte) zu erlangen. Im Fernsehen sah ich einen Mann, der Neti (Nasenreinigung) mit einer Schlange machte (er führte die Schlange durch seine Nase, sodass sie aus dem Mund wieder heraus kam). Sie fragten ihn, wie lange er gebraucht habe, um das zu schaffen, und er sagte: „Fünfzehn Jahre.“ Stelle dir vor, fünfzehn Jahre, um zu erlernen, eine Schlange durch die Nase kriechen zu lassen. Was für eine verschenkte Zeit und was ist mit der armen Schlange? Solche Praktiken sind nicht sattwig, denn sie dienen dir nicht dabei, den Geist zur Ruhe zu bringen.

> 7. Auch die Nahrung, die uns lieb geworden ist, Opfer, Entbehrung und Almosen haben drei verschiedene Arten. Höre, wie sie unterschieden werden können.

8. Nahrung, die ein langes Leben, Reinheit, geistige Kraft, Gesundheit, Freude und Heiterkeit unterstützt, die schmackhaft, nahrhaft und gut verdaulich ist, ist den sattwigen Menschen lieb.

Sattwige Menschen liebe frische, saftige Nahrung, die den Geist ausgleicht und energetisiert. Sie essen frisches, reifes, fruchtiges und süßes Obst. Wenn du frisches Obst isst, kannst du sofort das Prana, die Energie in deinem Mund fühlen.

Eine sattwige Diät ist für einen yogischen Weg sehr wichtig. Es hilft, den Geist ruhig und fokussiert zu halten. Versuche dich von verarbeiteter Nahrung, Fleisch und stark gewürzter und raffinierter Nahrung fernzuhalten. Du solltest dich nach dem Essen energetisiert und nicht müde oder tamassig fühlen.

9. Rajassige Menschen bevorzugen bittere, salzige, saure, sehr scharfe, trockene, beißende, gesäuerte und stark gewürzte Nahrung. Solche Nahrung verursacht Krankheit, Schmerz, Trauer und Unwohlsein.

Rajassige Menschen mögen es, scharfe und stark angebratene Nahrung zu essen. Diese Menschen nehmen immer eine extra Portion Pfeffer zum Essen.

10. Tamassige Menschen erfreuen sich an abgestandener, geschmackloser, verdorbener, fauliger und unreiner Nahrung.

Tamassige Menschen mögen abgestandenes Essen. Wenn du ihnen sattwiges Essen gibst, ist es für sie wie Abfall. Manchmal haben wir Arbeiter bei uns, die nicht mit uns essen wollen, weil unser sattwiges Essen sie nicht anspricht. Sie bevorzugen es, in ein Fastfood-Restaurant zu gehen und dort Essen zu sich zu nehmen, das kein Prana mehr in sich hat. Jeder isst entsprechend seiner vorherrschenden Guna.

11. Das Opfer, das in Übereinstimmung mit den Schriften ohne den Wunsch nach Belohnung und mit einem festem Glauben, dass es seine Pflicht ist, dies zu tun, dargeboten wird, ist sattwig und rein.

Ehre Gott, vollbringe Rituale und folge den Ausführungen der Schriften. Führe die Rituale aus, weil es dir ein Bedürfnis ist, Gott zu verehren, und nicht, um dafür im Gegenzug etwas zu bekommen. Wenn du zu deinem Guru betest, bitte um Wissen. Er kann dir nur Wissen und Liebe geben. Gehe nicht zu deinem

Guru, um die richtigen Zahlen im Lotto zu bekommen. Bete auch für andere Menschen. Bete für das Wohlergehen der Welt, nicht nur für dich selbst.

> 12. Das Opfer ist rajassig, wenn es auf eine göttliche Belohnung und Prahlerei abzielt.

In der Mahabharata bittet ein König einen Heiligen, ihm zu helfen, einen Sohn zu bekommen. Als der Heilige fragte, warum er einen Sohn will, antwortete der König, dass er jemanden braucht, der die Fähigkeit hat, eine Person, die er hasst, umzubringen.

Auch wenn der König dem Heiligen Almosen geopfert hat, um eine scheinbar göttliche Belohnung zu bekommen, so ist das wirkliche Motiv durch Rajas und Übel hervorgerufen.

> 13. Das Opfer ist tamassig, wenn es entgegen der Anordnung der Schriften ausgeführt wird. Es mangelt an Glauben und es fehlen Gebete, Essen oder Geschenke.

Das betrifft Menschen, die Almosen geben und ihren Namen auf die Spende schreiben wollen. Ein anderes Beispiel ist, wenn dir jemand etwas schenkt, das dich zu etwas nötigt, dich beleidigt oder herabsetzt. Menschen, die solche Geschenke machen, sehen nicht die Gelegenheit, sich von Selbstsucht und Gier zu befreien. Eine sattwige Person fühlt sich belohnt und gesegnet, wenn sie solch eine Gelegenheit bekommt. Jesus sagte sehr deutlich: „Was auch immer die rechte Hand gibt, sollte die linke Hand nicht wissen." Eine tamassige Person wird ihre Spende überall bekanntgeben, während eine sattwige Person mit Demut gibt, ohne das Geschenk zu verherrlichen. Jesus sagte, dass, wenn du gibst, du die Tasse bis zum Rand füllen sollst, so dass sie überquillt. Im Gegensatz dazu gibt es viele Menschen, die Dinge verschenken, die sie selbst nicht länger haben möchten.

> 14. Verehre die Götter, die Seher, die Lehrer und die Weisen; Reinheit, Aufrichtigkeit, Enthaltsamkeit und Gewaltlosigkeit sind die Entbehrungen des Körpers.
> 15. Sprich, ohne Leid zu verursachen oder andere zu erregen. Sprich die Wahrheit, angenehme und förderliche Dinge und lerne das Wissen der Schriften. Diese Praxis heißt Enthaltsamkeit der Sprache.

16. Das Ausüben von Gelassenheit, Herzlichkeit, Reinheit der Natur und Selbstkontrolle wird als geistige Enthaltsamkeit bezeichnet.
17. Wenn Menschen diese drei Entbehrungen unentwegt, hingebungsvoll und ohne Verlangen nach Belohnung praktizieren, wird es als sattwig bezeichnet.

Diese Art der Enthaltsamkeit ist sattwig, da sie Körper und Geist erhebt. Sie wird dich nicht herunterziehen oder binden.

18. Entbehrungen, die aufgrund von selbstsüchtigem Stolz, der Sucht nach Anerkennung, Auszeichnungen und Ehre praktiziert werden, sind rajassig. Sie sind labil und vergänglich.
19. Entbehrungen, die aufgrund von dummen Neigungen, Selbstquälerei oder mit der Absicht, andere zu schädigen, praktiziert werden, bezeichnet man als tamassig.

Es gibt Menschen, die bestimmte Fähigkeiten erzielen, um damit bei anderen angeben zu können, um Name und Ruhm zu erhalten. Diese Menschen leben immer im Konkurrenzkampf, denn sie wollen die Besten auf ihrem Gebiet werden, um ihr Ego zu befriedigen. Ihre Motivation ist rajassig, doch sie ist besser als eine tamassige Person, die gar nicht nach eigener Entwicklung strebt. Aber auch die rajassige Person muss aufwachen und den Ansatz ihrer Praxis verändern, um spirituellen Nutzen daraus zu ziehen.

Das Beste zu geben, bedeutet nicht unbedingt, in Konkurrenz zu anderen zu stehen. Doch wenn es dich motiviert und dir hilft, Geistesstärke zu erzielen, so ist es durchaus in Ordnung. Natürlich, wenn du das Ziel erreicht und dir bewiesen hast, dass du es kannst, dann brauchst du den Rest deines Lebens nicht damit zu vergeuden, es der Welt immer wieder zu zeigen. Bewege dich einem höheren Ziel entgegen. Als ich Hatha-Yoga praktizierte, wollte ich der Beste werden. Doch nach einer Weile interessierte mich das nicht mehr. Deshalb konnte ich tiefer in die Yogapraxis eintauchen. Einige Menschen bleiben auf einer sehr oberflächlichen Ebene stecken und verpassen die Chance, sich weiterzuentwickeln.

20. Ein Geschenk wird als sattwig bezeichnet, wenn es einer würdigen Person zur rechten Zeit und an einem passenden Ort gegeben wird;

nicht aufgrund eines früheren Profits oder der Hoffnung auf eine zukünftige Belohnung, sondern weil es die Pflicht ist, es so zu tun.
21. Geschenke, die aus selbstsüchtigen Motiven heraus gemacht werden, um etwas zurückzubekommen oder eine Belohnung zu bekommen, oder die gar widerwillig gegeben werden, bezeichnet man als rajassig.
22. Geschenke, die am falschen Ort, zur falschen Zeit und einer unwürdigen Person, ohne Respekt und als Beleidigung gegeben werden, bezeichnet man als tamassig.

Das beste Geschenk, das ein Lehrer geben kann, ist das Geschenk des Wissens. Im Gegenzug solltest du etwas zum Wohlergehen des Lehrers beisteuern. Eine Frau kam zu uns und wollte das ganze Gemüse haben. Wir haben ihr Auto mit dem Gemüse beladen, doch sie dachte nicht daran, dafür eine Spende zu geben. Sie sagte: „Ich habe es mit einer Freundin geteilt und die war darüber zu glücklich." Menschen können sehr selbstsüchtig sein.

Wissen ist das höchste Geschenk, besonders Wissen über das Selbst, das dir hilft, dich zu erheben und ein sinnvolles Leben zu führen. Wenn Menschen an Wohltätigkeit denken, gehen sie in ein Krankenhaus oder unterrichten im Gefängnis. Wenn das deine Berufung ist, dann tue es. Aber wenn es darum geht, zu spenden, solltest du zuerst deinem Guru spenden, da du von ihm richtiges Wissen und Anleitung bekommst. Ein guter Vergleich ist, wenn dein Kind Hunger hat und du sagst, dass du es nicht füttern kannst, da du Almosen an andere geben musst. Das ist ein falsches Verständnis von Spenden geben und wird dir nicht weiterhelfen.

23. „Om Tat Sat"wurde als die dreifache Beschreibung Brahmans verkündet. So wurden seit alten Zeiten die Brahmanen, die Veden und die Opfer erschaffen.
24. Deshalb singen die Verehrer Brahmans immer die Silbe „Om", wie es die Schriften anweisen, bevor sie jegliche Handlungen des Opferns, Entbehrung und verschiedene Handlungen, Almosen zu spenden, beginnen.
25. Jene, die Befreiung und nicht vergängliche Vorteile suchen, sagen „Tat", was „absolut" bedeutet, bevor sie Handlungen des Opferns, der Entbehrung und andere Arten der Wohltätigkeit ausführen.

26. O Arjuna, das Wort „Sat" wird im Sinne von Wahrheit und Güte benutzt; es wird auch im Sinne einer glückverheißenden Handlung genutzt.
27. Unerschütterlichkeit im Opfern, in Entbehrung und Wohltätigkeit wird auch als Sat bezeichnet. Auch Handlungen, die sich auf diese beziehen oder die um des Höchsten willen vollzogen werden, werden als Sat bezeichnet.
28. O Arjuna, was auch immer geopfert, gegeben oder verrichtet wird und welche Entbehrungen ohne Glauben praktiziert werden, bezeichnet man als Asat. Es wird weder gute Ergebnisse in dieser noch in der nächsten Welt nach dem Tod erzeugen.

In deiner Ausführung von Entbehrungen, Disziplinen, Spenden und Wohltätigkeiten sollst du immer die Allgegenwart Gottes erkennen. Du sollst nicht glauben, dass du jemand anderem damit hilfst. Du hilfst dir selbst, denn du erkennst das Göttliche in der anderen Person. Es wird dir eine besondere Gelegenheit geboten, dich zu erheben. Gott kommt als Bettler zu dir, um dich von deiner Selbstsucht und Gier zu befreien. Wenn du es so sehen kannst, dann wird du es schätzen und dankbar sein.

So behandelt die glorreiche Bhagavad Gita, die Wissenschaft der Ewigkeit, die Schrift über den Yoga, der Dialog zwischen Shri Krishna und Arjuna über das Wissen des Selbst, das siebzehnte Kapitel mit dem Titel: „Der Yoga der Einteilung in die drei verschiedenen Glaubensarten".

KAPITEL 18: DER YOGA DER BEFREIUNG DURCH ENTSAGUNG

Arjuna fragte:
1. O mächtig Bewaffneter, O Hrishikesa, der du Kisa erschlagen hast, ich wünsche mir, die Wahrheit der Entsagung und des Nichtverhaftens zu erfahren. Was ist der Unterschied zwischen diesen beiden, Sanyasa und Tyaga?

Betrachte die beiden, Entsagung und Nichtverhaften, und du wirst die Mittel, die zur Befreiung führen, verstehen. In diesen zwei Regeln ist die gesamte Essenz von Moksha, Befreiung, enthalten. Wir haben in den vorherigen Kapiteln gelernt, dass das Ziel des Lebens das Erreichen der Befreiung ist; dies erreicht man, wenn man frei vom Karma, der Ursache der Wiedergeburt und der Konditionierung durch die Schleier, die das Licht des Atmans verbergen, ist. Wenn alle Samskaras ausgelöscht und das ganze Karma, durch die wiederholte Erfahrung der Erleuchtung, verbrannt ist, gibt es keine Bewegung mehr im Geist. Wenn du in der Meditation bist, wird der Geist beständig, ruhig und friedvoll wie ein See. Dann identifizierst du dich mit der höheren Realität, dem göttlichen, reinen Bewusstsein. Das ist das höchste Ziel des Lebens. Man kann diesen Zustand durch den Prozess der Entsagung und des Nichtverhaftens erreichen.

Der gesegnete Herr sagte:
2. Die Heiligen verstehen Sanyasa oder Entsagung als das Aufgeben aller Handlungen, die durch eigennützige Wünsche motiviert sind. Sie verkünden, dass Tyaga oder Nichtverhaften das Aufgeben aller Früchte, der Handlungen ist.

Obwohl die Heiligen verkünden, dass Entsagung die völlige Aufgabe aller Handlungen ist, die durch Begehren motiviert sind, ist es unmöglich, eine Handlung ohne Begehren auszuführen. Wie kannst du ohne Begehren handeln? Jede Handlung braucht eine Motivation. Entweder ist es ein gutes oder ein schlechtes Begehren, und ohne ein Verlangen gäbe es keine Handlung. Für eine verkörperte Seele ist es unmöglich, keine Handlungen auszuführen, denn auch Atmen ist eine Handlung.

Ein geeigneter Weg, Nichtverhaftung zu praktizieren, wäre, die Früchte der Handlungen Gott zu opfern. Während du handelst, kannst du unverhaftet gegenüber den Ergebnissen der Handlungen sein.

> 3. Einige Philosophen sagen, dass alle Handlungen als schlecht angesehen werden sollen, während andere sagen, dass auf hingebende Handlungen, Wohltätigkeit und Entbehrungen nicht verzichtet werden soll.
> 4. O Arjuna, höre von mir die endgültige Wahrheit über die drei Arten von Tyaga.

Einige Philosophen sagen, dass alle drei Arten von Handlungen aufgegeben werden sollen, da sowohl gute als auch schlechte Taten Früchte tragen werden, die man anschließend ernten muss. Jede Handlung ruft eine Reaktion hervor. Jede Ursache hat eine Wirkung. Um die Früchte seiner Handlungen zu ernten, muss man auf dieser Erde verkörpern, wodurch man im Rad von Geburt und Tod gefangen bleibt.

> 5. Auf Handlungen der Hingabe, Wohltätigkeit und Entbehrung (Yajna, Dana und Tapas) soll nicht verzichtet werden, da sie die Reinigung der Weisen sind.
> 6. O Arjuna, aber auch diese Handlungen sollen ohne Anhaftung und ohne Verlangen nach den Früchten praktiziert werden. Das ist meine feste und sichere Überzeugung.

Wie schon in früheren Kapiteln besprochen, sollte man jede Handlung so ausführen, als wäre sie ein heiliges Ritual für Gott. Man sollte versuchen, Gott in allem, was man sieht und tut, zu erfahren. Dadurch werden die göttlichen Schwingungen im Geist gefestigt.

Vollziehe auch Yaina oder rituelle Verehrungen für deinen eigenen Körper und Geist. Folge den Anweisungen der Schriften, um Balance und Harmonie in dir zu bewahren. Siehe es als eine Art Gottesdienst, denn je mehr du dich reinigst und gesund erhältst, desto leichter kann das Göttliche durch dich hindurchscheinen. In dieser Art bewusst zu leben, wird Ausgeglichenheit in dir bewahrt. Wenn du verstehst, dass alles, was du bekommst, ein Segen Gottes ist, dann wirst du es viel mehr zu schätzen wissen. Im Gegenzug möchtest du auch wohltätig und großzügig sein. Du befreist dich von Selbstsucht und Habgier und dein Handeln wird zum Mittel deiner eigenen Befreiung.

Spirituelle Entwicklung bedeutet, deine Anhaftung zur Welt aufzugeben, dich zurückzuziehen und deinen Fokus auf Gott zu lenken. Es ist ein Prozess der Befreiung von allen einschränkenden Eigenschaften wie Lust, Habgier, Hass, Eifersucht, Neid, Angst und Wut, die fortwährend Unruhe im Geist hervorrufen.

Tapas ist Askese (das Ausführen spiritueller Praktiken), die du brauchst, um Balance in Körper und Geist zu bewahren. Praktiziere Asanas, Pranayama, Meditation und singe Gottes Namen. Das ist die beste Art, Balance in Körper und Geist zu bewahren. Sampoorna-Yoga ist der perfekte Weg, um den Körper ausgeglichen zu trainieren, das energetische System aufzuladen, den Geist zu beruhigen und dich zu erholen, zu heilen und von allen Unreinheiten und Giften zu befreien. Die Belohnung ist gute Gesundheit und ein friedvoller Geist. Diese drei Handlungen, Yaina, Dana und Tapas, sollen auf keinen Fall aufgegeben werden, egal, für wie weit fortgeschritten du dich auf dem spirituellen Pfad glaubst, denn sie sind die Mittel zur Befreiung. Aber du solltest sie verhaftungslos ausführen. Wenn du ständig deine Erfolge misst und an die Vorteile denkst, die du daraus gewinnen kannst, wirst du den Geist nur unruhig machen und keinen Erfolg sehen. Je mehr dein Geist durch diese Angst verdorben wird, desto weniger Erfolg wirst du haben. Je mehr dein Geist gereinigt ist, desto schneller wirst du die Resultate deines Handelns sehen. Gleichzeitig wirst du von den Resultaten losgelöst sein, was dir Zufriedenheit und Glück beschert.

Freue dich, wenn du Almosen gibst, und dann lasse es los, so dass es deinen Geist nicht weiter beschäftigt. Danke dem Bettler und der Institution, der du spendest, für die Gelegenheit, dich zu befreien. Denke: „ Wenn es diese Gelegenheit nicht gegeben hätte, könnte ich mich nicht von Geiz und Selbstsucht befreien." Gib ohne Anhaftung, mit Liebe und Glauben. Gib, bis es schmerzt. „Schmerzt" heißt, du gibst, gibst, gibst und fühlst dich schlecht, wenn du nichts mehr zu geben hast. Das tut weh! Ich möchte gern mehr geben, aber ich habe nichts mehr.

7. Die Entsagung einer verpflichtenden Handlung ist nicht angemessen. Die Abgabe der Verantwortung aus Täuschung wird als tamassig beschrieben.

Wenn eine Person Handlungen aufgibt, die von den Schriften festgesetzt wurden, ist sie in einem tamassigen, trägen, unwissenden Zustand. Wenn jemand beispielsweise seine Familie verlässt, weil die Schriften sagen, dass man entsagen soll, und sich dann für einen großen Yogi hält, dann ist das ein grobes Missverständnis der Schriften, das auf Dummheit und Tamas beruht. Wie kann man Frieden im Geist haben, wenn man weiß, dass man seinen Pflichten nicht nachkommen kann? Auf diese Weise wirst du dich nicht entwickeln, da es eine tamassige Entsagung ist.

> 8. Wer seinen Pflichten aus Angst vor körperlichen Schmerzen entsagt oder weil sie ihm lästig sind, entsagt auf eine rajassige Weise und wird dadurch keinen spirituellen Nutzen gewinnen.

Entsagung, die aus einer rajassigen Motivation entsteht, ist das Vernachlässigen der eigenen Pflicht, weil man sie als zu schwierig empfindet oder weil es weh tut oder zu unangenehm ist. Es ist rajassig, weil die Motivation egoistisch ist. Wenn du siehst, dass ein Mann seine Frau und Kinder missbraucht und du nicht einschreitest, weil du Angst hast, dass er dich töten könnte, dann denkst du nur an dich selbst und an dein Wohlergehen. Es ist deine Pflicht, der armen Frau und den hilflosen Kindern zu helfen.

Wenn du etwas aufgibst, das du nicht tun magst, weil es dir nicht gefällt oder es dir Nachteil oder Unannehmlichkeiten bringt, ist es eine rajassige Entsagung. Der Effekt wird ein schlechtes Karma sein. Du wirst an Schuldgefühlen und Scham leiden und es wird dich runterziehen. Stattdessen kann es eine Gelegenheit für dich sein, dich zu erheben.

> 9. Wenn man seine Pflicht erfüllt, weil sie getan werden muss, dabei jedoch alle Verhaftung verstößt und allen Früchten der Handlung entsagt, das wird als sattwige Entsagung betrachtet.

Vollziehe Yajna, Dana und Tapas mit richtigem Verständnis und ohne Anhaftung an den Ertrag, dann ist es sattwige Entsagung. Richtige Handlungen sind jene, die von den Schriften vorgegeben werden. Manche Menschen meinen: „Ich begehe Massenmord und bleibe davon unberührt. Es schafft keine Unruhe in meinem Geist." Doch das ist keine Handlung, die von den Schriften vorgegeben ist!

Handlungen, die Dharma nicht überschreiten, die deine Pflicht und von den Schriften sind, sollte man nur um des Erfüllens der Pflicht wegen ausführen. Es ist deine Pflicht, für deine Familie und deine Kinder zu sorgen. Tue dies, um deine Pflicht zu erfüllen, ohne Anhaftung an den Ertrag. Tue das Beste, um für sie zu sorgen. Wenn du siehst, dass für deine Kinder gesorgt ist, dann wirst du Zufriedenheit, Freude und Glück erfahren.

Entsagung durch Leidenschaftslosigkeit und durch die Erfahrung der Sinnlosigkeit einer Aktivität, die herunterzieht und den Geist verdreckt, ist auch eine sattwige Entsagung. Du wirst solch sinnlose Handlungen aufgeben, weil du die Unvollkommenheit darin erkennst.

10. Der Mann der Entsagung, durchdrungen von Reinheit, spiritueller Entscheidungskraft und erleuchtet durch die Erkenntnis des Atmans, hasst weder eine unangenehme, noch haftet er an einer angenehmen Arbeit.

Im sattwigen Zustand hast du richtige Unterscheidungskraft. Der Zustand der absoluten Entsagung und der richtigen Unterscheidungsfähigkeit kommt, wenn du Samadhi erfährst und damit Wissen über das Selbst, den Atman, gewinnst. Durch das Wissen über den Atman werden alle Zweifel deines Geistes ausgelöscht. Du weißt, wer du bist: Du bist ein erleuchtetes Wesen. Eine wahrhaftig erleuchtete Person wird vor der Verantwortung nicht zurückweichen. Das Sprichwort sagt: „ Vor der Erleuchtung hacke Holz. Nach der Erleuchtung hacke Holz.“ Der Erleuchtete und der normale Mensch können Seite an Seite die gleiche Arbeit verrichten, doch in Wahrheit tun sie nicht das Gleiche. Der eine arbeitet in Freiheit, mit richtiger Wahrnehmung, wahrhafter Entsagung und ohne Anhaftung. Sein Geist bleibt ruhig und unberührt. Er handelt nur, um seine Pflicht zu erfüllen.

11. Es ist für ein verkörpertes Wesen nicht möglich, Handlungen gänzlich aufzugeben, aber derjenige, der auf die Belohnung seiner Handlungen verzichtet, wird als Mann der Entsagung benannt.

12. Die drei Arten der Früchte deiner Handlungen sind schlecht, gut und gemischt. Diejenigen, die noch an Ego und Wünschen verhaftet sind, ernten diese zu gegebener Zeit. Diejenigen, die Ego und Wünschen entsagt haben, werden weder hier noch in der nächsten Welt irgendwelche Früchte ernten.

Während du in einem vom Ego angetriebenen Gemütszustand bist, gibt es drei Arten von Resultaten, die du ernten wirst. Es wird angenehm, unangenehm oder eine Mischung aus beidem.

Wenn du das Ego jedoch spiritualisiert hast und im Zustand von Sattwa bist, handelst du nur, weil du weiter wachsen möchtest, da du das höchste Ziel der Erleuchtung noch nicht erreicht hast. In diesem Fall motiviert Sattwa dein Handeln. Da du ein gutes Begehren hast, wirst du gute Früchte genießen. Die Früchte werden angenehm sein. Hast du ein tamassiges Ego, wirst du nur unangenehme und schmerzhafte Früchte ernten. Nichts Gutes wird dabei herauskommen. Wenn du in einem rajassigen Zustand bist, erfährst du fortwährend angenehm, unangenehm, gut oder nicht gut, schön oder nicht schön. Dein Geist ist ständig erregt und du erfährst eine Mischung aus beidem.

Wenn du Shantih, Frieden erfährst, wirst du auch handeln, die Handlungen werden aber nicht durch selbstsüchtige Motive hervorgerufen. Du tust sie nur der Sache wegen. Das ist der Grund, weswegen Heilige wie Meister Sivananda bis zu ihrem Tod gearbeitet haben, obwohl sie die Erleuchtung schon erreicht hatten. Rama, Buddha, Jesus, die großen Rishis, Propheten und Yogis tun weiterhin ihre Aufgaben, doch sie handeln nicht egoistisch und eigennützig. Sie handeln nur zum Wohl der Menschheit.

> 13. O mächtig bewaffneter Arjuna, lerne von mir die fünf Ursachen für Handlung, wie sie im Sankhya-System erklärt werden:
> 14. Der Körper, das Ego oder der Handelnde, die verschiedenen Sinne, die unterschiedlichen Funktionen der verschiedenen Organe des Handelns und als Fünftes die vorherrschende Gottheit.

Wir haben den Körper, die Sinne und Organe als Instrumente des Handelns. Das Gefühl der Individualität, das Ego, ist der Ausführende, die Motivation hinter den Handlungen, die durch die Instrumente des Körpers, der Sinne, des Geistes, der Emotionen und des Intellektes fungiert.

Du entwickelst dich beständig durch den Prozess von Versuch und Irrtum. So lernst du auf natürliche Weise. Dies passiert aber nicht wahllos, sondern wird von einer höheren Intelligenz gesteuert, die wir Gott oder Brahman nennen. Es gibt eine göttliche Intelligenz in dir, die die Handlungen in deinem Körper dirigiert. Sie werden Yoginis oder Devatas genannt. Der Magen hat seine eigene Devata oder Intelligenz, die dir mitteilt, wenn du etwas Nachteiliges für den Körper aufnehmen willst. Um dich zu beschützen, wird er sich erbrechen. Oder wenn du eine Zigarette oder Marijuana rauchst, warnt dich die Intelligenz der Lungen und du wirst husten. Diese Intelligenz oder Devata ist die „vorherrschende Gottheit", die in diesem Sloka erwähnt wird.

15. Egal, welche Handlungen man mit seinem Körper, seiner Sprache oder seinem Geist ausführt, ob gut oder schlecht, diese fünf Instrumente sind die Ursachen.

Ohne den Körper, das Ego, die Organe der Wahrnehmung, die Organe der Handlung, der Bewegung, der Lebensenergie im Körper oder die vorherrschenden Devas würde nichts geschehen. Sie sind die Ursachen für jegliche Handlungen. Wenn wir über Handlungen sprechen, meinen wir nicht nur die rein physischen Handlungen. Eine Bewegung entsteht zuerst durch einen Gedankenprozess. Jede Handlung hat ihren Ursprung in einer Gedankenwelle und diese Gedankenwelle bezeichnen wir bereits als Handlung, egal, ob sie jemals in die Tat umgesetzt wird oder nicht. Das Problem, an dem heute viele Menschen leiden, ist, dass Gedanken, Sprache und Handlungen nicht mehr in Verbindung miteinander stehen. Du denkst eine Sache, sagst etwas anderes und tust noch etwas ganz anderes. Wie also kannst du Shanti, Frieden, erfahren, wenn du die ganze Zeit in dir zerstritten bist?

Mein Guru konnte nicht viel Englisch sprechen, doch was er sagte, war sehr tiefgreifend und hinterließ einen bleibenden Eindruck in meinem Geist und meiner Persönlichkeit. Er sagte. „Hariji! Denke Gutes, tue Gutes, werde gut!" Es ist so einfach. Wenn du Gutes denkst, wirst du Gutes tun und dann wirst du gut werden. Du musst dich sehr aufmerksam dazu schulen, immer wahrhaftig, aufrichtig und ehrlich zu sein.

Beginne damit, deine schlechten Taten in gute Taten zu verwandeln, dann wirst du gute Früchte ernten. Von dort kannst du weiter gehen, um auf die guten Taten zu verzichten. Mit anderen Worten, du spiritualisierst deine Taten und dein Verlangen. Auch wenn du weißt, dass der Körper, der Geist, das Ego, die Wahrnehmung und das Prana die Handelnden sind, solltest du sie nicht als Entschuldigung dafür nutzen, weiterhin üble Gedanken und Taten auszuführen. Du wirst immer noch die Verantwortung für deine Taten tragen. Das ist der Punkt, an dem du zwischen deinen niederen und höheren Veranlagungen auswählen musst. Wenn du deine höhere Natur wählst, dann wirst du dich verantwortlich für deine Taten fühlen und kannst sie spiritualisieren.

> 16. Weil das so ist, schreibt eine Person mit falschem Verständnis die Täterschaft dem Atman zu. Diese Person mit verdrehter Intelligenz kann die Wahrheit nicht sehen.

In diesem Zustand der Unwissenheit und Täuschung identifizierst du dich mit Körper, Geist und Emotionen. Aus diesem Verständnis heraus sagst du: „ Ich tue dies und jenes. Ich begehre dies und jenes.“ Du denkst, dass du der Handelnde bist und musst somit auch alle Resultate ernten. Das ist falsches Urteilsvermögen und falsches Verständnis.

> 17. Wer frei vom Ego ist, wessen Verständnis weder durch Gutes noch Schlechtes verdorben wird, wird nicht durch Handlung gebunden, und obgleich er Menschen tötet, tötet er sie nicht.

Wenn du in der Lage bist, jenseits der falschen Identifikationen zu gehen und das Selbst zu erfahren, weißt du, dass du nicht der Handelnde bist. Das ist die Essenz der ganzen Lehren Krishnas. Es geht darum, Arjuna zu dem Verständnis zu bringen, dass er seine Pflicht erfüllen muss, um Frieden (sowohl äußerlichen als auch innerlichen) zu erreichen. Krishna leitet ihn zu der Erkenntnis, dass der Tod nicht wirklich existiert und dass jeder, der in diesen Krieg verwickelt ist, wegen seines Karmas dort ist. Krishna lehrt Arjuna, ein Instrument Gottes zu sein und seine Pflicht zu erfüllen.

> 18. Wissen, der Wissende und das, welches es zu wissen gilt, sind die drei Dinge, die Taten motivieren. Das Instrument, die Absicht und der Handelnde sind die drei Grundlagen der Tat.

Das, was bekannt ist, ist das Objekt, zu dem du hinstrebst. Die Person, die bestrebt ist, ist der Wissende oder das Subjekt. Schlussendlich brauchst du Wissen, um das erwünschte Ziel zu erreichen. Um das Konzept besser zu verstehen, stelle dir vor, dass du eine Wasserleitung reparieren möchtest. Du, der Wissende, hast das Ziel, eine Wasserleitung (die bekannt ist) zu reparieren. Dazu brauchst du Wissen, wie du eine Wasserleitung reparierst. Nur die Kombination dieser drei Teile wird eine Handlung hervorrufen. Wenn du ein Teil davon wegnimmst, wird nichts passieren.

19. Die Sankhya-Philosophie erklärt, dass es drei verschiedene Arten von Wissen, Handlung und Handelnden gibt, die davon abhängen, welche Guna vorherrscht. Höre und ich werde sie dir erklären.
20. Wisse, dass das Wissen, wodurch man die unvergängliche Wirklichkeit in allen Wesen, ungetrennt in allen voneinander getrennten Wesen, erkennt, sattwig oder rein ist.

Eine sattwige Person kennt und versteht das Selbst. Mit einem gereinigten Geist erfährst du die Einheit und Göttlichkeit, die überall präsent ist.

Es gibt keine Unterscheidung zwischen Rasse, Hautfarbe oder irgendeiner anderen Form von Lebewesen. Du fühlst Liebe und Göttlichkeit in jedem Aspekt der Welt.

21. Rajassige Erkenntnis betrachtet alle Wesen und Dinge als einzeln und voneinander getrennt.

Im Zustand von Rajas siehst du nur Trennungen. Du erfährst Ich und Mein, Du und Dein und Ichbezogenheit. Alles ist nur für mich gemacht. Alles ist mein. Dementsprechend wirst du angetrieben, nur auf etwas einzugehen, wenn es dich oder „Deins“ betrifft. Du fragst: „Was für einen Gewinn ziehe ich daraus?“ Das Ich ist das kleine Selbst, das Ego.

22. Wissen, das einen Teil als das Ganze ansieht, ohne es zu hinterfragen, ohne Bezug zur Wahrheit, wird als tamassig bezeichnet.

Im Zustand von Tamas ist die Trägheit so stark, dass du nicht einmal mehr Trennung siehst. Intelligenz und Logik sind vollständig abwesend und alles ist verdreht. In diesem Zustand wirst du nicht erkennen, dass ein Tier ein göttliches Wesen ist, das für seine Familie sorgt und sie liebt.

Bedauerlicherweise gibt es für Tamas, Dummheit und absonderliches Verhalten keine Grenze. Sendungen im Fernsehen haben Menschen in Taiwan, China und anderen Teilen der Welt gezeigt, die Hunde aufhängen und schlagen, damit sie mehr Stresshormone produzieren, um ihnen als Aphrodisiakum zu dienen. Je mehr sie die Hunde gequält haben, desto teurer ist das Fleisch. Dies sind tote Menschen, ohne Gewissen. Du kannst sie nicht mal Menschen nennen. Das ist Tamas, ein Zustand, in dem alles verdreht ist. Du erkennst Gutes als Schlechtes und Richtiges als Falsches. Es gibt keine richtige Unterscheidungsfähigkeit.

23. Eine Tat ist sattwig, wenn sie mit dem Gefühl der Pflichterfüllung, ohne Verlangen nach einer Belohnung, frei von Anhaftung und ohne Liebe oder Hass getan wird.

Krishna kategorisiert nun die Handlungen. Es werden ständig Handlungen ausgeführt, aber was ist das Motiv dahinter? Was treibt die Tat an? Wie wird sie ausgeführt? Dies wird alles von der vorherrschenden Guna entschieden. Sattwige Handlungen werden der Sache wegen und ohne Verhaftung an die Ergebnisse vollzogen. Du tust es nicht, weil es für dich angenehm ist. Du tust es, weil du weißt, das es deine Pflicht ist. Im sattwigen Zustand wirst du Freude im Ausführen deiner Pflicht empfinden, unabhängig davon, was du tun musst. Dein Geist ist fokussiert und konzentriert und du verlierst das Gefühl für Zeit. Deine Arbeit zu erledigen wird deinen Geist und deine Energie nicht mehr verbrauchen, denn du hast dich von deiner emotionalen Beziehung zu ihr befreit. Dann findet Transformation statt.

24. Eine Tat ist rajassig, wenn sie, aus selbstsüchtigen Motiven heraus, mit viel Anstrengung, dem Verlangen nach Erfüllung der Wünsche oder des eigenen Vorteils wegen getan wird.

Eine Tat, die durch Begierde, Ego und Habgier angetrieben ist, hat einen rajassigen Charakter. „Ich will dies und jenes." Wenn du während der Arbeit das Gefühl hast, dass deine Aufgabe zu anstrengend ist, verbrauchst du unnötig viel Energie. Wenn du sie jedoch als eine Herausforderung siehst und das Abenteuer genießt, verändert sich die ganze Dynamik in deinem Umfeld. Z.B., wenn du einem Kind sagst: „Lass uns etwas arbeiten", beginnt es zu klagen und sagt: „Ich kann nicht, ich bin zu müde." In dem Moment, wenn du sagst: „Lass uns etwas spielen," hat es unermessliche Energie. Wenn ich beispielsweise ein Projekt starte, etwas, das ich tun möchte, dann genieße ich das Abenteuer. Ich mag es, Dinge herauszufinden. Wenn ich zeige, wie man etwas macht, übe ich es und Schritt für Schritt entwickelt es sich.

25. Eine Handlung ist tamassig, wenn sie in Verblendung ausgeführt wird, ohne die Folgen des Verlustes, der Verletzung oder der eigenen Fähigkeit, es zu vollbringen, zu betrachten.

Die Mehrheit der Menschen in der Welt lebt in dieser Art von tamassigem Zustand. Es gibt keinen Rhythmus, keine Ursache oder keinen Sinn in ihren Handlungen. So setzen sich beispielsweise Menschen mit einer Flasche Alkohol zusammen und trinken, oder sie rauchen einen Joint. In beiden Fällen sitzen sie und reden Unsinn. Welch eine sinnlose Aktivität, eingebettet in Trägheit, Unwissenheit, Täuschung und Tamas. Die Handlungen, die sie in solch einem berauschten und drogeninduzierten Zustand vollziehen, ziehen sie noch tiefer in Dunkelheit und Täuschung. Das Gehirn wird ausgeschaltet und es gibt kein Zeichen von Intelligenz in solch einem tamassigen Zustand. Im rajassigen Zustand trainieren die Menschen zumindestens ihre Willenskraft und ihren Geist. Sie planen, analysieren und streben nach Erfolg. Es gibt zumindest ein äußeres Ziel. Eine tamassige Handlung strebt nicht nach Veränderung, nichts Gutes kann dadurch erntstehen. Als Beobachter wirst du dich über solch dumme Aktivität amüsieren. Menschen könnten sagen, dass sie entspannt sind, doch diese Art der Entspannung zerstört den Geist und zieht dich weiter hinunter in die Täuschung.

Diese Sorte von Menschen kümmert sich nicht einmal darum, woher sie ihr Geld bekommen. Vielleicht stehlen oder lügen sie, um es zu bekommen, klauen oder betrügen andere. Vielleicht verbrennen sie es sprichwörtlich oder vergeuden es in unsinnigen und dummen Aktivitäten. In meinem Land kämpfen Menschen um Schuhe und Essen. Nur in einem Land wie diesem verschwenden Menschen ihr Geld für Drogen und schwächen ihren Körper, Geist, Sinne und alles, was Gott ihnen gab. Das ist pures Tamas.

In diesem Zustand sorgst du dich auch nicht um die Konsequenzen deines Handelns. Selbst wenn du eine Familie hast und ihr gemeinsam hart arbeiten müsst, um Geld zu verdienen, gehst du aus und vertrinkst das Geld eigennützig, anstatt es für die Familie nach Hause zu bringen. Jeder leidet, einschließlich der Kinder. Die Handlungen, in die du verwickelt bist, bringen nur Leid und Schmerzen für dich und andere. Das ist Tamas. Die Welt ist voll mit solchen Aktivitäten, gerade in einer wohlhabenden Gesellschaft.

Es gibt Zeit für alles. Es gibt Zeit für Arbeit und Zeit für Vergnügen. Der Geist mag dir sagen, was zu tun ist, ungeachtet dessen, was jetzt gut für dich wäre. Du möchtest lieber etwas anderes tun als deine Pflicht, ungeachtet der Konsequenzen. Aber das würde nur deine Energie vergeuden. Anstelle zu arbeiten, wünscht du dir Sex und drückst dich vor deiner Pflicht. Das ist der Höhepunkt von Tamas.

> 26. Ein sattwiger Mensch ist frei von Anhaftung, nicht egoistisch, ausgestattet mit Beständigkeit, Enthusiasmus und unberührt von Erfolg oder Misserfolg.

Erfreue dich daran, Gutes zu tun. Ich bin mir sicher, dass Mutter Teresa keine Liste darüber geführt hat, wie vielen Menschen sie geholfen hat. Sie hat ihre Freude in dem gefunden, was sie tat, ihr Ziel war es nicht, die Bewunderung der anderen zu bekommen. Sie tat einfach nur ihre Pflicht, den Ärmsten der Armen zu helfen. Sie fühlte einen inneren Zwang, dies zu tun, denn es war ihre Aufgabe.

Tue das, was getan werden muss. Wenn es dir misslingt, glaube nicht, dass du damit aufhören sollst. Fahre fort, bis es dir gelingt. Ein unwissender, getäuschter und tamassiger Mensch handelt, ohne dass etwas dabei herauskommt. Im Gegenteil, er wird wahrscheinlich während der Arbeit noch einiges zerbrechen.

Meister Sivananda sagte, er sei eine Enzyklopädie an Krankheiten. Aber er unterrichtete immer weiter. Sein Gesicht war voller Frieden, unberührt bei Erfolg und sorglos bei Misserfolg.

> 27. Eine rajassige Person ist leidenschaftlich, sie verlangt eine Belohnung für ihre Taten, gemein, habgierig, unrein und ist berührt durch Freude und Leid.

Sobald ein rajassiger Mensch eine Gelegenheit für Ehrung, Name und Ruhm sieht und seine Vorteile vervielfältigen kann, ist er bereit, alles dafür einzusetzen, dies auch zu bekommen. Es ist ihm egal, wen er auf dem Weg zum Ziel vernichtet oder zerstört. Sein einziges Ziel ist es, die Zielgerade zu erreichen. Wenn solche Menschen gewinnen, dann jubeln sie, wenn sie verlieren, wollen sie sich umbringen.

So erwerben einige rajassige und tamassige Menschen Ashrams und spirituelle Zentren und glauben, dass sie damit Menschen helfen. Doch in Wirklichkeit halten sie die Menschen nur in Unwissenheit und nutzen sie aus. Wenn man dort zu Besuch kommt und sie die Wahrheit lehrt, dann wird man zur Bedrohung des Unternehmens und ihrer konditionierten Geisteshaltung, und sie beginnen, mit dir „zu kämpfen“, werfen dich hinaus und laden dich nicht wieder ein. Selten findet man echte Wahrheitssucher, die willig sind, sich Disziplinen und Transformation zu unterziehen.

28. Ein tamassiger Mensch ist unstet, entmutigt, unbeugsam, betrügerisch, arglistig, vulgär, faul und verschleppt seine Pflicht.

Tamassige Menschen arbeiten, aber sie sorgen sich nicht um das Ergebnis; sie sind allem gegenüber gleichgültig. Es ist, wie ein Unkraut herauszuziehen, den Dreck abzuschütteln, 10 Meter zu gehen, um es wegzuschmeißen, um dann wiederzukommen, um das nächste Unkraut herauszuziehen und diesen Vorgang für Stunden zu wiederholen. Stattdessen kannst du das ganze Unkraut auf einen Haufen neben dir werfen, um es dann zusammen wegzuschmeißen. Doch Menschen wollen lieber in ihrer tamassigen Art, Dinge zu tun, bleiben, vergeuden dadurch so viel Zeit und Anstrengung für etwas, das mit ein bisschen Nachdenken und Intelligenz viel leichter und effektiver hätte getan werden können.

Einige Menschen denken, dass sie gleichgültig und ruhig sind, dass sie Yogis sind, doch in Wahrheit ist ihr Geist sehr tamassig. Sie sind „dumm und störrisch“, und dies zeigt sich in allem, was sie tun. Einsteins Definition von Wahnsinn passt zu dieser Art des Arbeitens: „ Irrsinn ist, das Gleiche immer wieder zu tun und unterschiedliche Ergebnisse zu erwarten.“

29. O Arjuna, ich werde dir vollkommen und einprägsam die drei Bereiche des Intellekts und der Beständigkeit, bezogen auf die vorherrschende Guna, beschreiben.
30. Der Intellekt eines Menschen hat die Eigenschaft von Sattwa, wenn er zwischen Entbehrung und weltlichem Verlangen, zwischen dem, was getan und nicht getan werden soll, zwischen Angst und Furchtlosigkeit und zwischen Gefangenschaft und Freiheit zu unterscheiden vermag.
31. Wenn der Intellekt nicht genau zwischen richtig und falsch, was getan und was nicht getan werden soll, unterscheiden kann, dann wird er rajassig genannt.
32. O Arjuna, wenn der Geist von Dunkelheit verhüllt ist und richtig als falsch erkennt und alle Dinge verdreht sieht, wird dieser Geist tamassig genannt.

Für eine tamassig gesinnte Person ist es egal, ob du die liebenswürdigste und fürsorglichste Person bist; sie wird dich immer noch als schreckliche Person ansehen. In solch einem Zustand wird alles ins Gegenteil verkehrt.

Da ich mich in meinem geistigen Zustand immer danach sehne, Sattwa um mich zu haben, ist es sehr schwer, Tamas für einen längeren Zeitraum auszuhalten. Eine tamassige Person zu dem Punkt zu bringen, wo sie ein wenig versteht, ist ein sehr anstrengender Prozess, der lange Zeit in Anspruch nehmen kann. Besonders, wenn diese Menschen sich nicht verändern wollen, fühlt es sich für mich so an, als ob ich meine Zeit und Energie verschwende. Mein Guru, Swami Nada Brahmananda, sagte immer: „ Hariji, du kannst einen Esel nicht in ein Pferd verwandeln.“ Eine tamassige Person ist einfach nicht fähig, ihr eigenes Tamas wahrzunehmen, deshalb ist es unmöglich für sie, sich selbst aus dem Tamas herauszuziehen. Eine rajassige Person ist mit ihrer Habgier zu sehr beschäftigt und geblendet, sodass es schwer ist, sie zum Anhalten zu motivieren, um über ihr Handeln zu reflektieren. Nur wenn du schon etwas in Sattwa verwurzelt bist, kannst du dich wirklich selbst betrachten und verändern. Menschen sagen, sie finden Erkenntnis, wenn sie nach innen gehen. Doch wenn du im tamassigen Zustand bist, was wirst du dort vorfinden? Nur Tamas. Du brauchst immer wieder Anleitung, Korrektur und Führung.

> 33. Die Beständigkeit, die durch Sattwa inspiriert ist, schwankt nicht. Sie wird durch die Praxis von Yoga gestärkt. Ein Mensch, der diese Beständigkeit hat, hat vollkommene Kontrolle über seine Lebensfunktionen, Sinne und seinen Geist.

Ein sattwiger Mensch wird nicht aufhören, bis er sein Ziel erreicht hat. Worte wie: „Ich könnte … Ich würde … Ich habe es fast geschafft …“ existieren einfach nicht in seinem Vokabular. Solche Menschen streben, bis sie ihr Ziel erreicht haben.

> 34. Rajas ruft die Beständigkeit hervor, die durch ein selbstsüchtiges Verlangen nach Reichtum und das Erfüllen der Pflicht für den persönlichen Vorteil motiviert ist.

Im Zustand von Rajas bist du nur durch Habgier und Selbstsucht getrieben. Während du deiner Pflicht nachgehst, schaust du beständig, ob du gepriesen und geschätzt wirst. Mit anderen Worten, du misst ständig deine Belohnungen.

> 35. Die Beständigkeit ist tamassig, wenn ein dummer Mensch nicht bereit ist, Schlaf, Angst, Gram, Verzweiflung oder Täuschung aufzugeben.

Tamassige Menschen sind sehr zufrieden mit ihrem Geisteszustand und wollen ihn behalten. Menschen wie diese untersuchen, reflektieren oder hinterfragen nie, was sie gesagt haben. Das ist die Form des Starrsinns, den man oft im Fanatismus findet. Das ist pures Tamas, nicht einmal Rajas. Menschen sind wie Schafe; sie sind herdengesteuerte Anhänger und meiden die Idee philosophischer Fragestellungen. Wenn du versuchst, tamassige Menschen zu korrigieren, fühlen sie sich sofort beleidigt. Sogar bei einfachen Sachen, wie schlechte Essgewohnheiten zu korrigieren, können sie starke emotionale Reaktion haben. Sie wollen die Wahrheit nicht hören.

36. Nun höre von mir, o Arjuna, die drei Arten der Freude. Durch anhaltende Praxis kommt man sicher zum Ende des Leidens.
37. Was anfangs wie Gift ist, wird zum Schluss wie Nektar sein, diese Freude wird sattwig genannt, aus Erkenntnis des Selbst geboren, bedingt durch die Reinheit des eigenen Geistes.

Alle Menschen wollen glücklich sein und alles, was sie tun, strebt nach diesem Ziel. Jeder Mensch möchte Glück, entsprechend seinem Bewusstseinszustand, finden, mit anderen Worten, entsprechend seiner vorherrschenden Guna. Der Yogi, der in Sattwa etabliert ist, erfährt eine Freude, die pure Glückseligkeit des Atmans ist. Da er im Zustand der Meditation ist, erfährt er die Welt ausschließlich als das Selbst, als Brahman, der alles durchdringt.

Um diesen Zustand zu erreichen, muss man viel Disziplin haben und eine große Menge an Anstrengung leisten. Am Anfang „schmeckt" einem das nicht so gut. Man muss sein Tamas durchbrechen und den Geist reinigen. Dieser Prozess wird alle Unreinheiten auf der körperlichen, emotionalen, geistigen und intellektuellen Ebene aufrühren und ein wenig Unbehagen und vielleicht auch Schmerz mit sich bringen. Doch das Ergebnis ist dauerhafte Freude, der süßeste Nektar von allem.

38. Die Freude, die durch den Kontakt der Sinnesorgane zu den Objekten kommt und anfangs wie Nektar, am Ende aber wie Gift ist, wird als rajassig bezeichnet.

Krishna zeigt uns hier ganz unverblümt, dass es zwei Wege gibt: den Weg von Shriya und den Weg von Priya. Mit anderen Worten, es gibt den guten und den angenehmen Weg. Die rajassigen Menschen folgen dem Weg der Sinne.

Eigentlich folgt der größte Teil der Welt diesem Weg. Die Menschen denken, dass Freude durch Vergnügen kommt, und je mehr Vergnügen sie haben, desto mehr Freude werden sie erfahren. Dazu braucht man Geld und Macht. Deshalb streben die Menschen materiellen Reichtum an, um mehr Freude zu gewinnen und um am Ende zu entdecken, dass es immer in Leid endet. Du wirst abhängig von sinnlichem Vergnügen. Es kann in Form von Alkohol, Sex, Konsum oder Drogen sein. Was auch immer man auf diesem Weg tut, es wird nie anhaltende Zufriedenheit bringen, es wird dich letztlich zu deinem eigenen Untergang führen, weil es den Geist herabsetzt und dich herunterzieht. Deshalb beschäftigen sich weise Menschen nur in Maßen mit sinnlichen Vergnügen.

Unglücklicherweise ermutigt uns unsere Gesellschaft, dem angenehmen Pfad zu folgen, denn es ist gut für die Verkaufszahlen. Kannst du dir vorstellen, wie anders unsere Gesellschaft wäre, wenn in den Schulen der wirkliche Sinn des Lebens und der „gute Pfad“ gelehrt würden? Wie viel weniger unsere Kinder sich bemühen müssten, Erfüllung im Leben zu finden, und wie viel produktiver sie für die Gesellschaft wären?

> 39. Das Vergnügen, das von Anfang bis Ende vom Selbst wegführt und aus Schlaf, Trägheit und Achtlosigkeit entsteht, wird als tamassig bezeichnet.

Tamassige Menschen sind in Täuschung, Unwissenheit und Dunkelheit versunken. Sie ziehen Vergnügen daraus, anderen Leid zuzufügen. Ihr Atman ist von vielen Schleiern verdeckt.

Rajassige Menschen finden Vergnügen daran, große Mengen Reichtum anzuhäufen. Sie kümmern sich nicht darum, wen sie belügen oder berauben. Sie nutzen Menschen für Profit aus. Sattwige Menschen empfinden Freude, wenn sie anderen Menschen helfen und für die Gesellschaft sorgen können, denn sie erkennen den Atman im anderen. In diesem Fall liebst du deinen Nachbarn wie dich selbst. Du erfährst das gleiche Selbst in allen Wesen und alles wird für dich heilig. Eine Pflanze ist heilig und du betest sie an, weil sie sich dir so großzügig und uneigennützig hingibt.

Sattwige Befriedigung führt zu mehr Freude und Freiheit, wohingegen tamassige und rajassige Befriedigung zu größerer Gefangenschaft und Erniedrigung führt.

Im Sampoorna-Yoga-System sind wir an den unterschiedlichen Aspekten des Yoga beteiligt und verstehen und engagieren uns für den sattwigen Aspekt des Yoga. Im Hatha-Yoga z.B. gibt es sattwige, rajassige und tamassige Praktiken. In unserem, Zugang zu Hatha-Yoga oder Asanas fühlt man sich am Ende der Stunde energetisiert und erfrischt. Man verlässt die Stunde mit einem Gefühl von Zufriedenheit und Freude, da sie Sattwa erzeugt und den Geist erhebt. Wohingegen andere Yogastile deine Energie durch Überanstrengung abziehen oder dich in einen tamassigen Zugang versetzen.

Wenn du Meditation praktizierst, musst du aufrecht sitzen können, ohne dass dich dein Körper stört. Nur dann bist du fähig, an deinem Geist zu arbeiten und zu lernen, wie du ihn konzentrieren und kontrollieren kannst. Wenn du diesen Zustand der Konzentration erreichst, wird dein Geist sehr machtvoll, und es gibt nichts, das du nicht erreichen könntest. Der rajassige Geist wird diese Macht dazu nutzen, andere zu manipulieren, um mehr Gewinn und Macht zu bekommen. Der tamassige Geist nutzt ihn, um andere und sich selbst zu schwächen. Nur der sattwige Geist wird die Macht nutzen, um tiefer ins Selbst einzudringen und Glückseligkeit, die daraus entsteht, zu genießen.

40. Es gibt kein Wesen auf Erden oder inmitten der Götter im Himmel,
das frei von den drei aus Prakriti entstandenen Gunas ist.

Ein Mensch mit richtiger Unterscheidungskraft wird danach suchen, sich von den drei Gunas, zu befreien; das ist der ganze Sinn des Sadhana. Diese Lehre und das System des Yoga dienen dazu, dich näher zum Ziel der Befreiung und der Erleuchtung zu bringen. Dennoch wirst du in diesem Prozess durch alle Zustände und Stadien von Tamas, Rajas und Sattwa gehen. Nimm sie als solche wahr und gehe weiter, bleibe nicht auf einer Stufe stecken. Du brauchst den Körper, um zur Erleuchtung zu kommen, also befriedige seine Bedürfnisse, wie Hunger und Schlaf. Erhalte gute Gesundheit, mache dein Sadhana und übe Meditation. Fahre fort, dich zu verfeinern und zu reinigen. Irgendwann wirst du eine beständige Erhebung des Geistes und ein Lüften der Schleier deiner Unwissenheit wahrnehmen. Dein Guru kann dir, durch eine sattwige Führung, helfen. Folge den Lehren der Schriften, wie sie von ihm beschrieben werden, so dass du auf allen Ebenen wachsen kannst. Der Mensch mit Weisheit und richtiger Unterscheidungskraft wird versuchen, sich vom Groben zum Feinen zu bewegen, bis er den Zustand von Sattwa erreicht, und selbst diesen, durch wiederholtes Erleben des überbewussten Zustandes, überwinden, um die Befreiung zu erreichen.

41. O Arjuna, bei Brahmanen, Kshatriyas, Vaishyas und Shudras sind die Aufgaben, gemäß der Qualitäten ihrer eigenen Natur, verteilt.

Hier bezieht sich Krishna wieder auf die vier Kasten der Gesellschaft.

Die Brahmanen sind die erleuchteten Menschen, die Yogis und Rishis. Die Kshatriyas sind die Führer, Krieger, Soldaten und Polizisten; die Vaishnas, sind die Geschäftsleute und die Shudras sind die Dienstleister. Entsprechend deiner eigenen Natur wirst du dich zu einem dieser Kategorien hingezogen fühlen. Das kann sich im Laufe des Lebens jedoch verändern. So kannst du beispielsweise, wenn du ein Kshatriya bist, deine rajassige Eigenart Stück für Stück in einen friedvollen Zustand umwandeln und dich dann zu einem anderen Beruf hingezogen fühlen. Du solltest deine Pflicht immer so ausführen, dass es dir hilft, Konzentrationskraft aufzubauen und den Geist zu erheben.

42. Gelassenheit, Selbstbeherrschung, Entbehrung, Reinheit, Vergebung, Aufrichtigkeit, Erkenntnis, Bewusstwerdung und Glauben an Gott sind die Aufgaben eines Brahmanen, die aus seiner eigenen Natur entstehen.

Krishna zeigt uns hier die Qualitäten des echten Sehers, des Rishis oder Heiligen, der den Zustand der Ausgeglichenheit erreicht hat. Sein Geist ist harmonisiert und er ist im Zustand der Stille. Menschen missverstehen diesen Zustand oft als einen tamassigen Zustand, als Nutzlosigkeit und Faulheit. Doch ein sattwiger Mensch ist vollkommen wach und bewusst und frei von Trägheit.

Je friedvoller der Geist ist, desto bewusster ist er. Die Seher sind die Priester und geistigen Berater in der Gesellschaft. In früheren Zeiten hatten die Könige ihren Priester, ihren Guru; sie waren die Brahmanen. Ihre Aufgabe war es, die Gesellschaft geistig zu führen. Diese Menschen waren weise und lebten ein einfaches Leben der Disziplin, ihr Geist war ruhig. Sie folgten den Schriften und hielten die Lehren aufrecht.

43. Tapferkeit, Ruhm, Standhaftigkeit, Gewandtheit, keine Scheu vor dem Krieg, Großzügigkeit und Herrschaftlichkeit sind die Aufgaben der Kshatriyas, die aus ihrer eigenen Natur entstehen.

Das sind die Qualitäten der Kshatriyas, der Führer der Gesellschaft wie Könige und Präsidenten etc. Der Charakter dieser Menschen ist kühn, unbeirrt und furchtlos. Sie sind diejenigen, die die Gesellschaft verteidigen; Soldaten, Krieger, Polizisten etc.

In der heutigen Zeit findet man viele Menschen in diesen Berufen, die andere Menschen ausnutzen. Sie schüchtern sie ein und nehmen, was sie wollen. Doch das ist nicht der wahre Charakter eines Kshatriyas. Die Eigenschaften eines Kshatriyas sind Großzügigkeit und willens zu sein, die Schwachen und Hilfsbedürftigen zu verteidigen.

44. Landwirtschaft, Viehzucht und Handel sind die Aufgaben von Vaishyas (Kaufmannsklasse), die aus ihrer eigenen Natur entstehen. Die Aufgabe der Sudra (Dienstleitungsklasse) besteht aus Dienstleistungen, die aus ihrer eigenen Natur entstehen.

Vaishyas sind Geschäftsleute, die im traditionellen Sinne sehr strenge Richtlinien hatten, so dass sie ihrem Geschäft nachgehen konnten, ohne andere dabei auszunutzen. Die Menge des vertretbaren Gewinns war reguliert.

Die Shudras sind Menschen, die der Gesellschaft dienen. Das heißt nicht, dass diese Menschen aus einer niederen Klasse kommen. Diese demütigen Menschen tun jede Arbeit, um das gesellschaftliche Leben aufrechtzuerhalten. Man kann selbst von einem Arzt als Dienstleister sprechen.

45. Jeder Mensch, der seiner Pflicht ergeben ist, kann Perfektion erreichen. Ich werde dir erklären, wie.

Das Ziel des Lebens ist es, die Erleuchtung, den Zustand der Perfektion zu erreichen. Der Zustand der Perfektion ist das Erleben der eigenen Göttlichkeit. Krishna erklärt Arjuna, dass jeder diesen Zustand erreichen kann, ungeachtet seiner Kaste oder seiner Arbeit. Man muss seine Pflicht nur so ausführen, dass sie hilft, die Persönlichkeit zu erheben, bis der Zustand der Stille, Ruhe und Friedlichkeit erreicht ist.

So kann man beispielsweise den Boden wischen und dabei Freude und Konzentrationskraft entwickeln; oder man kann sich über den Dreck auf dem Boden ärgern und den Geist unruhig machen. In der gleichen Weise kann ein Doktor glücklich sein, dass er Menschen helfen kann, oder er kann durch seine Arbeit angespannt sein. Je nach dem, wie du zu deiner Arbeit stehst, kann sie dich glücklich, freudvoll und zufrieden oder geistig krank machen.

> 46. Wenn man denjenigen, aus dem sich alle Wesen entwickelt haben und der alles durchdringt, durch die Erfüllung seiner Pflicht verehrt, erreicht man Perfektion.

Wiederholt erzählt Krishna Arjuna, wie man seine tägliche Arbeit nutzen kann, um den Geist zum Erleben des Gottesbewusstseins zu erheben. Erfülle deine Pflicht im Sinne eines Dienstes an Gott, gib dein Bestes zu jeder Zeit und gib dich Gott vollkommen hin.

> 47. Es ist besser, wenn man seine Pflichten erfüllt, auch wenn sie unvollkommen erscheinen, als die eines anderen perfekt zu erledigen. Derjenige, der seine durch die eigene Natur bestimmte Pflicht erfüllt, begeht keine Sünden.
> 48. O Arjurna, man sollte die Pflicht, zu der man geboren wurde, niemals aufgeben, auch wenn man sie unvollkommen erfüllt, da alle anderen Taten vom Bösen umgeben sind, so wie das Feuer vom Rauch umgeben ist.

Wenn du deine Pflicht, deine „Bestimmung" erfüllst, wird dein Geist am Ende des Tages nicht gestresst und erregt sein. Wenn du etwas tust, das nicht deiner Natur entspricht, auch wenn du es perfekt machst, wird es viel Stress und Unruhe in dir erzeugen. Es verringert deine Energie und erzeugt Erregung in deinem Geist. Wenn du hingegen etwas tust, das dir leicht von der Hand geht, wirst du keinen Stress empfinden. Mit einem fokussierten und konzentrierten Geist kann man jede Art der Arbeit erledigen. Es dauert jedoch einige Zeit, bis dir die Arbeit wie von selbst von der Hand geht. Wenn du jedoch deiner eigenen Pflicht folgst, wird der Geist immer ruhiger und gelassener, so dass du für die Meditation bereit bist.

Jede Tat, die du tust, wird unvollkommen sein. Doch du sollst dich immer weiterentwickeln, um effizienter zu handeln und die Fähigkeit der Konzentration und Zielstrebigkeit zu entwickeln. Wenn du danach strebst, dich in deinen Taten zu verbessern, wird es automatisch zu Erfüllung, Befriedigung, Glück, Freude und Stille führen.

> 49. Wenn man den Zustand des Nichtanhaftens, der Selbstbeherrschung und Freiheit von Wünschen durch Entsagung erreicht hat, erreicht man den höchsten Zustand der Freiheit von Handlungen.

Wenn du deine Pflicht, entsprechen den Anleitungen der Schriften, erfüllst, wirst du den Zustand von Nicht-Anhaftung, Selbstbeherrschung und Freiheit von Wünschen, durch Entsagung erreichen. Der Geist muss diesen Zustand erreichen, um Brahman zu erfahren. Du bist in dieser Welt, um sie zu erfahren, nicht um an sie verhaftet zu sein. Du kamst mit nichts hierher, doch durch falsches Verstehen und Verwirrung im Geist verhaftest du dich an die Welt, wodurch Krankheiten im Geist ensteht; Anhaftung führt zu Habgier, Selbstbezogenheit, Eifersucht, Hass und all diese niederen Emotionen. Auf diese Weise hängst du an Dingen, die dir gar nicht gehören. Menschen identifizieren sich mit „ihrem Land", und das führt zu Kriegen etc. Schritt für Schritt musst du die Weisheit lernen, dich nicht an Dinge zu verhaften. Das bedeutet nicht, dass du verantwortungslos und gleichgültig werden sollst. Richtige Verhaftungslosigkeit kommt aus dem Verständnis, dass du für bestimmte Dinge im Leben beauftragt bist. Z.B., wenn ich dich auf mein Baby aufpassen lasse, tust du es mit Liebe und Sorge, aber ohne Anhaftung. Doch wenn du dich geistig an das Baby verhaftest, wird das Schwierigkeiten bringen. Wenn ich das Baby dann zurückhaben möchte, beginnst du zu weinen und sagst: „Warum willst du mein Baby zurückhaben? Ich habe es die ganze Zeit versorgt und betreut, warum soll ich es dir jetzt zurückgeben?" Doch in Wahrheit war es nie dein Baby, es wurde dir nur für eine Zeit anvertraut. Auf diese Weise kannst du die Zeit mit dem Baby genießen und erlebst kein emotionales Trauma, wenn die Eltern ihr Baby zurückhaben wollen.

Wenn du den Zustand der Fülle erreichst, gibt es in dir kein Verlangen mehr. Bis der Geist diesen Zustand erreicht, erleben wir Verlangen, weil wir in uns eine Leere fühlen. Dieses Gefühl der Leere entsteht, weil der Geist vom wahren Selbst, Sampoorna, der absoluten Fülle, getrennt ist. Wenn du das verstehst, wirst du dich immer mehr von der Welt zurückziehen und dich mehr und mehr auf die Quelle des Glücks und der Göttlichkeit konzentrieren.

50. O Arjuna, lerne von mir in Kürze, wie ein Mann, der Perfektion erzielt hat, Brahman, den höchsten Zustand der Weisheit, erreicht:
51. Wer ausgestattet ist mit einem reinen Intellekt und frei von Täuschungen, die Sinne, durch einen standhaften Willen, kontrolliert, unter Verzicht auf Geräusche und andere Objekte, ohne angezogen oder abgestoßen zu sein;
52. in Einsamkeit lebend, wenig essend, seine Sprache zügelnd, Körper und Geist besiegt und immer beschäftigt mit Konzentration, und

> Meditation auf Brahman, der Wahrheit, Zuflucht suchend in Leidenschaftslosigkeit,
> 53. losgelöst von Selbstsucht, Gewalt, Arroganz, Wut, Verlangen und Begierde, frei von Lust an Besitztum und friedvoll ist, er ist bereit, Brahman zu werden.

Krishna gibt uns ein Beispiel für einen Geist, der bereit für das Erleben Brahmans, für die Erleuchtung ist.

Normalerweise halten die Sinne den Geist nach draußen gerichtet und vergeuden dadurch sehr viel Energie, sodass der Geist immer zerstreuter und unruhiger wird. In einem solchen Zustand kann man die Meditation nicht erreichen. Ein Mensch, der so starke Willenkraft entwickelt hat, dass die Sinne den Geist nicht mehr nach außen ziehen, kann diese als seine Instrumente nutzen.

Wenn du diesen Zustand erreicht hast, sehnst du dich nach Ruhe und Einsamkeit, da dich der Lärm der Bevölkerung zu sehr ablenkt und stört. Es wird ganz natürlich für dich werden, auf deine Ernährung zu achten, da du die Fülle der göttlichen Energie, die du durch deine Praxis gewonnen hast, wahrnimmst und zu viel Essen dein Sadhana stört.

Ein Yogi könnte für einen unwissenden Menschen herzlos erscheinen, denn er wird von den weltlichen Dingen nicht berührt. Wenn jemand zu ihm kommt, weint und klagt, weil er sein Haus, seinen Besitz und seine Familie verloren hat und der Yogi sich nicht auf diese Emotionalität einlässt, könnte dieser Mensch denken, dass der Yoga kein Mitgefühl hat. Er hat jedoch das höchste Mitgefühl, aber alles, was er wahrnimmt, ist, dass dieser Mensch wegen etwas Vergänglichem leidet, und er versucht deshalb, diesen Menschen aufzuklären und zu erleuchten. Dies ist der größte Dienst, den man einem Menschen leisten kann. Ein Yogi oder Guru ist ein Ozean des Mitgefühls, er sieht und fühlt das Leid der Menschen und weiß, dass die Ursache des Leids die Trennung vom höheren Selbst ist. Diese Trennung veranlasst die Menschen dazu, dem Vergnügen zu folgen, was sie immer mehr vom Ozean der Freude und der Glückseligkeit trennt. Es ist, als ob du dich darüber beschwerst, durstig zu sein, obwohl ein Ozean voll Nektar direkt vor dir liegt. Du kannst ihn aber nicht sehen, da du dir selbst die Augen zuhältst.

Der Yogi hat seine niedere Natur überwunden; er ist frei vom Einfluss der Begierde, Wut, Habgier etc. Deswegen ist sein Geist ruhig und friedvoll.

Wenn dein Verständnis größer wird, erkennst du, dass dir nichts in der Welt gehört; wenn du stirbst, kannst du nichts mitnehmen. Es ist nicht weise, wenn du dein ganzes Leben damit verbringst, Geld anzuhäufen und du dadurch viel Habgier und Leiden in deinem Geist entwickelst. Wenn du es liebst, Geld zu verdienen, und du tust es in einer dharmischen Weise, dann kannst du zu einem Kanal werden, durch den Geld fließen kann, um anderen Menschen zu helfen. Dadurch wirst du deinen Geist erheben.

Im Zustand der Entsagung erfährst du Fülle; du brauchst all diese Besitztümer nicht mehr, was nicht bedeutet, dass du sie nicht genießen kannst. Aber du bist nicht an sie verhaftet. Dein Geist wird glücklich sein, ob du reich oder arm bist.

Wenn du diesen Zustand erreichst und das Ego überwindest, trittst du in Brahman ein.

54. Brahman werdend, gelassen im Geist, ist dieser Mensch weder betrübt noch hat er Verlangen, gleichmütig allen Wesen gegenüber, erreicht er höchste Hingabe, liebt mich inniglich.

In diesem Zustand ist dein Geist ruhig, weder erregt noch betrübt oder nach etwas verlangend, man sieht das Göttliche überall. Man identifiziert seinen Atman mit Brahman und sieht das gleiche Selbst in allem. Dann bist du fähig, Gott und alles um dich herum wirklich zu lieben. Wenn man darüber nachdenkt und meditiert, wird man den höchsten Zustand der Existenz erfahren.

55. Durch Hingabe und Liebe erkennt er Mich, meine Wahrheit, was und wer ich bin. Durch dieses Wissen tritt er sofort in das Höchste ein.

Wenn du etwas Schönes und Großartiges erlebst, fühlst du Freude und Glück; diese Emotionen kommen aus der göttlichen Liebe in dir. Deine wahre Natur ist Liebe, was eine andere Form von Ananda oder Glückseligkeit ist. Wie du Liebe wahrnimmst, hängt vom Zustand deines Bewusstseins ab. Menschen nutzen diesen Ausdruck ständig, sie sagen: „Ich liebe dich, ich liebe das Essen, ich liebe dieses Tier etc.“ Diese Art der Liebe ist relativ bezogen auf den Geist der Person und gleichzeitig ist sie abstrakt. Eine tamassige Person liebt Tiere sicherlich auch, aber wahrscheinlich eher in Form von bestimmten Teilen, die auf seinem Teller liegen. Ein rajassiger Mensch mag nur etwas, dass ihm dienlich ist. Wenn das nicht der Fall ist, hasst er es. Ein sattwiger Mensch betrachtet Liebe von einem höheren Blickwinkel, er erkennt das Göttliche in allen Wesen. Der bloße Anblick eines Baumes oder Vogels ruft Entzücken in ihm hervor. In diesem sattwigen Zustand gibt es viele Ebenen und Abstufungen. Der Yogi, der den Zustand der Dualität transzendiert hat, erfährt das Selbst, Brahman überall. Seine Liebe ist vollkommen bedingungslos. Ein sattwiger Mensch kann nur geben, ohne etwas dafür zu erwarten. Ein rajassiger Mensch kennt nur Geschäftlichkeit und Feilschen. Dieser Mensch würde sagen: „Wenn ich dich liebe, musst du mich auch lieben; wenn ich etwas für dich tue, musst du auch etwas für mich tun." Im tamassigen Zustand ist alles nur für dich. Da gibt es nur Selbstbezogenheit; jeder hat dir zu dienen. Wenn du diesen Zustand der Dualität überschreitest und den Zustand des Wissens über das Selbst erreichst und du dich vollkommen mit dem puren Bewusstsein identifizierst, erfährst du, dass du eins mit Brahman bist, dann liebst du deinen Nachbarn wie dich selbst, denn du erkennst dein Selbst im Nachbarn. Das war der Grund, weshalb Jesus keine Feindschaft gegenüber den Menschen hegte, die ihn kreuzigten; würdest du deine rechte Hand hassen, wenn sie deine linke mit einem Hammer schlägt?

> 56. Alle seine Handlungen werden mir in völliger Hingabe dargeboten und durch meine Gnade erreicht er die ewige, die unzerstörbare Ebene.

In diesem Zustand betrachtest du dich nicht mehr als ein getrenntes Wesen. Du erkennst, dass Körper, Geist und Intellekt nur Instrumente sind, durch die das Selbst funktioniert. Dann ist alles, was du tust, ein Gottesdienst, mit dem Verständnis, dass du nichts anderes als ein Instrument bist. Wenn all deine Taten Gott gewidmet sind, erzeugst du kein Karma mehr. Wenn Krishna sagt, dass Gottes Gnade auf dir ruht, heißt das, dass kein widriges Karma erschaffen wird. In diesem Zustand der völligen Hingabe, in dem es kein Ego oder kein Gefühl der Täterschaft gibt, erfährt man das ewig Gültige, das Unveränderliche.

> 57. Gib geistig alle Taten für mich auf. Betrachte mich als dein höchstes Ziel. Greife auf das Yoga der Unterscheidung zurück und halte den Geist immer auf mich gerichtet.

Tue dein Bestes und überlasse die Früchte deiner Taten Gott. In dieser Weise gibt es keine Täterschaft und es wird kein Karma erschaffen.

Gott ist deine einzige Quelle der unvergänglichen Liebe; jede andere Liebe in dieser Welt ist vergänglich. Deswegen sollst du deinen Geist fortwährend auf Gott richten. Je mehr du das praktizierst, desto mehr wirst du unveränderliche Liebe und Fülle erfahren.

Gleichzeitig suche in Zeiten der Not Trost bei Gott. Wenn du Zuflucht bei Menschen suchst, werden sie dich eher meiden, sie sorgen sich nicht um deine Probleme. Niemand kann deinen Schmerz und dein Leid mit dir teilen. Menschen können mit dir mitfühlen, doch nur du erfährst das Leid. Das Gleiche gilt für Freude und Glück; nur du erfährst es. Also wende dich an Gott, denn nur er kann dich vom Leid befreien. Der Gedanke an Gott wird deinen Geist beruhigen und den inneren Frieden wiederherstellen.

58. Mit deinem Geist, auf mich ausgerichtet, wirst du, durch meine Gnade, alle Hindernisse überstehen. Doch wenn du, aufgrund deines Egos, mich nicht achtest, gehst du zu Grunde.

Wenn du einmal das höhere Selbst erlebt hast, erfährst du nie mehr Leid, Negativität oder Not. Das ist Gottes Gnade, die Gnade des Wissens, dass du göttlich, der Atman bist. Wenn dein Geist rein ist, werden deine Gedanken und Taten auch rein sein. Du kannst es als Gnade deiner guten Eigenschaften betrachten. Wenn du dich weiterentwickelst und dein Bewusstsein erhebst, wirst du überall das Göttliche erkennen. Das ist Gottes Gnade.

Ist dein Herz jedoch mit Zweifel und Täuschung gefüllt und du achtest Gott nicht, dann bist du verloren, weil sich dein Geist immer weiter von der Quelle des Glücks entfernt.

59. Wenn du voller Egoismus sagst: „Ich werde nicht kämpfen", ist dein Entschluss vergeblich. Deine innere Natur wird dich zum Handeln zwingen.

60. O Arjuna, du bist an dein Karma, das du durch deine eigene Natur erschaffen hast, gebunden. Hilflos wirst du genau das tun, was deine Täuschung versucht zu vermeiden.

In deinem egoistischen Zustand wirst du sagen: „Ich möchte dies und jenes nicht tun…", weil es für mich jetzt nicht angenehm ist. Doch die meiste Zeit, wie in Arjunas Fall, ist es egal, was du möchtest, denn deine innere Natur wird dich zum Handeln zwingen, so dass sich dein Karma entfalten kann. Wenn Arjuna erkennt, dass seine Feinde angreifen, würde er nicht zurückweichen, sondern kämpfen. Seine innere Natur wird ihn dazu bringen, auch wenn er vorher gesagt hat, dass er nicht kämpfen wird. Doch es wird allerlei Widerstand, Zögern und Unruhe in seinem Geist auslösen, weshalb Krishna versucht, ihn aufzuwecken. Das Karma, das Arjuna erschaffen hat, ist seine kriegerische Natur; er wurde als Krieger geboren und erzogen. Alles, was zu diesem Krieg führte, hat mit seinem Karma zu tun.

Wir alle leben in einer Welt von Ursache und Wirkung. Du bist hilflos gegenüber der Tatsache, dass du alle Dinge, die du gesät hast, auch ernten musst. Entscheidend ist, wie du dich den Dingen gegenüber verhältst, denn sie werden dich entweder befreien oder mehr binden.

> 61. Der Herr wohnt im Herzen aller Wesen. Durch die trügerische Kraft seiner Maya lässt er sie sich wie ein Rad drehen.
> 62. O Arjuna, fliege zu ihm, um mit deinem ganzen Wesen Zuflucht zu finden. Durch seine Gnade bekommst du höchsten Frieden und den Zustand, der jenseits aller Veränderung liegt.

Gott ist überall und alles. Nur Brahman existiert; alles ist Brahman. Wir sind alle im Netz der Täuschung und Illusion gefangen und deshalb sind wir dem Rad von Geburt und Tod ausgesetzt.

Wenn du dich Gott hingibst und bei ihm Zuflucht suchst, sollte deine Hingabe vollkommen sein. Wenn du dich vollständig hingibst, wird Gott da sein, um dir zu helfen. Im Bhakti-Yoga üben wir, uns dem Aspekt Gottes , den wir als unser gewähltes Ideal, Ishta Devata, ausgesucht haben, vollkommen hinzugeben. Bezogen auf Raja-Yoga bedeutet das: Wenn du nicht vollkommene Stille in deinem Geist hast, wirst du Gott nicht erfahren, sondern dich mit den Gedankenwellen des Geistes identifizieren; wenn sich der Geist bewegt, bist du im Zustand der Relativität und Dualität. Der Zustand vollkommenen Friedens, der jenseits aller Veränderung ist, entsteht, wenn der Geist vollkommen still ist. Dann erfährst du das Selbst, die Fülle.

> 63. Ich habe dir die Weisheit erklärt, die geheimer als das Geheimste ist. Denke darüber nach und handle, um dein Bestes zu erkennen.
> 64. Dies sind die letzten Worte, die ich dir sagen werde, die höchste Wahrheit, denn du bist mein innig Geliebter und ich spreche in deinem besten Interesse.
> 65. Konzentriere den Geist auf mich, ergib dich mir, verehre mich immer, verbeuge dich nur vor mir und du wirst sicherlich zu mir kommen. Das ist mein Versprechen an dich, denn du bist mir sehr lieb.
> 66. Lasse alle Verpflichtungen los und nimm Zuflucht in mir allein. Habe

> keine Angst mehr, da ich dich von allen Sünden und der Gefangenschaft befreien werde.

In diesem Zustand völliger Selbsthingabe gibt es kein Ego mehr, keine Täterschaft; deshalb wird auch kein Karma erschaffen. In diesem Zustand völliger Hingabe erfährst du vollkommene Freiheit; Freiheit von falschen Identifikationen und Leid und Freiheit von Karma und seinen Wirkungen.

> 67. Du sollest diese heilige Wahrheit niemandem mitteilen, dem die Selbstkontrolle fehlt, niemandem, der sich mir nicht hingegeben hat, niemandem, der mir keinen Dienst erbracht hat, niemandem, der weder Verlangen hat, mir zuzuhören, noch der mich verspottet.
> 68. Derjenige, der mich innig liebt und meinen Anhängern das höchste Geheimnis lehrt, wird sicherlich zu mir kommen.
> 69. Niemand kann mir einen größeren Dienst erweisen, noch gibt es jemanden auf Erden, der mir lieber ist.

Wenn du spirituelles Wissen an Menschen vermittelst, die daran nicht interessiert sind oder nicht daran glauben, ist es wie Perlen vor die Säue zu werfen; es ist völlige Zeitverschwendung. Solange jemand für diese Art der Lehren nicht bereit ist, könnte es eher dazu führen, ihn noch skeptischer werden zu lassen. Einige Menschen lesen die Schriften und in ihrer Unwissenheit versuchen sie aufzuzeigen, wie dumm und lächerlich die Schriften sind. Das liegt daran, dass sie für dieses Wissen nicht bereit sind. Wenn ein Mensch keine Selbstkontrolle hat, ist sein Geist nicht beständig, und wenn er sich Gott nicht hingibt, wird er nicht das ernsthafte Verlangen nach der Wahrheit haben. Dieser Mensch ist noch nicht für den spirituellen Weg bereit. Dieser Mensch wird glauben, dass Spiritualität bedeutet, tote Geister zu erwecken, schwarze Magie zu betreiben oder irgendeinen anderen dummen Unsinn. Ein Mensch, der seinen Lehrer verachtet und Gott verspottet, hat eindeutig kein richtiges Wissen, und sein Geist ist sehr oberflächlich. Für ihn ist Gott nur eine Phantasie, irgendwo da oben im Himmel oder irgendein Aberglaube.

Es ist ein großer Dienst, die Fähigkeit zu haben, diese Wahrheit Gottes Menschen zu lehren, die bereit sind, die Wahrheit zu erkennen. Wenn das Wissen an einen würdigen Schüler weitergegeben wird, der das ernsthafte Verlangen hat, zu lernen und sich zu transformieren, gibt es unendlich viel Freude und Erfüllung auf beiden Seiten; Lehrer und Schüler. Der Lehrer muss die Schüler nicht davon überzeugen, was richtig und falsch ist; von dem Moment an, wenn die Schüler die Wahrheit hören, entsteht ein Gefühl der Begeisterung und des Glücks. Während des Lehrens findet auf beiden Seiten eine Entwicklung statt, beide, Lehrer und Schüler, genießen den Zustand der Glückseligkeit, kommen dem Ziel des Lebens näher.

Menschen können ihr Leben lang nach Wissen dürsten, aber niemanden finden, der sie führt. Oftmals werden Menschen von Betrügern angezogen, die sie nur täuschen, gebrauchen und ausnutzen wollen. Wenn ein Lehrer jedoch die Liebe und Hingabe zu Gott hat und ernsthaft nach seiner eigenen Befreiung strebt, wird er niemals solche Gedanken erwägen; er wird ausschließlich versuchen, die Schüler zum Zustand der Erleuchtung zu führen. Wenn Krishna davon spricht, dass der Lehrer sicherlich zu ihm kommen wird, besagt das, dass des Lehrers Geist rein und in einem sattwigen Zustand ist. Jemanden auf dem Weg der Erleuchtung zu führen, ist das größte Geschenk, dass man machen kann, es ist der höchste Dienst.

> 70. Wer diesen unseren heiligen Dialog studiert, verehrt mich mit Weisheit und Hingabe.
> 71. Selbst wenn man diesen Lehren einfach nur im Glauben und ohne Zweifel zuhört, wird man die glücklichen Welten derjenigen mit rechtschaffenen Taten erreichen.

Wenn du über jeden Sloka, den du hörst, reflektierst und meditierst, wird es Teil deiner täglichen Gedanken. Du wirst immer mehr verstehen, was eigentliche Realität und höchste Wahrheit ist. Das ist wahre Verehrung Gottes, weil es deinen Geist verändert, ihn reinigt und erleuchtet. Dies entfernt Zweifel und Täuschungen und bringt dich der Wahrheit näher.

Auch wenn du die Lehren nicht vollkommen verstehst, kannst du ihnen mit Glauben und Hingabe im Herzen zuhören. Du musst verstehen, dass deine Unwissenheit und deine Erziehung dich davon abhalten, diese Wahrheit zu verstehen. Um die Schleier der Täuschungen zu beseitigen, musst du in der Gegenwart von Heiligen, Yogis und rechtschaffenen Menschen sein. Oft kritisieren Menschen etwas, das nicht ihrer Phantasie und ihren Idealen entspricht. Sie nehmen sich selbst die Möglichkeit, in guter Gesellschaft zu sein, so dass ihnen die Inspiration fehlt, sich auf dem rechten Weg voranzubewegen. Durch die Täuschung in ihrem Geist beginnen sie Unvollkommenheit in den Schriften zu sehen und hindern sich selbst, höheres Verständnis zu bekommen.

Deine zukünftige Reinkarnation hängt von dem Zustand deines Bewusstseins und deiner spirituellen Entwicklung am Ende des Lebens ab. Wenn du dich weiter entwickelst, wirst du in einer Umgebung und in Gesellschaft von rechtschaffenen Menschen wiedergeboren werden, was dir helfen wird, dich weiterzuentwickeln.

Wenn du in Sadhana involviert bist und die Gita mit deinem Guru studierst, über das Gelehrte nachdenkst und meditierst, wird dein Geist mehr und mehr gereinigt, harmonisiert und konzentriert. Du wirst höheres Wissen und Klarheit erlangen und dich von Sünden befreien. Bezogen auf Spiritualität ist Sünde das, was Blockaden in deinem Geist erschafft, ihn erregt und es ihm schwieriger macht, sich zu konzentrieren. Es verhindert klares Verständnis und Geistesruhe. Wenn Täuschungen und Unwissenheit entfernt werden, befreist du dich selbst von Sünde; dein Geist wird konzentrierter und friedvoller.

> 72. O Arjuna, hast du sorgfältig allem, was ich dir gesagt habe, zugehört? Ist die Verblendung deiner Unwissenheit vollkommen zerstört, o Dhananiaya?

Die primäre Absicht dieser Unterweisung war es, der Menschheit dieses Wissen, das Freiheit und Erleuchtung bringt, zu geben. Diese idealen Bedingungen wurden erschaffen, mit Arjuna, dem wohl höchst qualifizierten Schüler, der allen Voraussetzungen eines Studenten der Vedanta-Philosophie genügt. Er hat die Kraft des Geistes, Mut und Reinheit, er ist kein gewöhnlicher Mensch, sondern eine göttliche Inkarnation, die bereit für höheres Wissen ist. Er studierte mit den größten Lehrern und sein ganzes Leben basierte auf Disziplinen, wodurch sein Geist rein war und er bereit war, diese Lehren zu empfangen. Er wurde vom höchsten Lehrer unterrichtet, dem Herrn selbst. Dieses fand inmitten des Schlachtfeldes statt, wo Arjuna die wohl schwierigste Pflicht zu erfüllen hatte.

Krishna zeigt der Welt, dass auch unter so schwierigen Bedingungen spirituelle Entwicklung stattfinden kann. Aufgrund dessen gibt es für uns keine Entschuldigung, unser Leben nicht zu spiritualisieren.

Krishna führte Arjuna Schritt für Schritt durch seine Unterweisungen, nun möchte er sichergehen, dass Arjuna alles verstanden hat. Gemäß dem Raja-Yoga sind die Hindernisse auf dem Weg zur Erleuchtung Verhaftung und Hass, Vorlieben und Abneigungen, Egoismus und Stolz, Angst vor Tod und Unwissenheit, was Täuschung bedeutet. Krishna wollte klarstellen, dass all diese Hindernisse beseitigt wurden. Er wollte sehen, ob Arjuna seinen Pflichten ungeachtet von Vorlieben und Abneigungen und emotionaler Verhaftung, nachgehen wird.

Solange das Gefühl der Individualität bleibt, hat man das Gefühl, dass man etwas tut: „Ich kämpfe diesen Krieg, ich töte diese Menschen." Doch Krishna zeigt Arjuna, dass diese Art des Handelns Karma erschafft. Wenn dieser Egoismus beseitigt ist, fühlst du, dass du nur ein Instrument bist und deine Pflicht erfüllst. Krishna sagte Arjuna, dass diese Menschen, wegen ihres selbst erschaffenen Karmas, bereits tot sind. Es ist jedoch nur der Tod des physischen Körpers; ihre Seelen werden weiter zur nächsten Reinkarnation gehen, um im Prozess der Enthüllung des Atmans weiter voranzuschreiten.

Schritt für Schritt half Krishna Arjuna zu verstehen, dass alles in dieser Welt, wegen ihrer vergänglichen Natur, unwirklich ist. Diese Welt, diese Maya, ist die größte Täuschung; sie ist nicht die Realität. Die einzige unveränderbare Realität ist das Selbst, die Seele, der Atman, das, was wir Gott nennen.

Durch diese 18 Kapitel hat Krishna Arjuna Schritt für Schritt zu dem Punkt der vollkommenen Erkenntnis gebracht. Krishna hat die Essenz dieser komplexen Philosophie, die in allen Schriften, den Upanishads, Brahmasutras und so weiter vorhanden ist, ausgeschlachtet und destilliert, um Arjuna zu dem Verständnis zu bringen, was wahr und unwahr ist. Damit Krishna befriedigt war, wollte er von Arjuna wissen, ob er alles, was er ihm gelehrt hatte, verstanden hat, ansonsten wäre Krishna wahrscheinlich fortgefahren, ihn zu lehren. Auch wenn die Wahrheit so einfach ist, dass deine wahre Natur göttlich ist, ist es ein schwieriger Prozess, den wir durchlaufen müssen, um es wirklich zu verstehen. Es reicht nicht aus, es nur einmal zu hören.

Arjuna sagte:

73. O Herr, durch deine Gnade sind meine Zweifel und Täuschungen zerstört. Mein Geist ist standfest. Ich werde nach deinem Willen handeln.

Arjuna versichert Krishna, dass alle seine Täuschungen zerschlagen sind und er alles, was gelehrt wurde, verstanden hat.

Jetzt, da Arjuna erleuchtet wurde und das richtige Wissen hat, fasst er den Entschluss, seine Pflicht zu tun. Das ist ein perfektes Beispiel von jemandem, der richtige Unterscheidungsfähigkeit hat und der nur handelt, wenn er richtiges Verständnis hat. Wenn du ausschließlich blind und in Unwissenheit handelst, wirst du keine guten Ergebnisse bekommen und erschaffst mehr Probleme in der Welt, in der Gesellschaft und für dich selbst und deinen Geist.

In der Yoga-Praxis trifft dasselbe zu. Du solltest immer wissen, was tu tust, warum du etwas tust und dass du die richtige Führung hast. Du solltest überzeugt sein, dass der Weg, den du beschreitest, der richtige Weg ist. Nur so wirst du fähig sein, durchzuhalten und mit Überzeugung und unerschütterlichem Glauben zu handeln. In dieser Weise wird dich, ungeachtet der Hindernisse auf deinem Weg, nichts davon abhalten, dein Ziel zu erreichen. Das entsteht, wenn du den Anweisungen deines Gurus unerschütterlich glaubst. Du bist davon überzeugt, dass alles, was er dir sagt, die Wahrheit ist; es widerspricht nicht deiner Logik und den Schriften.

Die Absicht des Lebens ist es, Täuschungen und Unwissenheit zu beenden. Die ganze Welt ist vom Zustand der Unwissenheit beschlagnahmt und die meisten Menschen wollen dort nicht herauskommen. Auch wenn einige Menschen sagen, dass sie die Wahrheit wissen wollen, möchten sie es die meiste Zeit doch nicht. Wenn du einem Menschen sagst: „Du bist dick, du bist faul, du bist besoffen etc.", wollen sie das nicht hören. Wenn die Menschen solch eine einfache Wahrheit nicht hören wollen, wie kann dann irgendeine Täuschung zerschlagen werden? Anstatt glücklich zu sein, dass dir jemand die Wahrheit sagt, weil er sich um dich sorgt und dich liebt, können sie auf dich wütend werden. Die sogenannten Freunde fahren einfach fort und lügen dich an, sagen dir, was du hören möchtest. Jemand, der sich wirklich um dich sorgt und dir die Wahrheit sagt, wie dein Guru, ist dein wahrer Freund. Wenn mein Guru mich korrigierte, fühlte ich mich glücklich. Ich versuchte, den gleichen Fehler nicht noch einmal zu machen. Einige Studenten lieben es, die Aufmerksamkeit des Gurus zu bekommen, und machen die gleichen Fehler immer wieder, nur um seine Aufmerksamkeit zu bekommen. Das ist tamassiges Verhalten. Sobald Täuschungen zerstreut sind, erkennst du die Wahrheit. Egal, was irgendjemand über dich sagt oder über dich denkt, es trifft dich nicht mehr, da du die Wahrheit kennst und weißt, wer du bist.

Sanjaya sagte:

74. Somit habe ich diesen wundervollen Dialog zwischen dem Herrn Krishna und dem hochseligen Arjuna gehört, wodurch mir die Haare zu Berge stehen.

75. Durch Vyasas Gnade habe ich diesem höchsten und geheimnisvollstem Yoga direkt von Krishna, dem Herrn des Yoga selbst, gehört.

76. O König, wenn ich diese wundervollen und heiligen Unterweisungen zwischen Krishna und Arjuna höre, jauchze ich wieder und wieder.
77. Und auch wenn ich mich an die wundervolle Form Haris erinnere, bin ich voller Staunen o König, und meine Freude überflutet mich.
78. Wo auch immer Krishna vorhanden ist, der Herr des Yoga, und Arjuna, der größte unter den Bogenschützen, dort, da bin ich sicher, ist Reichtum, Glücksgefühl, Triumph und Herrlichkeit.

Bevor der Krieg begann, fragte der Weise Vyasa Dhritarashtra, ob er sehen möchte, was im Krieg passieren würde, aber Dhritarashtra bevorzugte es, blind zu bleiben. So viele Menschen sind genauso; sie haben nicht den Mut, die Realität zu sehen. Stattdessen gab Vyasa Sanjaya die Fähigkeit, alles zu sehen und zu erfahren, was auf dem Schlachtfeld stattfindet. Das war ein großer Segen für Sanjaya und den Rest der Menschheit. Alle auf dem Schlachtfeld Anwesenden waren so begierig darauf, zu wissen, was zwischen Krishna und Arjuna besprochen wurde. Bhishma sagte sogar, dass er alles darum geben würde, nur ein paar Worte davon zu hören , was Krishna Arjuna sagte. Als Arjuna Krishnas göttliche Form erlebte, konnte es niemand außer Sanjaya erleben. Diese Gnade und diese Gelegenheit zu haben, diese Unterweisungen zwischen Krishna und Arjuna zu erfahren, war die Gnade des Guru. Wenn das Auge der Intuition geöffnet ist, erfährst du die Wahrheit, das Göttliche auf so verschiedene Weisen. Das Auge der Intuition hat keine Begrenzungen. Deine Hellsichtigkeit verbessert sich und du hast größeres Bewusstsein darüber, was passiert.

Während dieses Diskurses erzählte Sanjaya König Dhritarashtra alles, was er erfuhr, alle Lehren Krishnas. Es ist schwierig, jemandem eine Erfahrung zu übermitteln, aber er versuchte es auf so viele verschiedene Arten auszudrücken und es mit Dhritarashtra zu teilen.

In diesem Sloka drückt Sanjaya seine Gefühle Dhritarashtra gegenüber aus. Er versuchte Dhritarashtra den Prozess zu erklären, der stattfand. Aber Dhritarashtra hörte nicht mit Ernsthaftigkeit oder Hingabe zu; er hoffte immer noch, dass Arjuna seine Pflicht nicht tun und dass der Krieg nicht stattfinden würde, so dass sein Sohn Duryodhana bekommen würde, was er begehrte, und sein adharmisches Bestreben fortsetzen könnte.

Wenn du versuchst, jemanden die Schriften zu lehren, die Wahrheit, sein Geist aber nicht offen ist, findet kein höheres Erwachen statt, er wird es nicht verstehen. Obwohl du es solchen Menschen gibst, wollen sie es nicht nehmen. Krishna, der Herr, die Wahrheit, ist immer da. Wenn Menschen nicht erwacht sind und es keine Bereitschaft zum Verständnis gibt, gibt es nur Unwissenheit und Dunkelheit. Erst wenn du erwachst, wie Arjuna, durch Bewusstsein und Verständnis, dann wird dort Güte, Friede, Erfolg und Ruhm sein.

Die ganze Welt ist in Aktivität involviert, die mehr Gefangenschaft, Unwissenheit und Leid verbreitet. Diejenigen, die fähig sind, im Licht des Wissens und des Verständnisses zu handeln und die nach den Gesetzen der Natur leben, werden Frieden, Gesundheit, Güte, Erfolg und so weiter finden.

Jesus sagte: „Suche zuerst das Reich Gottes, dann wird alles weitere folgen." Suche das Wissen über das Selbst, höhere Erkenntnis, strebe nach Verständnis. Wenn du in der Welt handelst, handle mit Zuversicht und im Licht dieser Lehren, dann wirst du dich sicherlich in ein göttliches Wesen verwandeln. Möge der Segen Gottes und des Gurus dir helfen, deine wahre Natur zu entfalten, und möge das göttliche Licht ohne Verzerrung durch dich hindurchscheinen.

So behandelt die glorreiche Bhagavad Gita, die Wissenschaft der Ewigkeit, die Schrift über den Yoga, der Dialog zwischen Shri Krishna und Arjuna über das Wissen des Selbst, das achzehnte Kapitel mit dem Titel: "Der Yoga der Befreiung durch Entsagung".

OM Shanti, Shanti, Shanti
Om Frieden! Frieden! Frieden!

Om Bolo Satguru Sivananda Maharaj ji Ki
Jay

SHRI YOGI HARI

Shri Yogi Hari wurde am 22.06.1945 in einer traditionell hinduistischen Familie geboren. Er ist ein weltweit anerkannter, respektierter Meister, hochgeschätzt für sein klares, inspirierendes Unterrichten. Im Alter von 22 Jahren sagten ihm seine Ärzte voraus, dass er für den Rest seines Lebens Medikamente nehmen müsste, da durch falsche Ernährung in der Kindheit sein Immunsystem nicht stark genug sei. Diese Vorstellung war natürlich nicht sonderlich erfreulich und so begann er intensiv Yoga zu üben. Seine Gesundheit verbesserte sich stetig, so dass er nach wenigen Monaten die Medikamente endgültig absetzen konnte. Nach acht Jahren intensiver Praxis erkannte er, dass er für den weiteren Yoga-Pfad einen kompetenten Lehrer brauchte. Als er dann 1975 seine Gurus (Meister) Swami Vishnu-Devananda und Swami Nada Brahmananda traf, zog er sich aus dem weltlichen Leben zurück und verbrachte sieben Jahre im Sivananda Ashram, wo er sich komplett dem Yogastudium (Sadhana) hingab. 1986 wurde er von Swami Vishnu-Devananda in den heiligen Rishi-Orden eingeweiht. 1982 gründete er seinen eigenen Ashram in **Fort Lauderdale**, Florida, wo ihn Swami Nada Brahmananda jeden Winter einige Monate lang besuchte und ihn weiter lehrte.

Sampoorna-Yoga ist die Frucht von Shri Yogi Haris unermüdlichem Streben nach Perfektion, sowohl in seiner Praxis als auch in seinen Lehren. Es ist das Yoga der Fülle; es integriert auf intelligente Weise Hatha-, Raja-, Karma-, Bhakti-, Jñāna- und Nada-Yoga, um alle Aspekte der menschlichen Persönlichkeit zu verfeinern und harmonisch zu entwickeln, so dass die Seele in ihrem göttlichen Glanz erstrahlen kann. Sein Ansatz ist tiefgehend, einfach und praktisch. Er hilft Menschen, ungeachtet ihrer Herkunft, ein reicheres, fröhlicheres Leben zu führen. Sampoorna-Yoga kann uns helfen, Gesundheit, inneren Frieden und Zufriedenheit zu erlangen, da diese sowieso in uns liegen und wir sie nur entdecken müssen.